DIE GESCHICHTE AFRIKAS

Lutz van Dijk, Dr. phil., geboren 1955 in Berlin, deutsch-niederländischer Schriftsteller, war zuerst Sonderschullehrer in Hamburg, später Mitarbeiter des Anne-Frank-Hauses in Amsterdam. Bis 1990 hatte er aufgrund seines Anti-Apartheid-Engagements Einreiseverbot in Südafrika. 1997 besuchte er Südafrika zum ersten Mal. Seit 2001 lebt er in Kapstadt, wo er sich als Mitbegründer der Stiftung HOKISA (www.hokisa.co.za) für von Aids betroffene Kinder einsetzt.

1997 erhielt Lutz van Dijk den Jugendliteraturpreis von Namibia. Seine Jugendromane *Township Blues* (2000) und *Themba* (2006) werden in südafrikanischen Schulen in Afrikaans, Englisch und Xhosa gelesen. Beide Bücher sind auch auf Deutsch erschienen, *Township Blues* erhielt 2001 in Deutschland den Gustav-Heinemann-Friedenspreis.

Im Campus Verlag veröffentlichte Lutz van Dijk außerdem *Die Geschichte der Juden* (2001, Neuauflage 2008), die für den deutschen Jugendliteraturpreis nominiert wurde, sowie *Die Geschichte von Liebe und Sex* (2007). Mehr über Lutz van Dijk unter www.lutzvandijk.co.za.

Dennis Doe Tamakloe wurde 1961 in Accra, Ghana, als neuntes von 18 Kindern geboren und stammt aus einer königlichen Familie. Dennis ist sein christlicher Vorname, Doe sein afrikanischer. Bei den Ewe (beheimatet zwischen Ghana und Togo) bezeichnet Doe jemanden, der nach Zwillingen geboren wurde. Tamakloe ist der Familienname und bedeutet Schildkröte. Bei den Akan (die zwischen Ghana und der Elfenbeinküste leben) bedeutet Tamakloe Eroberer. Dennis Doe Tamakloe studierte an der Hochschule der Künste in Kumasi, Ghana. Seit 1994 lebt er als freischaffender Künstler in Berlin. Zentrales Thema seiner Bilder sind Kultur und Leben in Afrika (www.african-newart.de).

Lutz van Dijk

DIE GESCHICHTE AFRIKAS

Illustrationen von Dennis Doe Tamakloe

Campus Verlag
Frankfurt/New York

Bibliografische Information der Deutschen Nationalbibliothek:
Die Deutsche Nationalbibliothek verzeichnet diese Publikation in der Deutschen Nationalbibliografie. Detaillierte bibliografische Daten sind im Internet unter http://dnb.d-nb.de abrufbar.
ISBN 978-3-593-38660-7

2. aktualisierte und erweiterte Auflage, 2008

Umschlaggestaltung: Guido Klütsch
Umschlagmotiv: © Dennis Doe Tamakloe, Berlin
Landkarten: Peter Palm, Berlin
Satz: Presse- und Verlagsservice, Erding
Druck und Bindung: Freiburger Graphische Betriebe
Gedruckt auf säurefreiem und chlorfrei gebleichtem Papier.
Printed in Germany

Besuchen Sie uns im Internet: www.campus.de

Für die Bewohner von Masiphumelele,
einem Township südlich von Kapstadt
– unsere Nachbarn.

»Masiphumelele« bedeutet in Xhosa:
Wir werden es schaffen!

»Der Mensch ist unsere erste Bedingung: Er bestimmt unser Maß ... Eine Nation, die sich weigert, ihr Rendezvous mit der Geschichte einzuhalten, die nicht daran glaubt, etwas Eigenes beitragen zu können, so ein Land ist am Ende, bereit, in einem Museum gezeigt zu werden. Die Afrikanerin und der Afrikaner sind nicht am Ende, bevor sie oder er überhaupt richtig begonnen haben. Lasst sie sprechen, und vor allem, lasst sie handeln. Lasst sie, wie bei einem Sauerteig, ihre Botschaft bringen, um dabei zu helfen, die Zivilisation des Universums zu schaffen.«

Léopold Sédar Senghor (1906–2001), Dichter und erster Präsident Senegals, im Jahr 1959, ein Jahr vor der Unabhängigkeit seines Landes.

INHALT

VORWORT

ERZBISCHOF (EM.) UND FRIEDENSNOBELPREISTRÄGER DESMOND M. TUTU

ACHTUNG VOR DEN VIELFÄLTIGEN STIMMEN AFRIKAS

Anfangen möchte ich mit einer der schönsten Erinnerungen an meine Kinderzeit als Junge in einem Township nahe der Kleinstadt Klerksdorp im südafrikanischen Westen von Transvaal.

Es war ein langer Tag gewesen, und ich schlief bereits in unserem bescheidenen kleinen Haus, das im wesentlichen aus einem Raum bestand und zur Methodisten-Kirche gehörte. Mein Vater war Schulleiter der dortigen Grundschule, meine Mutter arbeitete als Haushaltshilfe bei einer weißen Familie.

Ich kann mich nicht mehr erinnern, was tagsüber geschehen war. Ich weiß nur noch, wie müde ich war und dass ich bereits eingeschlafen sein musste, als die Erwachsenen noch auf waren und noch mehr Gäste erwartet wurden.

Viel später in dieser Nacht wurde ich wach – ich weiß nicht einmal mehr wodurch – und während meine Augen sich langsam an die wenigen Lichter im Raum gewöhnten, entfaltete sich eine noch nie gesehene Schönheit vor meinen Augen: Trommeln, große und kleine, in allen Farben; Trompeten aus Blech und Silber funkelten, alles war neben- und übereinander gestapelt – und ich war Teil dieses Zaubers!

Was war geschehen? Mein Vater hatte mal wieder ein größeres Treffen der Pfadfinder organisiert und da sonst kein sicherer Ort für die Jungen war, um ihre Instrumente aufzubewahren, hatte er erlaubt, sie alle in unserem kleinen Haus unterzubringen.

Als ich Lutz van Dijks *Geschichte Afrikas* las, musste ich an jenen frohen Augenblick denken.

Ja – es ist möglich, die Geschichte dieses Kontinents zu erzählen durch die vielfältigen Stimmen der afrikanischen Frauen und Männer, alte und junge, in ihren eigenen Worten, mittels ihrer persönlichen Erfahrungen, geprägt durch ihr Lachen und ihre Schmerzen, ihre Fehler und Erfolge, ihre Hoffnungen und Verzweiflungen. Keine Übersetzung ist nötig. Nur ein ehrliches Interesse – zuzuhören.

Viele Bände sind geschrieben und veröffentlicht worden über die Geschichte dieses Kontinents. Unter ihnen hervorragende Arbeiten international anerkannter Historiker. Dieses Buch jedoch bietet eine zusätzliche Erfahrung für junge Leserinnen und Leser, unabhängig ob sie aus Europa oder Afrika sind. Es lädt ein zum uneingeschränkten Dialog, einem Gespräch, das nur möglich ist, wenn alle gleichermaßen geachtet werden.

Als ich Student an der Universität war, wurde uns beigebracht, dass Geschichte wie andere Wissenschaften auch keine moralischen Urteile enthalten solle und sich stattdessen auf Fakten und Zahlen zu konzentrieren habe. Du kannst zwar die chemische Reaktion bestimmter Elemente mit Wasser durch solch eine neutrale Haltung lernen. Aber Geschichte kannst du eben nicht umfassend verstehen, ohne leidenschaftlich alle Seiten anzuhören. Es gibt niemals nur eine Version, die die ganze Wirklichkeit erfasst. So wie es niemals nur eine Wahrheit gibt, um die gesamte Wahrheit zu verstehen.

Wenn wir die Geschichte des afrikanischen Kontinents studieren möchten, dann dürfen wir nicht vergessen, dass die Mehrheit der verschiedenen Völker, die hier seit Jahrhunderten, ja seit Jahrtausenden zu Hause sind, viel zu lange ignoriert worden ist. Geschichte wurde so oft missbraucht, um Ungerechtigkeiten zu rechtfertigen.

Lutz van Dijks *Geschichte Afrikas* zeigt uns, dass wir Geschichte viel genauer verstehen können, wenn wir lernen, auch denjenigen zuzuhören, die in der Vergangenheit viel zu lange zum Schweigen gebracht wurden. Einfühlung und Mitgefühl sind keine Schwächen. Sie stärken all diejenigen, die keine Angst davor haben, die gesamte Wirklichkeit zu erfahren.

Lutz van Dijk war nicht ängstlich, sich selbst einem solchen Prozess zu stellen. Geboren und aufgewachsen in Europa, von Beruf Lehrer, Historiker und Schriftsteller und seit langem für Menschenrechte engagiert, kam er vor mehr als zehn Jahren nach Südafrika, um von den Anhörungen junger Leute vor der südafrikanischen Wahrheits- und Versöhnungskommission zu berichten, die die Aufgabe hatte, die Verbrechen der Zeit der Apartheid aufzuarbeiten. Er entschloss sich, in Südafrika zu bleiben und beizutragen zur friedlichen Umgestaltung meines Landes durch die Arbeit mit Kindern, die von AIDS betroffen sind. Zum Glück für uns alle hat er nicht aufgehört, als Jugendbuch-Autor zu arbeiten.

Lasst mich abschließend von einer anderen Überraschung berichten, die beim Lesen von Lutz van Dijks Buch geschehen kann: Ein Dialog über die Zukunft von Afrika unter jungen Leuten verschiedenster kultureller oder ethnischer Hintergründe, ein Gespräch, das umso effektiver sein wird, je mehr die historischen Werkzeuge für gegenseitige Achtung in unseren Schulen von Anfang an gelernt werden – wenn Lernen aus der Geschichte ein Abenteuer des Entdeckens und Verstehens eines zunächst anderen Menschen wird, der doch soviel mit mir gemeinsam haben kann.

Stell dir vor: Junge Leute, einige schwarz, andere weiß, in einer Schule irgendwo in einer Kleinstadt im Westen des südafrikanischen Transvaal...

Stell dir vor: Diese Schülerinnen und Schüler erklären einander, wie ihre Eltern und Großeltern gefühlt und gedacht haben mögen, unfähig, einander auch nur zu begegnen...

Stell dir vor: Diese Jugendlichen reden miteinander, hören einander zu... stell Dir nur vor !

Sicherlich ist Lutz van Dijks *Geschichte Afrikas* nicht in jeder Hinsicht vollständig. Sie kann nicht vollständig sein, da diese neue Reise erst begonnen hat. Es wäre ein Leichtes, ihn für all das zu kritisieren, was nicht in seinem Buch erwähnt wird; ein Buch von gerade mal etwas mehr als 200 Seiten, ein Buch, dass die unglaubliche Zeitspanne von der Urzeit bis heute umfasst, geschrieben in einer Sprache, die von jungen Leuten ebenso verstanden wird wie von uns allen, die keine Historiker sind. Und ich bin froh, dass dieses Buch inzwischen sowohl in Europa als auch in Afrika in verschiedenen Übersetzungen erschienen ist: Es regt uns an, hier und dort mehr Fragen zu stellen – ohne vereinfachende Anklagen. Denn es verweigert sich allen Schwarz-Weiß-Malereien.

Nicht oft genug kann es gesagt werden: Niemand von uns ist gut oder schlecht auf Grund von Hautfarbe oder anderen Äußerlichkeiten, sondern allein wegen unseres Charakters und unseres Handelns. Lasst uns nicht vergessen: Wir alle wurden nach dem Bildnis Gottes geschaffen.

DAS BUNTE AFRIKA

Die Geschichte des Kontinents Afrika ist wesentlich vielfältiger, als die Menschen in dem Teil unserer Erde, der Norden genannt wird, auch nur ahnen. Afrika – der schwarze Kontinent? Afrika und seine Geschichte sind so bunt und vielfältig, so uralt und modern, so voller Höhen und Tiefen. Das Meiste und Wichtigste ist jedoch verloren oder wurde bislang ignoriert, einfach deshalb, weil es nicht in die heute vorherrschende Weltsicht passt.

Wir werden diese Geschichte erst zu erkennen beginnen, wenn wir bereit sind, neue Fragen zu stellen, Gewohntes infrage zu stellen. Und manchmal auch nur still zu sein und zuzuhören.

Es ist irgendwann kurz nach Mitternacht. Ich liege in Hamburg im Studentenwohnheim mit dem Rücken auf meinem Bett. Das kleine Zimmer teile ich mit einem anderen Jungen, der mit seinen siebzehn gut zwei Jahre jünger ist als ich. Er summt etwas vor sich hin, ganz leise, um mich nicht zu stören. Wir können beide nicht einschlafen. Ich frage ihn: »Tony, was singst du?« »Ein Lied meines Großvaters.« »Wohnt der auch in Lagos?« »Nein«, antwortet Tony leise, »er kommt aus dem Norden Nigerias und ist schon viele Jahre tot.«

Wir schweigen wieder eine Weile. Draußen lässt der Herbststurm ein paar Zweige gegen unser Fenster schlagen. Der Sommer war kurz dieses Jahr, schon Anfang September ist es ungewöhnlich kühl geworden. Ich schimpfe über die Kälte, Tony klagt nicht. Dann fragt er plötzlich: »Willst du wissen, wie das Lied geht?« Ich brumme Zustimmung. Zuerst singt Tony in seiner Muttersprache, dann für mich in Englisch:

»Schwarz hat so viele Farben,
schwarz ist das Licht, das wir finden.
Schwarz ist so bunt,
schwarz ist dunkel nur für den Blinden …«

Einen Monat später kommt ein älterer Bruder aus Paris und holt Tony ab, von einem Tag auf den anderen. Ich habe Tony Igbokwe niemals wiedergesehen. Die Melodie seines Liedes erinnere ich bis heute.

Wer Bücher zur Geschichte Afrikas liest, muss in den meisten Fällen den Eindruck bekommen, als habe die Existenz jenes Kontinents erst mit dem Anlanden der europäischen Handelsschiffe vor gut 500 Jahren begonnen. Selbst dort, wo wohlmeinende Historiker einige Kapitel über »Afrika als die Wiege der Menschheit« oder untergegangene Königreiche des Altertums hinzugefügt haben, herrscht die herkömmliche Sichtweise vor: Wer hatte die Macht wie lange über welches Gebiet? »Oben und unten« – was ist eigentlich so erhellend an diesen Kategorien?

Am Ende der Grundschulzeit kommt Frau Sobirey zu uns. Sie hat eine ungewöhnliche Fächerkombination: Erdkunde und Religion. Und sie ist sehr dick und alt, jedenfalls erscheint sie uns Kindern uralt mit ihren wallenden grauen Haaren und den schweren Falten, die ihr rundes Gesicht durchfurchen. Ich mag sie auf Anhieb, obwohl vom ersten Tag an klar ist, dass sie es schwer haben wird, sich in unserer Berliner Schulklasse durchzusetzen. Wir sind über 40 Kinder, von denen die meisten aus einer nahen Obdachlosensiedlung kommen. Frau Sobirey ist schwerfällig und vor allem zu gutmütig.

Manchmal bringt sie Fotos mit – aus ihrem Leben. Denn als sie jung war, hat sie viel gesehen von der Welt. Von der Kirche war sie in mehrere Länder Afrikas geschickt worden. Wir sehen ein junges Mädchen in weißer Schwesternuniform inmitten vieler dunkelhäutiger Kinder. Es sind immer wieder solche Fotos, mit denen es ihr gelingt, für wenige Minuten die Aufmerksamkeit aller zu erringen.

Einmal fragt mein Freund Achim, der neben mir sitzt, warum Afrika unten an der Weltkugel hängen würde. Und Frau Sobirey antwortet: »Das ist gar nicht so! Afrika ist ganz oben!« »Achim schüttelt entrüstet den Kopf: »Stimmt nicht, können Sie jeden Abend in den Fernsehnachrichten sehen – Afrika hängt unten.«

Frau Sobirey bittet Achim, nach vorne zu kommen und ihr zu helfen, den schweren Kartenständer in die Mitte vor die Tafel zu schieben. Dann entrollt sie die bereits bekannte Weltkarte – und hängt sie verkehrt herum auf.

»Das muss anders 'rum!«, ruft Achim.

»Wieso eigentlich?«, fragt Frau Sobirey – und einen Moment ist es tatsächlich still in der Klasse.

Es soll noch Jahre dauern, bis ich begreife, warum sie mit einem dicken Filz-

stift selbst die Äquatorlinie tiefer eingetragen hat, als wir es gewohnt waren. Frau Sobirey hatte mir den ersten Hinweis gegeben, über oben und unten – und Afrika und uns in Europa – anders als gewohnt nachzudenken.

Wenn Europa nach Afrika schaut, will es alles erklären, vor allem das, was es nicht mal oberflächlich begriffen hat: Die Konflikte und Kriege und vor allem die Krankheiten und das Elend. Europa versteht so viel. Redet so viel und zeigt beeindruckende Bilder. Am liebsten immer die gleichen, damit selbst der Dümmste in Europa sofort weiß: Aha, hier geht es wieder um Afrika! Außerdem ist Europa immer hilfsbereit, egal ob die Hilfe gewünscht wird oder nicht. Bei allem Einsatz zur Rettung der Seelen und Hilfe für Kranke und Arme ist das Elend in den meisten Teilen des Kontinents unterm Strich jedoch bis heute nicht weniger geworden. Die besten Projekte haben einige der schlimmsten Folgen gemildert.

Die Missachtung und Ausbeutung Millionen armer Menschen durch die wirtschaftlichen Interessen Weniger wird von den meisten Politikern im Norden

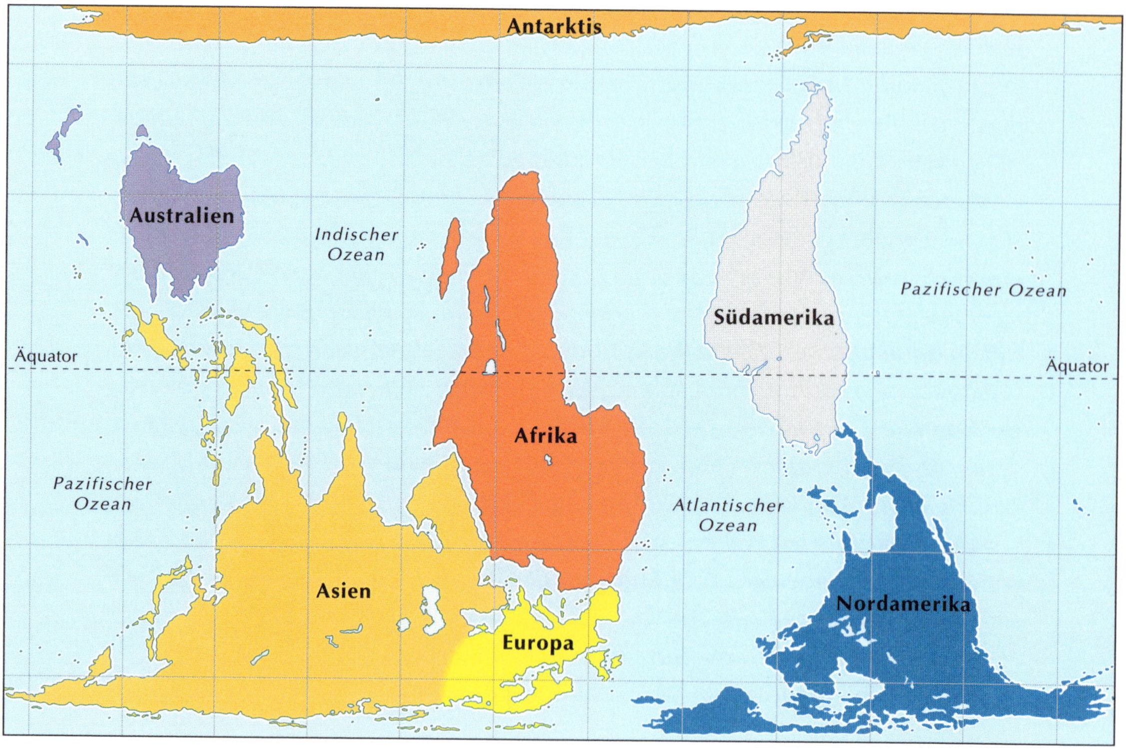

Oben oder unten? Neue Perspektiven – für Afrika und Europa

weiter als leider unumgänglich, wenn nicht als selbst verschuldet erklärt – oder schlicht geleugnet. Klugheit schützt nicht vor Korruption. Schließlich gibt es zwei Lager: Die Mehrheit derjenigen, die Afrika als hoffnungslos abgeschrieben haben, und jene Minderheit der Zivilisationsmüden, die sich von afrikanischen Mythen und Ritualen eine Linderung der eigenen Seelennot erhoffen. Menschen, die zuhören und sich Zeit nehmen, bleiben die Ausnahme.

Wenn Afrika nach Europa schaut, ist auch hier die Sicht meist verzerrt: Die meisten Afrikaner sind eher arm und haben keine persönlichen Kontakte zu Europäern oder anderen »Westlern«, dafür haben sie jedoch zahllose phantastische Bilder aus dem Fernsehen vor Augen: So viel, so happy, so satt, einfach immer zu essen. Und ein Auto oder mehrere. Die Menschen, die nichts haben, die täglich hungern und nicht einmal genug für die eigenen Kinder haben, sind bereit, sehr viel auf sich zu nehmen, um von jenem fernen Reichtum wenigstens einen Bruchteil abzubekommen. Sie verlassen ihre Heimat, zu oft nur, um von einer Armut in eine andere, noch schlimmere, zu geraten. Sie helfen der eigenen Familie uneingeschränkt und hauen dafür schon mal jemanden übers Ohr.

Wer einmal Macht errungen hat, gibt sie so schnell nicht wieder her. Auch die persönliche Erfahrung von Armut schützt nicht vor Korruption. Manche Afrikaner, die die Chance einer guten Schulbildung hatten, sehen den Reichtum des Nordens kritischer: Wo kommt er her? Sie sind jung, oft nicht so arm wie die meisten ihrer Landsleute und konnten vereinzelt sogar im Ausland studieren. Einige machen Karriere und kommen nicht zurück. Andere erhalten sich ihren Zorn und wollen etwas tun. Sie suchen weiter und engagieren sich. Ganz wenige verzweifeln während ihrer Suche: Sie werden im Norden Terroristen genannt.

Der südafrikanische Friedensnobelpreisträger und Erzbischof Desmond Mpilo Tutu wird in London während eines Interviews gefragt: »Herr Bischof, macht es Sie am Ende eines langen Lebens nicht bitter zu sehen, dass trotz all Ihres Einsatzes für Frieden und Gerechtigkeit der afrikanische Kontinent noch immer geprägt ist von zahllosen kriegerischen Auseinandersetzungen?«

Erzbischof Tutu zögert einen Moment, bevor er mit gerunzelter Stirn antwortet: »Ja, Sie haben Recht! Es macht mich oft sehr traurig zu sehen, dass der europäische Kontinent auch aus zwei, von hier begonnenen Weltkriegen so wenig gelernt zu haben scheint. Was soll aus Europa nur werden? Schauen Sie nach Irland, ins spanische Baskenland, von den Ländern Ex-Jugoslawiens ganz zu schweigen. Wann wird Europa endlich aus der Geschichte lernen?«

Der Journalist hat an dieser Stelle keine weitere Frage.

Die wirkliche Geschichte Afrikas wird erst allmählich geschrieben werden – vielleicht noch in dieser Generation, vielleicht erst in der nächsten oder übernächsten. Das mag auf den ersten Blick mühsam erscheinen, kann aber gerade auch als spannendes Abenteuer erfahren werden: Dem Klang der Geschichte mit allen Sinnen lauschen; afrikanische Menschen endlich selbst zu Wort kommen zu lassen, anstatt nur über sie zu reden; Symbole und Zeichen nicht sofort zu übersetzen, sondern in ihrer eigenen Harmonie zu belassen; schließlich zugeben, wenn ich etwas nicht auf Anhieb verstehe.

Wer wird sie einmal schreiben – oder erzählen oder singen oder malen? Jene vollständigere Geschichte eines bunten Afrika, die den vielen und so unterschiedlichen Menschen auf diesem Kontinent, ihren Hoffnungen und Verzweiflungen Achtung zollt? Es werden junge Afrikanerinnen und Afrikaner sein – in einem herausfordernden Dialog mit jungen Historikerinnen und Historikern von anderen Kontinenten. In einer neuen Sprache und mit einem eigenen Verständnis von Geschichte.

Dieses Buch bleibt unvollständig und noch immer geprägt von vielen Beschränktheiten. Es will und kann diesem Unterfangen nicht vorgreifen. Es kann im besten Fall bescheiden dazu ermutigen. Und im Norden für neue Sichtweisen auf Afrika werben – wohl wissend, wie mächtig Vorurteile und Stereotype im eigenen Kopf sind. Sie abzulegen oder ihnen sogar entgegenzuwirken, ist nicht leicht. Es gibt wenig überzeugende Alternativen.

Schließlich: Afrika gibt es in Europa – und umgekehrt. Nicht nur in Produkten und Rohstoffen, Afrikanerinnen und Afrikaner gehören zum täglichen Bild in vielen Städten Europas. Es gibt Freundschaften und Ehen und manchmal Kinder aus diesen Partnerschaften. Und es hat auch mit einem neuen Geschichtsbewusstsein zu tun, wenn sich die Nachfahren afrikanischer Sklaven in Nordamerika zunehmend selbstbewusst Afro-Amerikaner nennen und Wiedergutmachungen fordern.

Die ganze – auch historische – Wirklichkeit wahrzunehmen, ist immer auch ein Akt der persönlichen Befreiung. Und das tut gut, weil es uns stärker macht. Im Süden wie im Norden.

WAS IST »AFRIKA«?

»Afrika – Mutter Afrika,
Wüsten, Steppen, Urwald,
Flüsse, Seen und Berge.
Insekten, Vögel, Fische,
Reptilien und Säugetiere.
Alles deine Kinder,
so wie wir, deine Kinder.
Afrika – Mutter Afrika,
Mutter, Mutter,
siehst du alle deine Kinder?
Mutter, Mutter,
hörst du mich?«

*Kabria (*1990), Schülerin in Ghana*

AFRIKA – DER NAME

Am Anfang war das Wort? Nicht in Afrika. In früheren Zeiten wurde das Wort *Afrika* vor allem von Fremden zur Beschreibung des Kontinents benutzt. Die Römer nannten nach der Eroberung von Karthago im Jahre 146 vor unserer Zeitrechnung ihre neue Provinz *Africa proconsularis*. Vermutlich stammt der Begriff von den Vorfahren der heutigen Berber ab, die sich selbst *Afri* nannten. Die Araber haben daraus später das Wort *Afriquia* für den nordafrikanischen Raum geprägt.

Der südafrikanische Schriftsteller, Maler und Intellektuelle Zakes Mda (*1948) berichtet über das Entstehen einer afrikanischen Identität: »Bis vor gut hundert Jahren verstanden die meisten Bewohner dieses Kontinents sich selbst nicht als Afrikaner. Zuerst sahen sie ihre Zugehörigkeit zu einer Familie oder einem Clan, ihre Geschlechterrolle oder ihren Klassenstatus. Über allem aber stand ihr Menschsein als das Wesentliche. Deshalb nannten sie sich in ihren jeweiligen Sprachen *Abantu* oder *Khoikhoi* oder benutzten ähnliche Begriffe, die ihre Menschlichkeit betonen sollten.«

AFRIKA – DAS LAND

Mit gut 30 Millionen Quadratkilometern ist Afrika (nach Asien mit mehr als 44 Millionen Quadratkilometern) der zweitgrößte der fünf Kontinente. Gut ein Fünftel der Erdoberfläche gehört zu Afrika – damit ist es gut sechsmal so groß wie Europa. Allein die Wüste Sahara ist etwa so groß wie die USA. Afrika mutet an wie eine Rieseninsel, die große Ozeane umgeben. Nur im äußersten Nordosten – bei der ägyptischen Landenge von Suez – gibt es eine Verbindung mit Asien.

Der polnische Journalist Ryszard Kapuściński (*1938), der mehr als 40 Jahre lang viele Länder Afrikas bereiste, erzählt: »Dieser Kontinent ist zu groß, als dass man ihn beschreiben könnte. Er ist ein regelrechter Ozean, ein eigener Planet, ein vielfältiger, reicher Kosmos. Wir sprechen nur der Einfachheit, der Bequemlichkeit halber von Afrika. In Wirklichkeit gibt es dieses Afrika gar nicht, außer als geografischen Begriff. Afrika, das sind Tausende von Situationen. Verschiedenste, unterschiedlichste, völlig gegensätzliche Situationen. Jemand sagt: ›Dort herrscht Krieg.‹ Und er hat recht. Ein anderer sagt: ›Dort ist es friedlich.‹ Und er hat auch recht. Denn alles hängt davon ab – wo und wann.«

AFRIKA – DIE MENSCHEN

Kulturell gesehen gibt es in Afrika die größte Vielfalt von Menschen auf unserer Erde. Die mehr als 850 Millionen Afrikanerinnen und Afrikaner gehören mehreren tausend ethnischen Gruppen an, sprechen gut tausend anerkannte Sprachen und leben in mehr als 50 Staaten (in Europa mit knapp 730 Millionen Einwohnern gibt es rund 70 Sprachen in knapp 50 Staaten). Mehr als 40 Prozent der Bevölkerung gehören dem Islam an, knapp 50 Prozent offiziell dem Christentum und gut 10 Prozent praktizieren traditionelle afrikanische Religionen oder gehören anderen Glaubensrichtungen an (wie dem Judentum oder dem Hinduismus).

Fatima S. (*1970), Geschichtsstudentin in Ägypten, kommentiert: »Bevor die Europäer kamen, existierten auf diesem Kontinent mehr als zehntausend verschiedene ethnische Gruppen, Kleinstaaten, Königreiche, Sultanate, Familienclans. Nicht alle lebten friedlich miteinander, aber sie lebten und konnten sich selbst wahrnehmen und wurden wahrgenommen. Der Kolonialismus hat Afrika eigentlich weniger geteilt, als brutal vereinigt: Zehntausend selbstständige Einheiten wurden zu 50 Staaten zusammengeprügelt.« Und der englische Anthropologe John Reader (*1937) ergänzt: »In der Tat, die zivilisierte Art des friedlichen Zusammenlebens in kleinen Gesellschaften ohne Staatenbildung, die nachweislich in Afrika vor dem Beginn äußerer Einflüsse existierte, ist ein wesentlicher afrikanischer Beitrag zur Menschheitsgeschichte.«

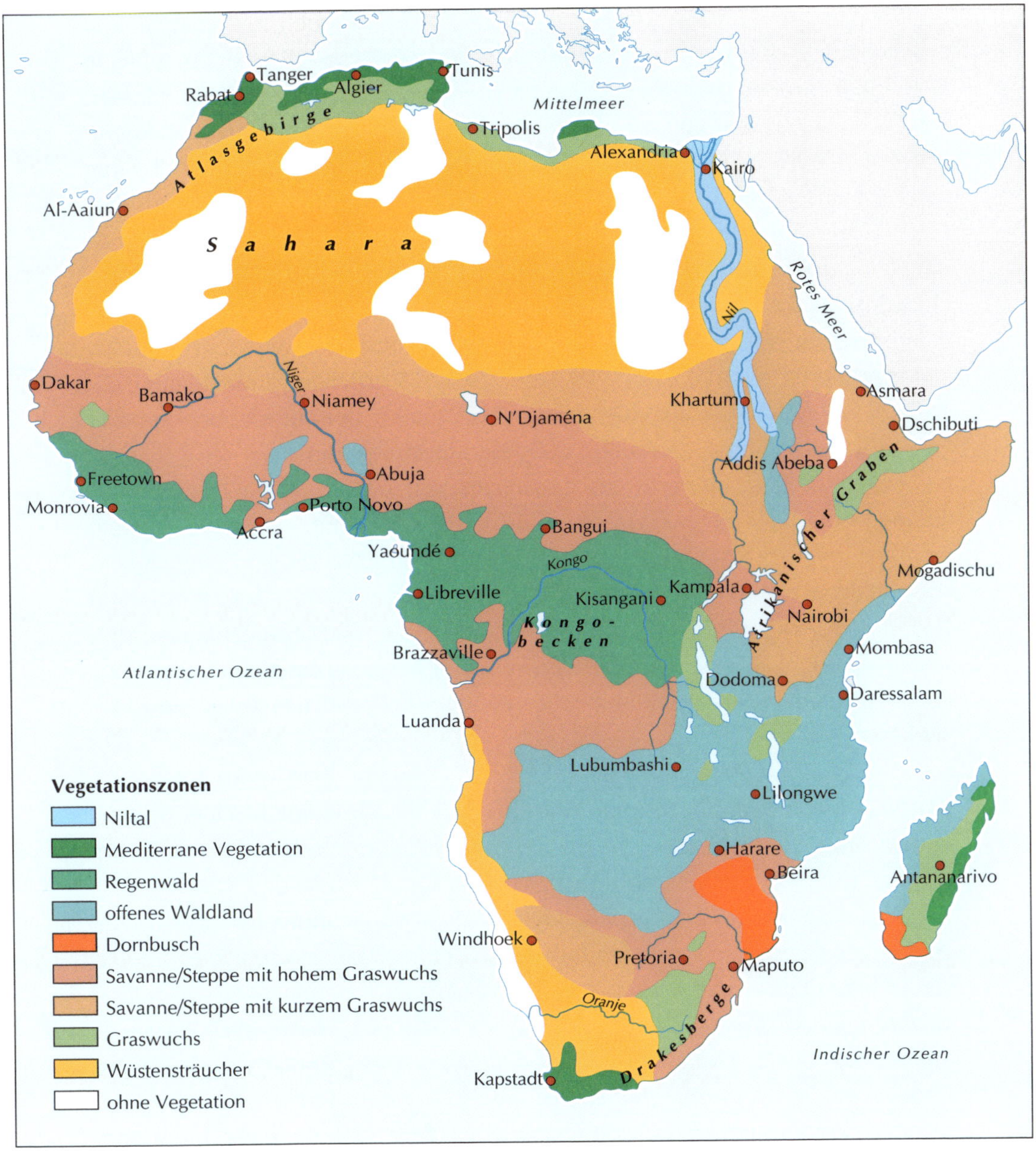

Die Vegetationszonen im Afrika von heute

AFRIKA UND DIE WELT

In der neuesten Microsoft Enzyklopädie liest man unter dem Stichwort »Afrika« unter anderem: »Afrikas Wirtschaft ist die am wenigsten entwickelte von allen Kontinenten, die Antarktis ausgenommen... Schreckliche Hungersnöte und seuchenartige Krankheiten sind normal, noch verschlimmert durch schlecht ausgebaute Straßen und einen Mangel an medizinischem Personal... Viele afrikanische Staaten sind von ausländischer Entwicklungshilfe abhängig oder vom Handel mit einer oder zwei ihrer natürlichen Ressourcen, der wiederum abhängt vom Auf und Ab des Weltmarktes.« Nur wer aufmerksam liest, stolpert über einen kurzen Satz, der sich ebenfalls in jenem Abschnitt über Afrikas Wirtschaft findet: »Afrika ist reich an natürlichen Ressourcen und Teil seiner wirtschaftlichen Basis ist der Export dieses Reichtums.« Warum haben die meisten Afrikaner dann so wenig von ihrem Reichtum an Bodenschätzen? Und wenn sie schon so viel exportieren: Warum kommt so wenig zu den Menschen in Afrika zurück?

Ein UNO-Gesandter aus Ruanda weist bei einem Treffen mit Vertretern der Europäischen Union (EU) Anfang 2000 darauf hin, dass »das Vieh in Europa mehr Getreide frisst, als den Menschen in ganz Afrika für ihre Ernährung zur Verfügung steht.« Eine EU-Kommissarin aus Italien entgegnet: »Das kann man so nicht vergleichen. Die Ansprüche an Energie beider Märkte sind einfach sehr verschieden.« »Stimmt!«, entgegnet der Mann aus Ruanda, »Eure Ansprüche sind anders. Aber wir leben auf einem Planeten. Die Stadt New York zum Beispiel verbraucht so viel elektrische Energie wie der gesamte afrikanische Kontinent zusammen. Mit welchem Recht – außer dem Faustrecht des gegenwärtig Stärkeren?«

»Afrika – Mutter Afrika, Mutter, Mutter, siehst du alle deine Kinder? Mutter, Mutter, hörst du mich?«

» *Diese Zeilen stammen aus einem Gedicht der heute 13-jährigen Kabria, mit dem sie an einem landesweiten Schüler-Wettbewerb teilgenommen hat. Sie lebt in einem Vorort von Accra, der Hauptstadt Ghanas, und sorgt allein für ihre kleinen Brüder Kwesi (8) und Ato (5). Kabrias Mutter starb vor sechs Monaten an AIDS. Der Pastor ihrer Kirchengemeinde hilft unregelmäßig mit Gemüse und Brot. Ihren Schulbesuch hat sie seit dem Tod der Mutter unterbrochen. Kabria sagt: »Ich werde wieder zur Schule gehen... ganz sicher. Jetzt geht es einfach nicht.* «

AFRIKANISCHE ZEITEN

WO ALLES BEGANN

550 MILL. V.CHR. – CA. 5000 V.CHR.

Afrika – der älteste aller Kontinente. Wo alles begann.

Das erste feste Land vor gut 550 Millionen Jahren, als alles Übrige auf dem jungen Planeten Erde noch in glühendem Fluss war. Die ersten Lebewesen, die aus dem Wasser ans Land kamen. Über Jahrmillionen unveränderte Felsen- und Steinformationen, die nicht nur die Quelle gegenwärtiger Bodenschätze sind, sondern auch Studien über das Alter unseres Planeten zulassen wie sonst nirgendwo.

Vor gut 200 Millionen Jahren lebten die Dinosaurier, auch hier die ersten in Afrika. Ihre Entwicklung, die auf ihre beeindruckende körperliche »Hardware« setzte, erwies sich langfristig als Irrweg. Die wesentlich schwächeren ersten Säugetiere entwickelten dagegen zunehmend eine »Software«, die sie für die nächste Stufe der Evolution qualifizierte: Anpassung durch Verhaltensänderungen.

Die ersten aufrecht gehenden Urmenschen gab es vermutlich in Ostafrika. In der dortigen Savannenlandschaft hatte der einen Vorteil, der sich einen Überblick verschaffen konnte. Verschiedene Fossilfunde lassen vermuten, dass dies ungefähr vor drei bis fünf Millionen Jahren gewesen ist – als die ersten Affen sich erhoben, um auf zwei Beinen zu laufen, sich besser orientieren zu können und die Hände frei zu haben für andere Tätigkeiten.

Es sollte noch lange dauern, bis dieser Urmensch lernte, die verschiedenen Funktionen seines allmählich wachsenden Gehirns zu gebrauchen: Seine Instinkte einem überlegten Handeln unterzuordnen, um anderen »überlegen« zu sein. Der moderne Mensch, der *Homo sapiens,* begann sich in Afrika vor etwa 200 000 Jahren zu entwickeln. Bis heute stimmt die Erbsubstanz zwischen einem Menschen und einem Schimpansen zu 99 Prozent überein. Der kleine, aber entscheidende Unterschied besteht im größeren Gehirn des Menschen.

Vor gut 100 000 Jahren verließ eine relativ kleine Gruppe des *Homo sapiens* den afrikanischen Kontinent über die heutige Sinai-Halbinsel in Richtung Naher Osten und breitete sich von hier aus langsam über den Rest der Welt aus. Fossilfunde belegen, dass diese ersten Migranten der Menschheitsgeschichte erst vor gut 40 000 Jahren in Europa ankamen. Nordamerika erreichten sie vor etwa 15 000 Jahren von Asien aus über eine Landbrücke, die zu dieser Zeit bei der Beringstraße bestand. In Südamerika kamen sie vor ungefähr 13 000 Jahren an.

Ein US-amerikanisches Forscherteam stellte Ende der achtziger Jahre des letzten Jahrhunderts die folgende Behauptung auf: Nicht nur liegt die »Wiege der Menschheit« in Afrika – sondern, genetisch gesehen, sind wir Menschen nach wie vor alle Afrikaner, jedenfalls mehr Afrikaner als alles andere. Es gibt bis heute eine größere genetische Vielfalt unter den Bewohnern Afrikas als zwischen Afrikanern und Menschen von anderen Kontinenten!

Afrika – der älteste aller Kontinente. Wo alles begann. Ursprünge des Menschen, die bis heute die Grenzen unserer Existenz bestimmen: Die Grenzen unserer körperlichen Leistungsfähigkeit, die Grenzen unserer dreidimensionalen Vorstellungskraft, die Grenzen unserer Gefühls- und Sinneswahrnehmungen.

Das tiefere Verstehen, was ein Mensch ist, beginnt in Afrika.

DER ERSTE KONTINENT

Vor rund 5 Milliarden Jahren – also 5 000 Millionen – Jahren entstand jener Planet, den wir Menschen bewohnen: die Erde. Bis heute wissen wir nicht genau, wie es dazu kam. Wissenschaftlerinnen und Wissenschaftler forschen nach den Ursachen, Philosophinnen und Philosophen denken über die Bedeutung nach. Und doch: Unsere dreidimensionale Vorstellungskraft ist beschränkt. Wie können wir uns einen Zeitraum von Millionen oder gar Milliarden Jahren vorstellen?

Trotz aller Forschung und Wissenschaft sind wir noch immer ratlos bei Fragen nach dem Ursprung des Lebens und der Zeit: Was war vor der Entstehung der Erde? Was existiert außerhalb des für uns erkennbaren Weltalls?

»Das ewige Nichts« (nach einer Zulu-Überlieferung):

» *Keine Sterne gab es, keine Sonne,*
Weder Mond noch Erde,
Nichts existierte außer dem Nichts,
Dunkelheit überall,
Ein Nichts, weder warm noch kalt
Ein Nichts, schlimmer als Leere
Angst einjagend und ewig.

Das Nichts floss dahin,
Niemand kann sagen wie lange,
Auf den Wassern der Zeit,
Jener mächtige Fluss
Ohne Quelle und Mündung,
Den es gab, der ist
Und immer sein wird.

Aber dann eines Tages –
Kann man überhaupt sagen: eines Tages? –
Verlangte der Zeitenfluss nach einer Partnerin
Wie ein Wesen aus Fleisch und Blut
Nach einem Partner schreit
Und als das Ergebnis jenes so unvorstellbaren Treffens
Zwischen dem Zeitenfluss und dem ewigen Nichts
Wurde der kleinste, kaum sichtbar flackernde Funken
Geboren – das Feuer des Lebens. «

»Das Feuer des Lebens« – so weit von dem, was wir heute von der Entstehung unseres Planeten Erde wissen, ist dieses Bild aus der Zulu-Überlieferung gar nicht entfernt. Unsere Erde war zu Beginn ein Feuerball, der auf eine ellipsenförmige Laufbahn als dritter Planet um die Sonne geschleudert wurde. Bis heute rasen wir in einem – wenn wir es wahrnehmen könnten – mörderischen Tempo von rund 30 000 Kilometern in der Stunde um die Sonne, in genau 365 Tagen, 5 Stunden, 48 Minuten und 47 Sekunden. Wir nennen diesen Zeitraum etwas ungenau »ein Jahr«.

Im Erdinnern brodelt es nach wie vor, im Kern nimmt man Temperaturen bis zu 12 000 Grad Celsius an. Und dick ist die Erdkruste auch nach gut 5 Milliarden Jahren noch immer nicht: Nur 30–70 Kilometer beträgt die feste Schicht unter den Kontinenten, unter den Ozeanen sogar nur 8–15 Kilometer – relativ wenig bei einem Gesamtdurchmesser der Erde von knapp 13 000 Kilometern. Kein Wunder, dass es an den dünneren Stellen immer wieder zu Erdbeben kommt.

Am Anfang war dieser Planet fraglos ein höchst ungastlicher Ort: Beißende Säuredämpfe erfüllten die heiße Atmosphäre, das Sonnenlicht wurde verdunkelt von schweren Wolken, deren Niederschlag zu neuerlich brodelnden Reaktionen führte. Glühende Lavamassen aus andauernden Vulkanausbrüchen färbten riesige Gebiete feuerrot und Einschläge von Meteoriten waren an der Tagesordnung.

Nur ganz allmählich – über einen Zeitraum von vielen Millionen von Jahren – setzte ein Abkühlungsprozess ein, der zur Bildung erster dauerhaft fester Substanzen führte: Durch Chloride grün gefärbte Felsbrocken, die wie Korken auf der Oberfläche brodelnder, heißer Meere schwammen, aber doch den Kern für zunehmende Stabilisierung boten. Die aktuelle Forschung geht davon aus, dass die ersten Felsmassen im Süden Afrikas vor etwa 3,6 Milliarden Jahren zur Ruhe kamen. Sie verbanden sich im Laufe der folgenden Hunderte von Millionen Jahren mit zwei weiteren Felsmassen, die das spätere West- und Zentralafrika formten.

Vor rund 550 Millionen Jahren erhob sich ein Gebiet, das zu mehr als 90 Prozent mit der Form des heutigen afrikanischen Kontinents identisch ist, aus den Fluten und bildete festes Land: Afrika war geboren.

Auf keinem anderen Kontinent kann die Entstehungsgeschichte unseres Planeten so genau erforscht und nachverfolgt werden wie in Afrika. Die mittlere Höhe der gesamten festen Erdoberfläche beträgt heute 875 Meter über dem Meeresspiegel. Bis heute liegt der Kontinent Afrika im Durchschnitt rund 400 Meter über allen anderen Kontinenten. Dass es in Afrika die meisten mineralen Bodenschätze gibt, hat mit dem Alter des Kontinents zu tun.

Der Superkontinent Pangaea mit dem Zentrum Afrika

Gold, Diamanten, Platin – alles Edelmineralien, die nur unter ganz bestimmten Bedingungen der Entwicklung der Erde entstehen konnten. Diamanten bilden sich bei Temperaturen von über 1 000 Grad Celsius und unter einem Druck, der etwa 150 Kilometer überlagertem Fels entspricht. Gold benötigt zusätzlich extrem heißen Wasserdruck. Mehr als die Hälfte allen Goldes, das Menschen jemals aus der Erde zutage gefördert haben, kommt aus jener Gegend Südafrikas, wo die ersten Felsmassen abkühlten und stabiles Land wurden. Auch für andere Kontinente gilt, dass die erdgeschichtlich ältesten Regionen die meisten Bodenschätze aufweisen. Afrika ist hier eindeutig im Vorteil.

Die Erhärtung von Landmassen setzte sich in den kommenden gut 400 Millionen Jahren fort. Zuletzt stabilisierte sich der nordamerikanische Kontinent. Inwieweit alle Kontinente damals relativ dicht beieinander lagen und sich erst allmählich auseinander schoben, ist eine Theorie, die bis heute diskutiert wird. Auffallend bleibt, wie sehr Afrika und Südamerika zueinander passen, nicht nur geologisch und geografisch, sondern auch was bestimmte Pflanzen und Tiere betrifft.

Der deutsche Geophysiker Alfred Wegener (1880–1930) löste 1912 mit seiner »Kontinentalverschiebungstheorie« eine heftige internationale Debatte aus: Demnach hatte es ursprünglich einen einzigen Superkontinent namens *Pangaea* (bedeutet: »alle Länder«) gegeben, der aus dem alten Afrika im Zentrum und den um Afrika liegenden Kontinenten Süd- und Nordamerika, Eurasien (als Einheit von Europa und Asien) sowie Indien, Australien (das noch über die Antarktis erreichbar war) und der Antarktis bestand.

Zu seinen Lebzeiten wurde Alfred Wegener nicht ernst genommen, da er keine Erklärung für das Auseinanderdriften der Kontinente geben konnte, auch wenn seine geophysikalischen Befunde über eine ursprüngliche Zusammengehörigkeit noch so beindruckend waren. Er widmete den Rest seines Lebens der Beweisführung. Bis zu seinem Tod bei einer Grönland-Durchquerung im November 1930 hatte er noch kein stichhaltiges Ergebnis vorlegen können.

Erst der südafrikanische Geologe Alex Du Toit zeigte 1937 in seinem Buch *Die wandernden Kontinente* auf, dass Afrika und Südamerika rund 250 Millionen Jahre gebraucht hätten, um von unmittelbarer Nähe in die heutige Position zu kommen. Der US-amerikanische Geologe Harold Hess schließlich erklärte 1959, warum die Kontinente nicht völlig ruhen, sondern im Prinzip permanent in Bewegung sind: Die verschiedenen Erdschichten – von der äußersten, relativ dünnen Erdkruste bis zu den heißen inneren Lagen – stehen in einem Spannungsverhältnis, das durch Veränderungen auf dem Meeresboden beeinflusst wird. Hess vermutete, dass es auf der kugelförmigen Erde einen Kreislauf von vielen Millionen Jahren gibt, in dem sich die Kontinente jeweils annähern und wieder entfernen. Unsere Zeit würde in diesem Szenario die Phase der größten Entfernung sein, wonach allmählich wieder eine Annäherung der Kontinente anstünde.

Der afrikanische Kontinent besteht seit gut 550 Millionen Jahren. Er ist der älteste Kontinent von allen und der mit den meisten Bodenschätzen. Hier lernten die Menschen zuerst den aufrechten Gang.

»DER BAUM DES LEBENS«

Über die Entstehung des Lebens auf der Erde berichten auf dem afrikanischen Kontinent verschiedenste Mythen und Legenden. In mehreren ethnischen Gruppen und Völkern spielt der »Baum des Lebens« eine wichtige Rolle, so bei den *Ndebele*, vor allem in den Gebieten südlich des Flusses Sambesi, aber auch bei den *Zulus* Südafrikas.

Credo Mutwa (*1921), selbst ein Zulu aus dem Süden Natals, hat 1964 als einer der ersten Afrikaner eine umfassende Darstellung afrikanischer Geschichte in traditionellem Erzählstil in Englisch und Zulu verfasst. Darin schreibt er: »Es wird gesagt, dass der Große Geist das Universum aus Gründen geschaffen hat, die niemand versuchen soll zu ergründen. Der Große Geist gebrauchte dazu ein Wesen, das auch die Erste Göttin genannt wird…« Und dann erzählt er die Entstehungsgeschichte des Lebens, wie er sie von seinem Großvater gelernt hat:

» *Der erste Vater, der Baum des Lebens, wachte mit der ihm typischen Hilflosigkeit darüber, wie seine Gefährtin die Geburtsqualen meisterte. Aber nach langem, langem Schmerz wurde die Erste Göttin erlöst, und die erste mächtige Nation von Fleisch und Blut, zahllose menschliche Wesen, war geboren. Und sie vermehrten sich, um die Ka-Lahari-Wüste zu bevölkern.*

Währenddessen widerfuhr dem Baum des Lebens die größte Veränderung: Grüne Knospen sprangen an seinen krummen Zweigen auf und Wolken von Samen verstreuten sich über die steinigen Ebenen. Wo immer sie den Boden berührten, gruben sie Wurzeln in den störrisch steinigen und trockenen Sand, um zu der wenigen Feuchtigkeit durchzudringen… Und schon wuchsen alle Sorten von Pflanzen, ein wuchernder Teppich von sattem, lebendigem Grün. Bald bedeckten mächtige Wälder die Erde, sich sogar gegenüber den Gebirgen behauptend. Raue Stürme und Regengüsse und die Wurzeln der Waldbäume gestalteten gemeinsam die unwirtlichen Berge um in sanfte Ebenen.

Kurz nach all diesen Anstrengungen wuchsen dem Baum des Lebens erneut

Der Baum des Lebens, wie er auf vielen Kunstwerken der Ndebele dargestellt wird

Früchte: brummende, summende, rufende – tierisch-lebendige Früchte. Von seinen weit ausgebreiteten Ästen fielen sie in das Gras darunter und tollten sofort weiter in die Wälder, so viele, zahllose Millionen.

Aus den tiefen Furchen seines Stammes stiegen alle Sorten von Vögeln auf, die Luft erfüllend mit ihren Liebesgesängen, Adler, Falken und Flamingos, solche, die wir kennen und andere, die wir niemals zuvor sahen, wie die zweiköpfigen und sprechenden Kaa-U-La-Vögel, die wir nur aus den Märchen kennen.

Die Erde, die bis dahin leblos und tot war, begann zu leben and alle Arten von Geräuschen gaben ihr Echo aus Wäldern und Tälern, als die wilden Tiere miteinander kämpften und Vögel fröhlich sangen, hinein in die lächelnde Sonne.

Viele, viele Arten von Tieren, die der Baum des Lebens geschaffen hatte, sind seitdem für immer von der Erde verschwunden, weil Efa, der Geist der völligen Vernichtung, sie schon lange verschlungen hat. Und die Tiere, die wir heute kennen, wie viele es auch sein mögen, sind nicht mehr als die wenigen, die überlebten. Legenden berichten von drei Arten von Löwen, von denen nur eine überlebte.

Aus den Wurzeln des Baumes des Lebens entstanden Reptilien in allen Formen und Wolke nach Wolke von Insekten stieg auf wie in einem endlosen Strom. Das Lied des Lebens hatte auf der Erde begonnen. Das Lied, das noch immer gesungen wird, aber eines Tages auch in Vergessenheit geraten kann, nicht mehr als ein schwaches Echo hinterlassend.

Die Sonne der Geschichte ist aufgestiegen, und sie scheint noch heute. Eines Tages jedoch wird sie ohne Zweifel untergehen – für immer. «

URMENSCHEN IN AFRIKA

So viel haben wir bis heute gemeinsam mit den Menschenaffen. Die Genforschung belehrt uns, dass sich die Erbsubstanz zwischen einem Schimpansen und einem Menschen zu 99 Prozent gleicht, ähnlich etwa der Übereinstimmung zwischen einem Pferd und einem Zebra. Als »nackten Affen« hat deshalb der englische Verhaltensforscher Desmond Morris (*1928) den Menschen in seinem gleichnamigen Buch aus dem Jahr 1967 bezeichnet.

Der wesentliche Unterschied – genetisch betrachtet – besteht nicht zuerst im Körperbau, sondern im weiter entwickelten und größeren Gehirn des Menschen. Dem voraus ging vermutlich eine Veränderung der alltäglichen Lebensbedingungen, die nicht zuerst die Lebenschancen derjenigen erhöhten, die am stärksten waren, sondern derjenigen, die sich am besten anpassen konnten.

Die größten und stärksten Lebewesen, die jemals unseren Planeten bevölkerten, waren vor rund 200 Millionen Jahren die Dinosaurier. Im ostafrikanischen Tansania wurde 1909 das komplette Skelett eines *Brachiosaurus* ausgegraben, dessen Lebendgewicht auf gut 80 Tonnen geschätzt wird (etwa so viel wie 20 ausgewachsene Elefanten). Er war knapp 13 Meter groß und könnte damit ohne Probleme über ein vierstöckiges Gebäude schauen. Dieses monströse Tier, dessen Skelett zu Kaiserzeiten nach Deutschland transportiert wurde und bis heute im Berliner Naturkundemuseum besichtigt werden kann, hatte ganz offensichtlich die stabilste »Hardware« zum Überleben.

Trotzdem verschwanden die kaltblütigen Riesen-Reptilien nach gut 140 Millionen Jahren wieder von der Erdoberfläche. Fraglos eine lange Zeit, und es bleibt abzuwarten, ob wir Menschen mit unseren bislang höchstens 5 Millionen Jahren Existenz dies überhaupt jemals erreichen. Und doch: Wie kam es, dass die wesentlich kleineren Säugetiere, die anfangs in jeder Hinsicht im Schatten der großen Echsen lebten und sich entwickelten, langfristig das Rennen machten und heute mit rund 4 500 verschiedenen Arten eine weitaus größere Vielfalt aufweisen als die Dinosaurier je zu ihren Lebzeiten?

Eines der ersten Säugetiere wurde in einem kleinen Hügel nahe der Grenze zum heutigen Lesotho im Süden Afrikas bei archäologischen Ausgrabungen gefunden. Es bekam den Namen *Megazostrodon*, war wenig größer als ein Stachelschwein und hatte noch einen relativ kleinen Schädel. In unmittelbarer Nähe war kurz zuvor ein Dinosaurier von etwa vier Metern Länge gefunden worden, der offensichtlich im Schlamm eines Sees stecken geblieben und ertrunken war. Erdproben ergaben, dass beide etwa zur gleichen Zeit gelebt haben.

Um in einer Welt zu überleben, die von den mächtigen Dinosauriern beherrscht wurde, mussten sich die ersten Säugetiere ausgezeichnet anzupassen wissen: Tagsüber auf der Hut sein und nachts, wenn die Reptilien ruhten, auf Jagd gehen. Bei der Jagd im Dunkeln waren besonders Augen, Nase und Ohren der Säugetiere gefordert. Vielfältige Bewegungsabläufe mussten schnell koordiniert werden.

Genau diese Impulse zur Weiterentwicklung waren es, die den ersten Säugetieren gegenüber den Dinosauriern die besseren Chancen einräumten, die Evolutionsleiter weiter erklimmen zu können. Der im Schlamm versunkene Dinosaurier von Lesotho – zu wenig auf der Hut, um die Gefahr zu erkennen, und zu schwer, um sich selbst befreien zu können – steht wie ein Symbol für das Ende jener Epoche.

Was ist der Mensch? Jener »nackte Affe«, der sich – wie es in der Bibel heißt – »die Erde untertan« machen sollte? Und wer war der erste Mensch? Wo genau begann seine Entwicklung?

In den großen monotheistischen Weltreligionen Judentum, Christentum und Islam wird davon berichtet, wie jener eine Gott den Menschen als Krone der Schöpfung nach seinem Bilde schuf. Der erste Mensch Adam (der Name bedeutet im Hebräischen »Mensch«) lebte noch nackt im Paradies, einsam zwischen den Tieren und voller Verlangen nach einem weiblichen Gegenüber.

Die Realität war vermutlich wesentlich weniger poetisch: Nicht ein einmaliger Schöpfungsakt führte zur Menschwerdung, sondern ein Entwicklungsprozess über viele Jahrtausende, in dem sich in einem harten Überlebenskampf mehr und mehr jene Menschenaffen behaupten konnten, die lernten, aufrecht zu gehen und Steine als Werkzeuge und Waffen zu benutzen. Einige Menschenaffen entwickelten ihre Laute zu ersten Wortsignalen und konnten sich damit besser verständigen als jene Artgenossen, die noch Warnschreie und Grunzlaute benutzten.

Die Spuren erster Menschen in Ostafrika führen Forscher überwiegend auf einen damaligen Klimawechsel zurück, der im Westen Afrikas weiter tropischen

Regenwald bestehen ließ, im Osten dagegen zur zunehmenden Austrocknung führte: Die großen grünen Bäume und wild wuchernden Pflanzenteppiche starben ab und machten weiten Savannengebieten mit hohem Gras Platz. Während in West- und Zentralafrika die Fähigkeit des Kletterns in hohen Bäumen gefragt war, mussten diejenigen, die in Ostafrika überleben wollten, lernen, auf flachem Boden schnell zu laufen, sich bei Gefahr zu ducken oder hoch aufzurichten, um Ausschau zu halten.

Gedanken zu Nyoha, einem jungen *Homo habilis*, dessen in Lehm gepresste Fußspuren um 1960 in einem Tal in der Nähe des heutigen Serengeti-Nationalparks gefunden wurden:

» *Nyoha war vielleicht zwölf oder dreizehn Jahre alt, vermutlich bereits geschlechtsreif, sehnsüchtig nach einem Mädchen. Ob er mit einem Namen gerufen wurde? Keine Ahnung. Wir nennen ihn Nyoha, ein Name, den es bis heute als männlichen Namen bei einem der ältesten noch lebenden Völker Ostafrikas, den Hadza in Tansania, gibt.*

Nyoha ist in Eile. Er kann noch nicht wirklich sprechen. Etwas beunruhigt ihn: Er stößt seine zwei erwachsenen Begleiter, einen älteren Mann und eine junge Frau, mit der Faust gegen den Oberarm, zieht an ihrer Schulter, grunzt aufgeregt. Die beiden kapieren nicht, was er will. Sie gehen langsam, viel zu langsam für Nyoha. Sie sind unbesorgt. Das ist das jugendliche Alter, die Ungeduld. Nyoha soll sich nicht so anstellen. Nyoha packt einen Stein und wirft ihn wütend in den Schlamm.

Der ältere Mann geht lieber auf Füßen und Händen, das erscheint ihm bequemer. Aber es dauert natürlich länger. Die junge Frau stützt ihn, aber treibt nicht zur Eile wie Nyoha. Die Fußspuren zeigen die Ungleichheit in den Bewegungen: Die behäbigen Bewegungen des Alten auf allen Vieren, das helfende Umkreisen der jungen Frau, das aufgeregte Vor- und Zurücklaufen des Jungen.

Sie sind nun etwa in der Mitte des Tales, umgeben von Gras und trockenen Büschen, mit wenig Schutz vor dem Angriff möglicher Raubtiere. Nyoha lässt nicht locker. Er springt auf und weist auf etwas. Wieder hat er einen Stein gepackt und hält ihn drohend erhoben. Hinter ihnen am Horizont ein Vulkan, der dunkle Wolken, aber kein Feuer mehr ausstößt. Vor ihnen in noch weiter Ferne eine Bergformation mit karger Bewaldung. Dorthin wollen die drei, vielleicht ist eine der Felshöhlen ihr gegenwärtiges Zuhause. Nyoha weist auf etwas in unmittelbarer Nähe.

Dann trennen sich die Fußspuren plötzlich: Die des Alten verschwinden, die von Nyoha und der jungen Frau laufen zurück in Richtung des Vulkans, bevor auch sie auf nun wieder festerem Untergrund als Lehmspuren verschwinden.

Was ist passiert? Wir wissen es nicht. Es kann sein, dass der Alte von einem Leopard getötet und weggezerrt wurde, den Nyoha hat anschleichen sehen. Es kann sein, dass er einfach erschöpft zusammengebrochen ist und nicht mehr weiter wollte. Es kann auch sein, dass Nyoha den Alten loswerden und mit der Frau davonlaufen wollte. Es kann sein…

Wir wissen, dass Nyoha aufgeregt war, dass er sich bereits sicher aufrecht bewegen konnte, dass er Steine als Waffe und Handwerkszeug benutzte. Nyoha… ein Junge in Ostafrika vor gut zwei Millionen Jahren… «

AFRIKANER ZIEHEN IN DIE WELT

Über lange Zeit waren es vor allem die Archäologen, die mit zum Teil spektakulären Ausgrabungen die Ursprünge der Menschheit ans Licht zu bringen versuchten. Knochen und Skelettfunde aus verschiedenen Kontinenten wurden verglichen und ihr Alter geschätzt. Bis heute liegen diese Schätzungen der Experten oft weit auseinander. Viele Jahrtausende der frühen Menschheitsgeschichte befinden sich nach wie vor im Dunkeln und lassen allein Vermutungen zu.

Erst die relativ junge Genforschung, die anhand der Erbsubstanz Gemeinsamkeiten und Unterschiede zwischen Menschen genauer bestimmen kann, hat fundamental neue Kenntnisse hervorgebracht, die manche der bisherigen Theorien wie Luftblasen zerplatzen ließen. Die zwei größten Provokationen für die etablierte Wissenschaft bis heute lauten:

Wir heutigen Menschen, mit unserem hoch entwickelten Sprach- und Denkvermögen, sind nach wie vor alle, jedenfalls genetisch gesehen mehr Afrikaner als alles andere. Und: Unsere genetischen Wurzeln sind auf weibliche Vorfahren zurückzuführen, die die wesentlichen Erbinformationen weitergaben. Nicht ein Adam war demzufolge der erste Mensch, sondern eine Eva, eine afrikanische Eva genauer gesagt.

Vor rund 2 Millionen Jahren beginnt die Entwicklung der ersten Urmenschen in Afrika, wie des *Homo habilis* (»der Werkzeuge gebraucht«) oder des *Homo erectus* (»der aufrecht geht«). Am Ende der Entwicklung steht vor rund 200 000 Jahren der erste *Homo sapiens* (»der seinen Verstand gebraucht«). Vor 100 000 Jahren verlässt eine vermutlich kleine Gruppe von einigen Hundert bis höchstens 2 000 Menschen der Gattung *Homo sapiens* erstmals den afrikanischen Kontinent in Richtung Asien.

Die gut 100 000 Jahre, die der moderne Mensch in Afrika für seine Entwicklung brauchte, bis er in die weite Welt aufbrach, stellen etwa die Hälfte der gesamten Geschichte des *Homo sapiens* bis heute dar. In dieser Zeitspanne konnten sich viele unterschiedliche Völker, Ethnien und Clans auf dem afrikanischen Kontinent herausbilden, lange bevor es den modernen Menschen irgendwo anders auf der Welt gab. Genforscher unterscheiden 13 afrikanische Ursprungsgruppen. Aus der kleinen Gruppe von Menschen, die Afrika in Richtung Naher Osten verließ, kommt das genetische Material – die Erbsubstanz – der allermeisten Menschen heutzutage.

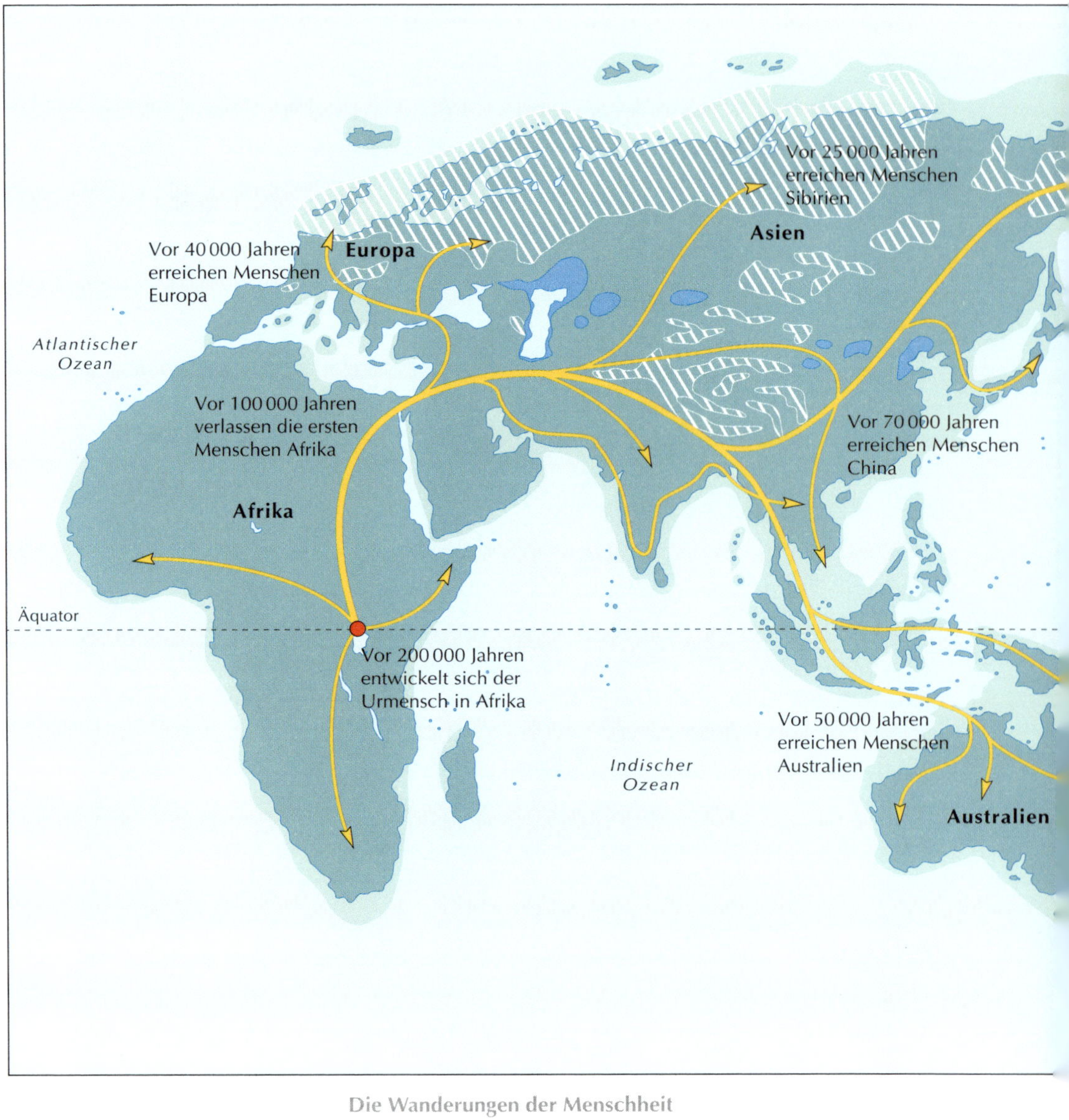

Die Wanderungen der Menschheit

Die große ethnische Vielfalt auf dem heutigen afrikanischen Kontinent hat hier ihren Ursprung, ein Reichtum, der zuweilen ziemlich ignorant als »Sprachengewirr« oder »Stammes-Chaos« abgetan wird. Von allen genetischen Linien aus dieser ersten Emigranten-Gruppe ist es nach einer Theorie des modernen englischen Humangenetikers Bryan Sykes eine weibliche Linie (von einer Mutter zur anderen), die sich ungebrochen bis heute nachweisen lässt. Jene erste Frau

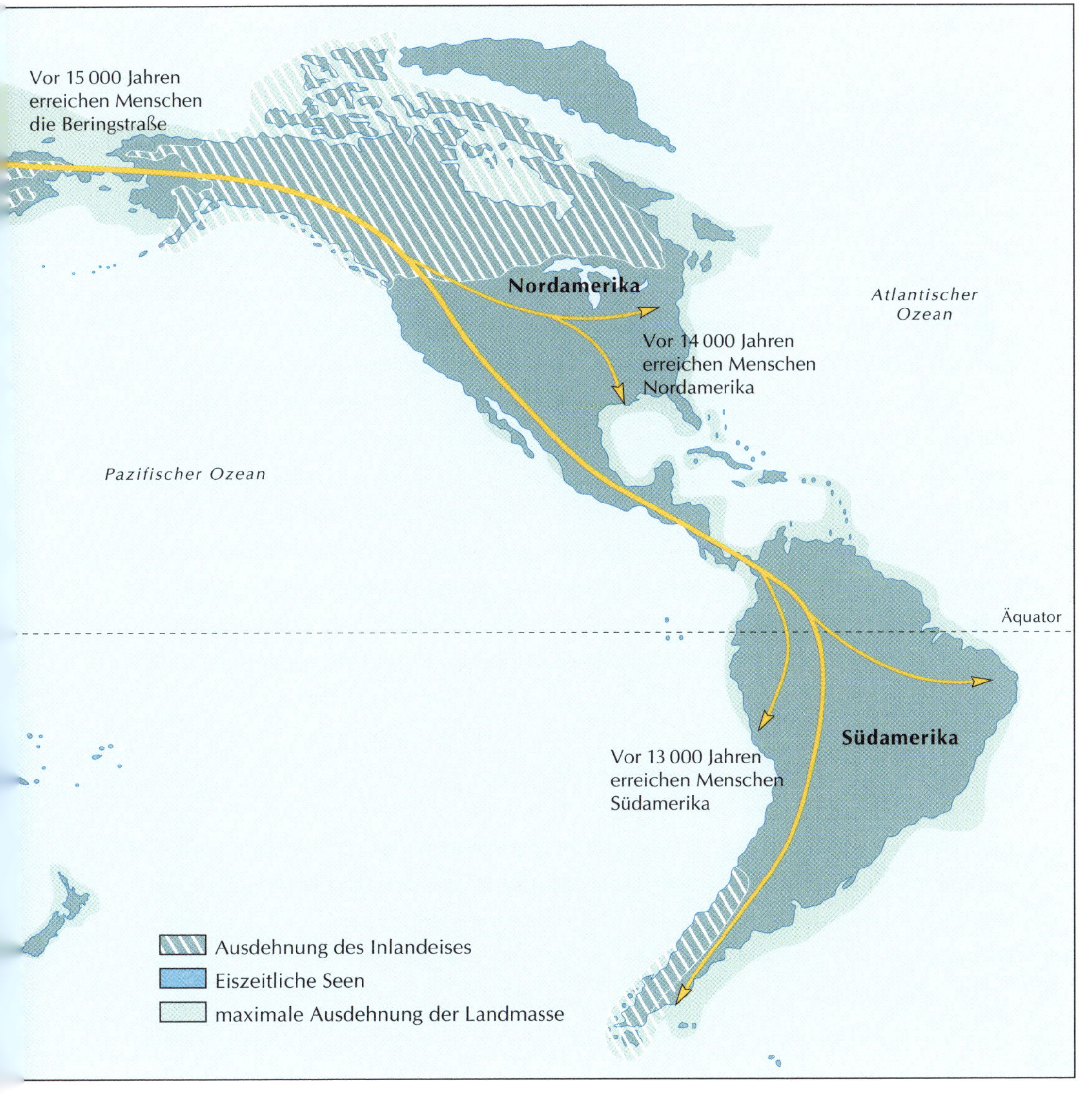

erhielt in der Wissenschaft den christlich-jüdischen Namen Eva und nicht etwa einen afrikanischen, wie es ihrem Ursprungskontinent eher entsprochen hätte.

Natürlich haben klimatische Veränderungen in den frühen Phasen der Menschheitsentwicklung eine wichtige Rolle gespielt. Wo nicht genug Nahrung war, musste man weiterziehen. Wo es zu kalt oder zu heiß wurde, musste man Ideen entwickeln, um sich gegen Eis oder Sonnenhitze zu schützen. Aber das erklärt nicht alles: Warum haben sich vor gut 100 000 Jahren aus einer Gesamtbevölkerung von vermutlich rund einer Million Menschen in Afrika gerade mal ein paar Hundert entschlossen aufzubrechen? Was trieb diese Gruppe dazu, über die Sinai-Halbinsel in Richtung heutiges Palästina und Israel zu ziehen? Ist es vorstellbar, dass neben möglichen Konflikten zwischen jenen Pionieren vielleicht auch pure Neugier auf Neues und Unbekanntes das Motiv war?

Fest steht – übrigens diesmal durch archäologische Funde bestätigt – dass die ersten Migranten der modernen Menschheitsgeschichte sich relativ lange im Nahen Osten niederließen, bevor sie weiter nach Asien, Australien und schließlich nach Europa wanderten. Zum Teil war es sicher das wesentlich kältere Klima, das die Menschen aus Afrika davon abhielt, Europa zu besiedeln.

In Europa hatte sich vor ungefähr 120 000 Jahren jedoch noch eine eigenständige Evolutionsstufe zwischen Urmensch und modernem Menschen etabliert, der sogenannte Neandertaler (*Homo neanderthalensis*), so benannt nach dem ersten Fundort eines Schädels im Jahr 1856 im Neandertal bei Düsseldorf. Der Neandertaler war wesentlich robuster gebaut als der aus Afrika kommende *Homo sapiens* und konnte offensichtlich besser der Kälte trotzen. Obwohl er damit den afrikanischen Einwanderern körperlich überlegen war, konnte er sich nicht durchsetzen. Die Neandertaler existierten noch mindestens weitere 10 000 Jahre neben den Neuankömmlingen, doch gibt es keinerlei Belege für Beziehungen zwischen beiden Gruppen. Die Neandertaler blieben unter sich und begannen vor etwa 30 000 Jahren auszusterben.

Der aus Afrika stammende *Homo sapiens* breitete sich weiter über ganz Asien aus, überquerte vor etwa 15 000 Jahren die damals bei der Beringstraße bestehende Landbrücke nach Nordamerika und erreichte vor etwa 13 000 Jahren Mittel- und Südamerika.

Maro, etwa 18 Jahre, Frau des Jägers Maroba, aus dem Volk der Hadza, das in einem Steppengebiet in der Nähe des tansanischen Manyara-Sees lebt, berichtet heute:

» *Wir sind hier zu Hause, schon davor und davor. Und auch davor. Aber wir sind so wenige geworden. Eins, zwei, drei, vier... so wenige. So wenige, die noch umherziehen. Wir sind frei. Wir haben alles. Wenn du herumziehen willst, ist es nicht gut, viel anzuhäufen.*

Wir kommen immer wieder zurück zum großen See. Und von da wieder in die Steppe. Und von da wieder zum See, weit, weit, das ist gut. Die Tiere helfen uns, nicht die anderen Menschen.

Da ist zum Beispiel der Honig-Vogel. Schau mal. Er flattert zu einem dürren Ast des Baobab, er ruft und flattert. Er ruft uns. Mein Mann klettert hinauf und stemmt die Rinde auseinander. Ja, wilder Honig, so gut und so süß. Und wenn wir fertig sind, kommt der Honig-Vogel und frisst die Bienenlarven, das frisst er am liebsten. Allein bekommt er die Rinde nicht auf. So helfen wir uns.

Wir haben alles. Wir brauchen nicht mehr. Es ist gut so.

Warum kommen die anderen Menschen uns immer näher und wollen uns verändern? Ein paar haben sich überreden lassen, sie wohnen jetzt in der Siedlung, aber haben gar nichts. Leben schlechter als die Hunde. Weil die Hunde keinen Gin trinken. Ganz billigen Gin aus kleinen Plastikbeuteln, in einem Zug ausgetrunken. Dann wirst du ganz dumm im Kopf, ganz müde, ohne ruhen zu können, ganz wild, ohne jagen zu können, oder ganz einsam. Das ist am schlimmsten. Sie sagen dann nicht mehr wir, nur noch ich.

Wir sagen wir. Eins, zwei, drei, vier... auch wenn wir nur noch wenige sind. Doch noch – wir. «

DIE ERSTEN SPRACHEN

Was unterscheidet den Menschen vom Tier? Nach dem Lernen des Gebrauchs von Werkzeugen und des aufrechten Ganges ist es die Entwicklung des Sprachvermögens, das sich so bei keinem anderen Lebewesen auf unserem Planeten finden lässt. Sprache ermöglicht dem Menschen, seine Umwelt nicht nur wahrzunehmen und wie die Tiere instinktiv darauf zu reagieren, sondern das Erlebte zu interpretieren, Erfahrungen zu sammeln und sich darüber mit anderen auszutauschen.

Verstand und Sprache – sie sind nicht voneinander zu trennen. Je differenzierter die Sprache wurde, desto präziser lernte der Mensch zu denken – und umgekehrt. Erst durch den aufrechten Gang und die Streckung des Halses entstand im Hals-Nasen-Rachenraum Platz für differenzierte Sprechwerkzeuge. Durch ein beständiges Üben der Zunge können wir nicht nur eine Vielzahl von unterschiedlichen Lauten produzieren, sondern dies auch in einer Schnelligkeit tun, wie es kein anderes Lebewesen vermag. Ein kurzer Satz, wie dieser hier niedergeschriebene, enthält ungefähr 50 verschiedene Ton-Segmente. Sie müssen deutlich artikuliert und von einem Gegenüber ebenso schnell entschlüsselt werden, um Kommunikation gut verlaufen zu lassen.

Dieser Prozess begann zuerst in Afrika mit der Entwicklung des Urmenschen zum »Verstand gebrauchenden« Menschen – dem *Homo sapiens*. Es ist daher wichtig, auch zu untersuchen, inwieweit die Entwicklung der Sprache sich zurückverfolgen lässt: Sprachwissenschaftler haben die heute existierenden, viele Tausend verschiedenen Sprachen aufgrund von Wortschatz, Grammatik und Aussprache in rund 20 Sprachfamilien eingeteilt. Nur vier von diesen 20 Sprachfamilien weisen gemeinsame Merkmale mit allen anderen uns bekannten Sprachen auf – alle vier sind afrikanischen Ursprungs.

In Namibia wurden Felszeichnungen gefunden, die beinahe 30 000 Jahre alt sind.

Kabbo, etwa 40 Jahre, ein Angehöriger der San, schildert die Erfahrung der Faszination beim Anblick eines jungen Mädchens, vielleicht von Liebe auf den ersten Blick – und wie ein Mann dadurch zum Baum wurde. Die San sind eines der ältesten noch lebenden Völker im südlichen Afrika. Es wird geschätzt, dass sie ihre Kultur seit rund 30 000 Jahren beinah unverändert bewahrt haben. Kabbos Worte wurden erstmals 1871 aufgeschrieben. Kabbos Name bedeutet »Traum«:

» *Einmal kam ein Mann über den Berg. Er klettert und trägt dabei einen Köcher mit Pfeilen.*

Es ist in diesem Moment, dass das junge Mädchen ihn erblickt. Sie bleibt stehen. Auch er hält inne. Er steht ganz steif und hält nur seinen Köcher fest.

Noch hat er seine Arme, seine Beine, den Bogen, die Pfeile. Und er hat seinen Kopf. Er spricht zu dem Mädchen. Noch immer hat er seine Beine und noch immer steht er.

Das Mädchen spricht nicht. Sie schaut nur. Sie schaut ihn an. Und es ist wahr, dass der Mann zum Baum wurde, so wie ihn das Mädchen anschaute.

Ein Baum, der zu dem Mädchen gewandt steht und einmal Arme hatte und Beine… und aus Fleisch war. Nun ist er ein Baum, der schaut. Er schaut für immer zu dem Mädchen. Er steht auf dem Berg und bewegt sich nicht.

Es ist wahr, dass er dort steht, weil das Mädchen ihm diesen Blick zugeworfen hat, ihn angeschaut hat. Ihn. Den Mann, den Baum. «

Es ist bis heute nicht möglich zu sagen, ob es eine erste »Muttersprache« der gesamten Menschheit gegeben hat, da Sprache sich ständig verändert. Welche Laute oder gar Worte vor rund 100 000 Jahren in der ostafrikanischen Steppe benutzt wurden, wissen wir heute nicht. Vermutlich waren es Laute, die auch Kinder am Anfang ihrer Entwicklung lernen. Das Wort »Mama« zum Beispiel findet sich so oder in ähnlicher Form in den meisten Sprachen, auch wenn diese sonst wenig gemein haben.

Noch lange bevor Menschen begannen, die gesprochenen Laute in Schriftzeichen zu übertragen, fertigten sie einfache Zeichnungen von ihrer Umgebung, vor allem von Tieren, Menschen und Phantasiewesen, die bis heute in geschützten Höhlen erhalten sind. Sie zeigen, dass Menschen noch vor der Entwicklung von Schriftsprache begonnen hatten, über ihre Umwelt nachzudenken und sich auch abstrakte Vorstellungen zu machen.

Vor gut 10 000 Jahren begannen Menschen in verschiedenen Teilen der Welt, das bisherige Leben als herumziehende Jäger und Sammler aufzugeben. Sie

Celiwe, eine Anführerin der Nguni im südlichen Afrika, webte um 1800 eine Friedensbotschaft in ein Tuch. Die Nachricht lautet: »Zwei kleine Vögel, einer aus dem Osten, einer aus dem Westen, sollten nicht streiten. Ein Falke aus dem Süden bedroht beide. Es ist besser, zusammenzustehen.«

wurden sesshaft, bauten Pflanzen an, züchteten Tiere und lebten in zunehmend festeren und stabileren Häusern. Mehr und mehr Menschen lebten an einem Ort zusammen und organisierten ein dauerhafteres Zusammenwohnen. Damit begann eine Entwicklung, die die Basis für die Grundidee von Zivilisation legte: Menschen, die ihre Grundbedürfnisse friedlich miteinander regeln und dadurch Raum haben, sich geistig weiterzuentwickeln. Die Menschen begannen, Zeichnungen und Zeichen miteinander zu verbinden und sich damit zu verständigen. Einige dieser Bilderschriften sind uns überliefert.

Es ist kein Zufall, dass die erste große Zivilisation des modernen Menschen sich vor rund 7 000 Jahren im Norden Afrikas herauszubilden begann: An den fruchtbaren Ufern des Nils, des längsten Flusses der Welt, hatten die dort sesshaft gewordenen Bauern eine moderne Form der Bewässerung entwickelt, die den Zuzug immer neuer Menschen ohne Konflikte vertragen konnte. Vermutlich in keiner anderen Gegend der Welt wohnten damals so viele Menschen auf so begrenztem Raum zusammen – ohne Nahrungsprobleme und in zuerst noch unabhängigen Dorfgemeinschaften ohne zentrale Regierung.

AFRIKANISCHE ZIVILISATIONEN

WIE MENSCHEN ZUSAMMENLEBEN

CA. 5000 V.CHR. – CA. 1500 N.CHR.

Über 6 000 Jahre leben Menschen in Afrika in unterschiedlichsten Gruppen und Gemeinschaften zusammen – in weiten Teilen des Kontinents ohne wesentliche Einflüsse von außerhalb.

Eine Geschichte des Aufstiegs und Untergangs höchst unterschiedlicher Gesellschaften: Einige leben isoliert, aber in enger Verbundenheit mit der sie umgebenden Natur und ohne Ambitionen auf Eroberung oder Ausbeutung. Andere stehen in regem Handel miteinander und lernen dabei viel voneinander. Wo dies nicht gelingt, gibt es Kriege und Grausamkeiten, alles zerstörende Machtkämpfe, Unterwerfung und Ausbeutung der jeweils anderen.

Afrikanische Zivilisationen – so alt, so vielfältig, so weitgehend vergessen oder unverstanden… Mit Ausnahme der ersten und größten: Die ägyptischen Pharaonen-Dynastien (ca. 3000–332 v.Chr.) mit ihren imposanten Pyramiden faszinieren seit jeher. Über das Ägypten des Altertums gibt es ausführliche Werke, ihm wird uneingeschränkt Bewunderung gezollt. Gleichzeitig wird bis heute von vielen Wissenschaftlern immer wieder betont, dass das klassische Ägypten eigentlich »mehr dem Mittelmeerraum und Westasien« zuzurechnen sei als dem afrikanischen Kontinent.

Einher geht damit oft die Darstellung der ägyptischen Pharaonen als eher hellhäutig. Obwohl die Hautfarbe außer für Rassisten sowieso keinerlei Aussagekraft in Bezug auf das geistige Niveau von Menschen hat, wurde dies zusätzlich dafür benutzt, die »nichtafrikanische« – und damit »höhere« – Kultur der alten Ägypter nachzuweisen. Tatsache ist jedoch, dass in den gut 2 500 Jahren Pharaonenherrschaft auch starke Einflüsse von den weiter südlich angesiedelten dunkelhäutigen Menschen aus Nubien (im Norden des heutigen Sudan) ausgegangen sind, ja es für einige Zeit auch schwarze Pharaonen gegeben hat.

Im folgenden Kapitel soll es deshalb unter anderem darum gehen, auf einige der bislang eher vergessenen Aspekte ägyptischer Geschichte aufmerksam zu machen. Zahlreiche europäische Forscher haben Ägypten in den letzten 200 Jahren nicht nur vieler historischer Schätze beraubt, um diese in Museen ihrer Hauptstädte zu präsentieren, sondern auch Afrika als Kontinent um einen wesentlichen Anteil der eigenen Geschichte gebracht. Ein Umdenken hat erst in jüngster Zeit begonnen.

Abgesehen von dem Verhältnis der ägyptischen Pharaonen zu ihren nubischen Nachbarn im Süden können die folgenden Fragen weitere spannende Hinweise auf die vielfältigen frühen Zivilisationen Afrikas und ihre Auswirkungen bis heute geben:

- Warum entscheiden sich die kleinwüchsigen »Pygmäen« in den Urwäldern Zentralafrikas als eines der ältesten Völker der Erde bis heute für ein Zusammenleben in Familienverbänden und lehnen jede staatliche Kontrolle ab?
- Welche Rolle spielten Spiritualität und Glauben früher in Afrika, und welche Traditionen sind auch in der Gegenwart wirksam?
- Wie haben sich die verschiedenen frühen Bantu-Völker ab etwa 800 v.Chr. ausgebreitet, und warum ist es irreführend, sie als »Stämme« zu bezeichnen?
- Warum führte die Islamisierung ab 622 n.Chr. zur bis heute bestehenden kulturellen Teilung Afrikas in Nord und Süd – und wieso hatte das Christentum damals noch wenig Einfluss ?
- Wieso haben einige Staaten Afrikas heute Namen mittelalterlicher Reiche gewählt wie zum Beispiel Ghana, Mali und Simbabwe – und was wissen wir über sie?

Afrika hat allen Grund, selbstbewusst auf die Ursprünge eigener Zivilisationen zu schauen, die lange vor den europäischen existierten. Und Europa sollte nicht länger so tun, als habe die kulturelle Entwicklung der Menschheit nach Ägypten erst mit den Griechen und Römern begonnen.

Nicht weil die einen oder anderen dadurch heute besser wären, sondern einfach aus Achtung vor einer Wahrheit, die den einen bereits zu lange vorenthalten wird. Dialoge für eine bessere Zukunft tun gut daran, die Vergangenheit so vollständig wie möglich wahrzunehmen und anzuerkennen.

AN DEN UFERN DES NILS: ÄGYPTER UND NUBIER

Zugegeben: Unter der autoritären Herrschaft der Pharaonen wurden kulturelle Entwicklungen möglich, die es bislang nicht gegeben hatte. Die heiligen Zeichen (griechisch: Hieroglyphen), um 3000 v.Chr. entworfen und bis kurz vor das Jahr 400 v.Chr. in Gebrauch, waren die erste bekannte Zeichenschrift, die eine differenzierte Geschichtsschreibung zuließ (selbst wenn wir heute wissen, dass längst nicht alle Daten stimmen).

Der altägyptische Sonnenkalender war der erste Kalender, der mit 365 Tagen Vorbild für alle weiteren bis zu unserer heutigen Zeitrechnung sein sollte. Hinzu kommen zahlreiche Leistungen auf medizinischem, landwirtschaftlichem und architektonischem Gebiet, die noch immer nicht alle entschlüsselt sind. Mit welchen Techniken es zum Beispiel möglich war, die beeindruckenden Pyramiden zu bauen, ohne über Maschinenkraft zu verfügen, darüber wird noch heute gegrübelt.

Die von Pharao Cheops ab etwa 2549 v.Chr. erbaute Pyramide von Gizeh, die im Wesentlichen gut erhalten am heutigen Stadtrand von Kairo besichtigt werden kann, ist etwa 146 Meter hoch. Sie besteht aus rund 2,3 Millionen Steinblöcken mit einem durchschnittlichen Gewicht von zweieinhalb Tonnen. Der griechische Geschichtsschreiber Herodot (ca. 490–425 v.Chr.) recherchierte auf seiner Ägyptenreise: »Dieses Bauwerk kostete viele Menschenleben. Meinen Berechnungen zufolge ließen hier rund 100 000 Menschen in gut 20 Jahren ihre Arbeitskraft.«

Eine solch konzentrierte Ausbeutung von Menschen war nur möglich durch einen Staat, der klare Herrschaftsstrukturen vorgab, die er durch Armee und Aufseher durchzusetzen wusste. Er gewährleistete außerdem ein gewisses Maß an Versorgung der Untertanen und band sie durch eine einheitliche Religion an sich. Die Pharaonen (wörtlich bedeutet Pharao: »Großes Haus«) präsentierten sich selbst als göttliche Wesen, als Personifikationen des Sonnengottes *Ra*, der der Gegenspieler von *Osiris*, dem Gott aus dem Land der Unterwelt war. Ab etwa

3000 v.Chr. gelang es der Legende zufolge König Menes, die bis dahin gespalteten Nord- und Südkönigtümer des Niltales zu einem ägyptischen Pharaonenreich zu vereinen.

Von Anfang an werden nicht nur viele Bewohner des eigenen Gebietes, zumeist einfache Bauern, zu Zwangsarbeitern gemacht, sondern auch die ersten Berichte über Sklaven (aus anderen Gebieten für Arbeitszwecke gefangen genommene Menschen) tauchen auf. In der Menschheitsgeschichte steht neben neuen intellektuellen Erkenntnissen erstmals die systematische Ausbeutung von Menschen durch Menschen einschließlich ihrer moralischen Rechtfertigung: Dass einige angeblich mehr wert seien als andere, und demzufolge diejenigen, die weniger wert seien, ihnen zu gehorchen hätten. Auf diese Idee waren die Urmenschen ebenso wenig wie die ersten Jäger und Bauern gekommen. Man stritt unter Umständen um ein Stück Weideland, aber nicht weil der eine mehr Rechte als der andere hatte, sondern weil beide hungrig waren.

Die Pharaonen wussten ihre Herrschaft im Innern durchzusetzen. Dafür hatten sie einen militärisch organisierten Staatsapparat aufgebaut, in dem zahlreiche Familienmitglieder des Pharao wichtige Positionen als Minister oder Priester innehatten. Nach außen hin betrieben sie dazu eine Politik der Ausbeutung der südlich, westlich und später nordöstlich von ihnen gelegenen Gebiete, wobei die Sahara anfangs als Steppenlandschaft noch bewohnt war und erst ab etwa 2400 v.Chr. durch Klimaveränderungen völlig auszutrocknen begann und zur heutigen Wüste wurde.

Die ersten Berichte über Kontakte zwischen Ägypten und Nubien stammen von Expeditionen im Auftrag von Pharao Sahure aus dem Jahr 2450 v.Chr. Die Ägypter nannten das südlich von ihnen gelegene Gebiet »Punt« und schrieben: »Aus Punt haben wir dieses Mal 134 Sklaven, männlich und weiblich, 114 Ochsen und Kälber, 305 Bullen, Edelhölzer und Pantherfelle mitgebracht... Eigentlich alles von Wert, das wir bekommen konnten, auch die gesamte Ernte des Gebietes, in dem wir waren.«

In einer nachfolgenden Expedition wird dem Pharao Meldung gemacht von einem »tanzenden dunklen Zwerg«, den man zu seinem Vergnügen gefangen genommen hätte – möglicherweise ein »Pygmäe« aus Zentralafrika. Dem Anführer der Expedition wird die Botschaft zurückgesandt: »Komme umgehend gen Norden zurück zum Hofe; du sollst den Zwerg mit dir bringen, lebend und gesund, jenen Zwerg aus dem Land der Geister, für die Gottestänze, um das Herz des Herrschers von Ober- und Unterägypten zu erfreuen... Meine Majestät wünscht diesen Zwerg mehr zu sehen als alle anderen Schätze aus Punt.«

Die wesentlichen Schätze, die die Ägypter aus Nubien abtransportierten, waren Gold – und Sklaven. Es ist richtig, dass jene Sklaven in Ägypten als Arbeiter meist ausreichend Essen und Kleidung bekamen und später in einigen Regionen selbst in relativ freien Dörfern zusammenwohnen konnten. Manche erhielten im späteren Leben auch die Möglichkeit, in ihre Heimat zurückzukehren. Über 1 500 Jahre gebärdeten sich die verschiedenen ägyptischen Herrscher gegenüber ihren südlichen Nachbarn als Kolonialmacht, die alles mitnahm, was möglich war und wenig dafür zurückgab. Die Nubier jedoch lernten von ihren Unterdrückern im Laufe der Zeit.

Zuerst begannen ehemalige Transportarbeiter selbst Teile der Handelsrouten gen Norden zu leiten und mehr und mehr zu kontrollieren, indem sie von den Nilschiffen Zoll verlangten. Inzwischen waren sie offensichtlich so stark geworden, dass einige Pharaonen lieber ihre Boote auseinander bauen und an jenem kontrollierten Stück Nil über Land tragen ließen, als die verlangten Zölle zu zahlen oder die freie Fahrt mit Waffengewalt durchzusetzen. Um 1000 v.Chr. waren die Nubier soweit, einen eigenen, zentral regierten Staat auszurufen. Sie gaben ihm den Namen »Kusch« und gestalteten ihn ähnlich dem ihrer früheren Ausbeuter.

Es dauerte noch bis zum Jahr 750 v.Chr., bis der erste militärische Angriff der Nubier gegen ihre nördlichen Nachbarn erfolgte. Im Jahr 730 v.Chr. gelang es den Nubiern schließlich endgültig, Ägypten für 66 Jahre zu besetzen und sich selbst als Pharaonen zu präsentieren. Von 690 bis 664 v.Chr. regierte der aus Nubien stammende Pharao Taharqa vermutlich als letzter schwarzer Pharao über ganz Ägypten und Nubien.

Der senegalesische Historiker Cheikh Anta Diop (1923–1986), nach dem heute die Universität von Dakar benannt ist, vertrat sogar die These, dass alle Ägypter ursprünglich aus dem Süden gekommen und folglich früher alle »schwarz« gewesen seien.

Ab 663 v.Chr. drängten die aus dem Nordosten kommenden Assyrer die kuschitischen Nubier zurück in den Süden. Die Nubier verlegten daraufhin sicherheitshalber ihre bisherige Hauptstadt von Napata in die weiter südlich gelegene und durch Flussläufe des Nils besonders geschützte Stadt Meroë. Die Macht des ägyptischen Reiches war endgültig gebrochen. In der Folge übernahmen die Perser und ab 332 v.Chr. der makedonische Herrscher Alexander der Große (356–323 v.Chr.) die Herrschaft über Ägypten. Alexander war es auch, der im Jahr 331 v.Chr. die bis heute zweitgrößte Stadt Ägyptens mit dem größten Hafen gründete und ihr seinen Namen gab: Alexandria.

Taharqa war vermutlich der letzte der schwarzen Pharaonen.

Das Gebiet des antiken Nubiens – und des späteren nubischen Königreiches Kusch – liegt heute im Wesentlichen im Norden des Sudan. Der Sudan ist von der Oberfläche her der größte afrikanische Staat und einer der ärmsten, obwohl es hier in früheren Zeiten wahrscheinlich einmal die meisten Goldvorkommen der gesamten Region gab. Die Grabpyramiden der ehemaligen Königsstädte Napata und Meroë sind kleiner als ihre ägyptischen Vorbilder und fallen durch die abgeflachten Spitzen auf. Sie sind im Kern jedoch ebenso gut erhalten. Der Name Sudan stammt von der arabischen Bezeichnung »bilad as-Sudan« – das Land der schwarzen Menschen.

Heute stellen die Nuba, wie die Nachfolger der antiken Nubier genannt werden, die größte nicht-arabische Bevölkerungsgruppe im Sudan dar. Als Minderheit gegenüber den Arabern wurden sie vor allem seit dem 16. Jahrhundert immer wieder angegriffen, woraufhin sie sich in eine unzugängliche Bergregion zurückzogen, die bis heute »Nuba-Mountains« genannt wird. Die britische

Kolonialregierung (1896–1956) erklärte dieses Gebiet zu einem »geschlossenen Distrikt«. Seit der Unabhängigkeit des Sudan 1956 bestehen starke Spannungen zwischen der islamisch-orientierten Regierung in Khartum und den Nuba, die sich gegen eine Zwangsintegration wehren. Bei einer Gesamtbevölkerung des Sudan von etwa 25 Millionen Menschen wird die Zahl der Nuba heute auf etwa 1,5 Millionen geschätzt.

Die durch ihre Propaganda-Filme für Adolf Hitler umstrittene Leni Riefenstahl (1902–2003) hat in den 1960er Jahren als erste weiße Frau längere Zeit bei den Nuba zugebracht und dabei eindrucksvolle Fotos aufgenommen. Die Würde der Nuba wird auch in deren Liedern und Gedichten deutlich.

Aus einem Gedicht des Nuba Kamal El Nur Dawud, geschrieben als Anklage gegen die Missachtung seiner afrikanischen Herkunft durch die sudanesische Regierung, die ihm einen arabischen Namen aufgezwungen hat. Der Text wurde 2003 auf einer Website für die Rechte der Nuba veröffentlicht (www.nubasurvival.com):

» *Das Land von Kusch*

Von deinem Himmel, O Sudan, scheint der Name von Generationen,
Land von Kusch, in dem zwei Ströme fließen.
Im Namen Gottes, Schöpfer der Menschen im Sudan,
die Geschichte wird weitergehen, und Zukunft wird geschaffen,
falsche Identitäten und Nationalitäten wurden uns aufgezwungen.
Menschlichkeit lässt Skepsis und Verleugnung nicht zu,
Sudan ist bekannt als das Land der Schwarzen.
Jenen, denen Ehrgeiz fehlt, soll kein Land gehören.
Warum wurde die afrikanische Herkunft des Landes
in eine arabische verändert? «

IN DEN URWÄLDERN ZENTRALAFRIKAS: DIE »PYGMÄEN«

Neben den San und Khoikhoi im südlichen Afrika und den Hadza in Tansania gehören die »Pygmäen« in Zentralafrika zu den ältesten Völkern des Kontinents – und sind wie diese nach vielen zehntausend Jahren Existenz heute vom Aussterben bedroht. Wobei das Wort »Aussterben« eigentlich eine unzulässige Verharmlosung ist. Ihr Lebensraum, der tropische Regenwald, wird in einem Umfang und Tempo vernichtet, dass ihr Wenigerwerden wie das Warnsignal der Klimakatastrophe anmutet, die die reicheren Länder verschulden und deren Folgen in einiger Zeit alle Menschen in noch unvorstellbarem Ausmaß treffen wird.

Doch noch verschließen die meisten Menschen in den wohlhabenden Ländern vor diesen und anderen Warnsignalen beide Augen. Und die »Pygmäen« sind keine politischen Kämpfer. Sie sind auf eine Weise friedlich, die – wären wir höher entwickelt – absolut entwaffnend wirken müsste. Ihre Sprache kennt kein Wort für Krieg oder Kampf. Für beinah jede Lebenssituation dagegen haben sie eine bestimmte Musik, ein Lied, einen rituellen Tanz. Und sie bestehen darauf, in kleinen, familienähnlichen Gemeinschaften zusammenzuleben, die keinerlei Besitz ansammeln. Ihre Kinder werden von allen gemeinsam aufgezogen, ein Baby kann von verschiedenen Frauen gestillt werden.

Die jeweiligen Regierungen in den Ländern Zentralafrikas, in denen die »Pygmäen« leben – in Kamerun, den beiden Kongo-Republiken, Gabun und der Zentralafrikanischen Republik – haben allerlei Versuche unternommen, sie zu »entwickeln«. Vergeblich. »Pygmäen« sind verletzlich, ihre Kindersterblichkeit ist hoch und kaum jemand von ihnen wird älter als 50 Jahre. In ganz Afrika wird ihre Zahl derzeit auf nicht mehr als 300 000 geschätzt, wahrscheinlich liegt sie eher bei 150 000. Aber sie haben sich in den letzten Jahrhunderten stark und völlig resistent gegenüber allen Versuchen der Beeinflussung von außen gezeigt. So weigern sich zum Beispiel die Kinder der Pygmäen standhaft, Schulen zu besuchen, und die meisten Eltern unterstützen sie darin. Ihre Welt scheint – für sie – zu stimmen.

In der Geschichte werden die »Zwergvölker« Afrikas zuerst im 8. Jahrhundert v.Chr. von dem griechischen Dichter Homer erwähnt. Das griechische Wort *pygmaios* bedeutet »eine Faust lang«. Da das Wort eine Fremdbezeichnung ist, wird es in Anführungszeichen gesetzt. Von manchen »Pygmäen«-Völkern sind Eigennamen bekannt (wie die Baka, Bambuti oder Efe), von anderen nicht. In der Völkerkunde bezeichnet man »Pygmäen« als zwergwüchsige Menschen, bei denen die erwachsenen Männer nicht größer als 150 cm werden. Einige »Pygmäen«-Gruppen, wie zum Beispiel die Baka in Kamerun, werden durchschnittlich nicht größer als 130 cm. Kleinwüchsige Völker gibt es auch auf den Philippinen, in Zentral-Neuguinea und auf einigen Inseln vor der Küste Indiens. Genetische Untersuchungen haben nachgewiesen, dass diese ethnischen Gruppen untereinander nicht direkt verwandt sind, sondern sich unabhängig voneinander in Afrika, Asien, Ozeanien und Indien über lange Zeiträume entwickelt haben. In Afrika waren sie nachweislich die ersten Bewohner des riesigen Kongo-Beckens, lange bevor andere afrikanische Völker sich dort ansiedelten.

Wo die Wälder abgerodet werden, bleibt den »Pygmäen« oft nichts anderes übrig, als für einen Hungerlohn auf den Plantagen der Umgebung zu arbeiten – oder zu sterben. Wie viele sich für Letzteres entscheiden, ist nicht bekannt. Die »Pygmäen« halten sich von anderen Völkern lieber fern und bewahren ihre intimsten Rituale für sich – dazu gehören auch die des Sterbens.

Im Urwald verständigen sich die Männer bei der Jagd mit Lauten, die einem tiefen Bellen ähneln, die Frauen beim Sammeln von Früchten mit hohen Triller-Rufen. Beide Rufe sind der Akustik der Wälder auf besondere Weise angepasst und gut über weite Entfernungen zu hören. Die Gesänge und Tänze der »Pygmäen« begleiten verschiedene Arten von Trommeln und einfache Saiteninstrumente. Fachleute beschreiben ihre Musik als äußerst melodisch und vielfältig.

Es ist keine falsche Idealisierung, die mich bei der Schilderung der »Pygmäen« vorsichtig mit Kritik sein lässt. Keineswegs möchte ich romantisierende Darstellungen von »unschuldigen Wilden« unterstützen. Die »Pygmäen« beanspruchen jedoch so wenig und ihre beharrliche Friedfertigkeit wird selbst von jenen nicht geleugnet, die sie als »dumm und minderwertig« ablehnen – Eigenschaften, die so gegensätzlich sind zu jenen, die in der modernen, westlichen Welt zählen.

Ein Sprichwort, das ich zuerst in Westafrika hörte, lautet: »Wenn du das erste Mal hierher kommst, dann mach die Augen auf und nicht den Mund.«

Mensila, eine ältere Frau, die sich zu den Baka in Kamerun zählt und mit etwa 50 Menschen in einer Dorfgemeinschaft am Ufer des Sanaga Flusses lebt, spricht in einem Interview über ihr Verständnis von Zeit:

» *Wir sind hierher gezogen, als der alte Mann starb. Wir werden weiterziehen, wenn wieder jemand stirbt. Der Geist des Toten braucht Ruhe. Die Geister der Lebenden sollen nicht stören…*

Ich erinnere mich an meine Mutter und meine Großmutter. So lange lebe ich schon. Davor? Ich verstehe nicht. Davor habe ich nicht gelebt.

Wir waren schon immer da. Die Welt ändert sich, nicht wir.

Hier in der Nähe bauen sie nun die riesigen Palmen-Plantagen an, einzig wegen des Öls dieser Bäume. Das ist ganz schlimm. So viele Pflanzen und Tiere sterben für eine einzige Pflanze, die immer neben der gleichen Pflanze steht.

Die Welt ändert sich, nicht wir.

Der Wald gab uns bisher alles. Wir nehmen deshalb auch nur, was wir brauchen. Aber niemand kann nur von Palmen leben, auch nicht von ganz vielen Palmen. Deshalb müssen wir wieder weiter… Wohin? Ich weiß es nicht. Wir werden weiter ziehen, so lange es geht. Unsere Mongulus [einfache Hütten aus Zweigen und Blättern] woanders bauen. Das ist, was wir tun, was wir können. Etwas anderes sollen wir nicht beginnen.

Jetzt tragen einige unserer jungen Leute manchmal diese Sandalen [Plastiksandalen]. Etwas stimmt nicht damit. Sie gehören nicht in den Wald. Sie lösen sich nicht auf, sie gehen nur kaputt. Aber sie sind eben bunt. Jemand hat sie mal aus einer dieser Schulen mitgebracht. So was kommt aus den Schulen. Nichts weiter.

Ein Leben ist alle Zeit. Ein Leben als Mann, ein Leben als Frau, ein Leben als Junge, ein Leben als Mädchen, ein Leben als Vater oder Großvater, als Mutter oder Großmutter, als Bruder oder Schwester. So viele Leben. So viel Zeit. «

BEI DEN GEISTERN DER VORFAHREN: GLAUBE IN AFRIKA

Menschen in allen Kulturen und auf allen Erdteilen haben sich über Jahrtausende hinweg immer wieder bestimmte Fragen gestellt, die bislang keine Wissenschaft beantworten konnte: Worin besteht der Sinn des Lebens? Was ist Gut und Böse? Was bedeuten Liebe und Glück? Hat der Mensch eine Seele, etwas, das über den Körper als Hülle hinausgeht – und vielleicht vor der Geburt schon da war und nach dem Tod weiter existiert? Aber wo und wie geschieht das?

Islamische wie christliche Geistliche, die nach Afrika kamen, um ihren Glauben zu verbreiten, bezeichneten die Afrikanerinnen und Afrikaner, auf die sie trafen, oft als »Ungläubige« oder »Heiden«, solche die »primitiv« sind und »keinen Glauben« haben. Diese Beschreibung zeigt eher das eigene Ausmaß an Ignoranz als die Wirklichkeit vielfältiger Traditionen afrikanischer Spiritualität und Religiosität. Bis heute übersehen viele die aktuelle Bedeutung traditioneller Glaubensvorstellungen – wobei sich nicht wenige Afrikanerinnen und Afrikaner auch angewöhnt haben, diesen Teil ihres Lebens nicht mit westlichen Besuchern zu teilen.

Viele haben ihren persönlichen Seelenfrieden gefunden, indem sie zum Beispiel die christlich-kirchliche mit ihrer traditionell afrikanischen Religion vermischen, was weder den Kirchenvertreter noch die Ahnen zu stören scheint. Wer heute einen christlichen Gottesdienst von Schwarzen in New York oder in Accra besucht, kann erfahren, wie intensiv Religion hier erlebt wird: in der Kirche wird getanzt, gesungen, geweint, gejubelt. Die gemeinsamen Wurzeln gehen zurück auf afrikanische Glaubenstraditionen, die sich – trotz der regionalen und kulturellen Vielfalt – im Kern anhand einiger Merkmale wiedererkennen lassen:

- Rituale im Alltag: Es gibt nicht einen gemeinsamen heiligen Text wie den Talmud, die Bibel oder den Koran oder einen Begründer wie Moses, Jesus, Mohammed oder Buddha. Die traditionell afrikanische Religion beruht auf alltäglichen Ritualen des jeweiligen Volkes und wird in Form von Mythen und Legenden weitergegeben, häufig durch Erzählungen der Großmutter oder des Großvaters. In diesem Sinn ist jeder, der in der Gemeinschaft lebt, religiös. Die Bekehrung Außenstehender macht daher keinen Sinn. Die wichtigsten Rituale begleiten das Erreichen bestimmter Lebensphasen sowie die dazugehörige Bestätigung der Gemeinschaft: die Geburt, der Übergang vom Mädchen zur Frau und vom Jungen zum Mann, die Hochzeit, der Tod und die Vorbereitung darauf.

- Ein höchstes Wesen: Der Schöpfer der afrikanischen Welt ist – anders als der jüdische, christliche oder islamische Gott – zu groß, als dass er an einem bestimmten Ort zu finden wäre. Kirchen, Moscheen oder Synagogen sind eher importiert, obwohl es schon immer heilige Orte in der Natur für bestimmte Rituale gab und gibt. Jenes höchste Wesen kann verschiedene Namen tragen, manchmal ist es der Himmel selbst oder es lebt im Himmel. Aber es hat kein engeres Verhältnis zu den Menschen. Die nützlichen und zerstörerischen Kräfte von Naturgewalten zeigen, dass dieser Schöpfer gut und böse sein kann.

- Die Vorfahren oder Ahnen: Je länger man lebt, desto mehr Bedeutung und Autorität hat man. Stirbt ein Mensch, endet dessen Existenz nicht, sondern er ist nur an einen anderen Ort gelangt. Verstorbene können als Verbindung zwischen dem höchsten Wesen und den auf der Erde Lebenden wirken. Anders als der Schöpfer der Welt fühlen sich die Ahnen ihren Nachkommen gegenüber weiter verantwortlich. Daher dürfen die Lebenden die Verbindung zu ihnen nicht verlieren: Die Gräber der Ahnen müssen gut versorgt werden, und es ist wichtig, selbst einmal bei den Ahnen bestattet zu werden. Auch die Ungeborenen sind Teil der Gemeinschaft, wobei es unterschiedliche Vorstellungen von Wiedergeburt gibt.

- Das Wohlergehen der Gemeinschaft: Der Einzelne kann nur überleben und sinnvoll leben, wenn es der Gemeinschaft gut geht. Die Idee der südafrikanischen »Ubuntu« besagt: »Ein Mensch wird zum Menschen durch andere Menschen.« Im Zweifelsfall soll der Einzelne seine persönlichen Wünsche dem Wohlergehen der Gemeinschaft unterordnen. Zu der Gemeinschaft gehören auch die Vorfahren. Verschiedene Opfer können sie besänftigen, wenn sie gekränkt oder beleidigt wurden. Auch kann es von bösen Geistern besessene Menschen geben, die Unheil anrichten.

- Traditionelle Heiler: Die Heiler, oft auch Medizinmänner oder Medizinfrauen genannt, werden meist von den Ahnen berufen, um ihrer Aufgabe nachzukommen. Ihre Ausbildung ist lang und umfasst auch Formen der Diagnose und Heilung, vor allem durch Naturkräuter und Naturkräfte. Sie werden unterstützt von den Herbalisten, die sich auf die Suche und Zubereitung von Heilkräutern spezialisiert haben.
- Die Bedeutung der Seele: Nicht nur Menschen besitzen eine Seele, sondern auch Tiere, Pflanzen und viele Gegenstände. Der Glaube an die Beseeltheit der Umwelt wird auch, häufig abwertend, »Animismus« (vom lateinischen Wort »anima«: die Seele) genannt. Er kann einerseits zur besonderen Achtung gegenüber der Natur führen, andererseits aber auch negative Kräfte zur Rache oder Strafe bei persönlichen Feindschaften wecken.

In der Geschichte hat es unterschiedliche Meinungen über die traditionellen afrikanischen Religionen gegeben. Während die früheren islamischen und christlichen »Glaubenskrieger« sie strikt ablehnten, betrachten heute mehr und mehr Menschen das eher ganzheitliche afrikanische Weltbild mit seiner starken Verbindung zwischen Mensch und Natur als heilsam – im Gegensatz zu der Entfremdung und Zerrissenheit im Alltag der »westlichen Welt«. Einige Pharmakonzerne haben begonnen, die Erfahrungen afrikanischer Herbalisten zu untersuchen und für die Herstellung sanfterer Medikamente nutzbar zu machen.

Sobonfu Somé, die im westafrikanischen Obervolta (heute: Burkina Faso) geboren wurde und dem Volk der Dagara angehört, lebt heute in den USA und macht mit ihrem Mann Vortragsreisen, um die »spirituellen Lehren ihres Volkes zu verbreiten«. In ihrem Buch *Die Gabe des Glücks* schreibt sie:

» *In der Kolonialzeit änderte sich vieles im Leben der Dagara. Doch Dinge wie Familienstrukturen und die Art und Weise, wie man mit Führerschaft umgeht, sind mehr oder weniger gleich geblieben…*

Es gibt kein Oberhaupt, das für alles zuständig ist und allen anderen Anweisungen gibt. Wir haben immer noch ein System, in dem die Ältesten im Dorf einen Vorstand bilden, ohne dabei nach Reichtum oder Macht zu streben. Denn Macht wird im Dorf als etwas sehr Gefährliches angesehen, wenn sie nicht richtig eingesetzt wird. Also sind alle sehr vorsichtig, wenn es darum geht, Macht über andere auszuüben…

Unter den Ältesten gibt es einen Rat von zehn Mitgliedern, der sich um die Rituale und andere Dorfbelange kümmert… Ihr müsst verstehen, dass die Ältesten gar nicht unbedingt in diesen Rat wollen, weil das sehr viel Arbeit mit sich bringt. Man arbeitet für die gesamte Gemeinschaft und ist nicht die Person mit der Macht, die alles entscheiden darf. Zu jeder Tageszeit können Leute kommen und um Hilfe bitten. Man kann gerade schlafen, jemand klopft an die Tür, und dann hat man zu tun…

Der Rat wird von allen gewählt, die die Ältesten-Initiation hinter sich haben. Sie werden auserwählt entsprechend den Gesetzen der Dagara, die sich auf die Erdungskräfte des Universums, die Elemente, beziehen. Wir gehen von fünf verschiedenen Elementen aus: Erde, Wasser, Stein, Feuer und Natur. Jedes dieser Elemente wird im Rat durch eine Frau und einen Mann vertreten; der Rat besteht also aus fünf weiblichen und fünf männlichen Ältesten.

Das Element Erde ist für unsere Verbindung zur Erde, unser Identitätsgefühl und unsere Fähigkeit, einander zu nähren und zu unterstützen, verantwortlich.

Wasser ist Frieden, Konzentration, Weisheit und Versöhnung.

Der Stein dient uns zur Erinnerung an unser Lebensziel, befähigt uns zur Kommunikation und dazu, das, was andere sagen, zu begreifen.

Beim Feuer geht es ums Träumen und darum, dass wir mit uns selbst und den Ahnen verbunden bleiben und unsere Visionen erhalten.

Die Natur unterstützt uns dabei, unserem wahren Selbst treu zu sein und große Veränderungen oder lebensbedrohliche Situationen zu überstehen. Sie bringt uns den Zauber und das Lachen. «

So anregend solche Betrachtungen sind – es soll nicht geleugnet werden, dass afrikanische Glaubensvorstellungen von manchen Menschen in westlichen Gesellschaften auch auf eine Weise idealisiert werden, die nur wenig mit Afrika, aber viel mit eigenen Sehnsüchten und ungelösten Problemen zu tun hat. Im Alltag vieler afrikanischer Länder bestehen durchaus auch Probleme mit manchen traditionell-religiösen Ritualen.

Im heutigen Südafrika zum Beispiel unterziehen sich nach altem Brauch nach wie vor jedes Jahr viele Hunderte junger Männer aus dem Volk der Xhosa einem einmonatigen Ritual, das »Ulwaluko« genannt wird: der Übergang vom Jungen zum Mann. Es beginnt im Dorf des Vaters und wird in der Wildnis fortgesetzt, wo die Jungen unbekleidet und mit nur wenig Nahrung Fertigkeiten zum Überleben erlernen sollen. Höhepunkt ist die Beschneidung der Vorhaut ohne Betäubung. Seit 1995 beobachtet das südafrikanische Gesundheitsministerium diese

Rituale mit Skepsis: Viele männliche Jugendliche müssen danach in Krankenhäuser aufgenommen werden, da sich die Wunden entzündet haben oder – noch schlimmer – bei nicht ausreichender Hygiene Infektionskrankheiten übertragen wurden. Es kommt zu Amputationen und pro Jahr gibt es um die zehn Todesfälle. Im Jahr 2001 ist ein Gesetz erlassen worden, dass zur Schließung sogenannter Initiationsschulen führen kann. Im Dezember 2002 wurden sieben traditionelle Heiler, die ihre Tätigkeit betrunken ausgeführt hatten, verhaftet. Drei davon klagte man des Mordes an.

Ein 18-jähriger Jugendlicher, der kurz danach interviewt wurde, sagte angesichts der Risiken: »Das ist unsere Kultur, und ich habe mich entschieden, es gemäß unserer Kultur zu machen. Diejenigen Jungen, die sich im Krankenhaus beschneiden lassen und moderne Medikamente nehmen, sind keine richtigen Männer.«

Die Drohung, dass diejenigen Jungen, die sich weigern, an dem Ritual teilzunehmen, nicht nur nicht »als richtiger Mann« angesehen werden, sondern gemäß der Tradition nicht erben oder heiraten dürfen und auch bei wichtigen Entscheidungen der Gemeinschaft keine Stimme haben, wiegt schwer.

In der Autobiografie von Nelson Mandela (*1918), dem ersten demokratisch gewählten Präsidenten Südafrikas, der fast drei Jahrzehnte für seinen Widerstand gegen das weiße Apartheidsregime im Gefängnis gesessen hat, kann ausführlich nachgelesen werden, wie er als Junge von 16 Jahren dieses Ritual als Angehöriger der Xhosa erlebt hat: »Ich zähle meine Jahre als Mann vom Tag meiner Beschneidung.«

In der ihm eigenen Ehrlichkeit berichtet er jedoch auch davon, dass seine »Heldentat« während des Rituals vor allem darin bestand, ein zuvor betrunken gemachtes Schwein geschlachtet zu haben. Und dass es ihn, nachdem seine Vorhaut mit einem Hieb abgetrennt worden war, einige lange Sekunden gekostet hat, den Ruf »Ndiyindoda!« (Ich bin ein Mann!) auszustoßen, was eigentlich gleichzeitig mit dem Hieb hätte geschehen müssen.

VOM KONGO AUS: DIE WANDERUNGEN DER BANTU-VÖLKER

Als Nubien noch dabei war, sich von der Vorherrschaft Ägyptens zu befreien, kam es zu neuen Bewegungen im zentralafrikanischen Kongobecken: Verschiedene Völker einer gemeinsamen Sprachenfamilie brachen ab 800–500 v.Chr. auf der Suche nach neuen Besiedlungsgebieten zuerst in Richtung Westen und Osten und später in Richtung Süden auf. Sie werden auch als »Bantu« bezeichnet, ein Wort, das in ähnlichen Formulierungen und Aussprachen der jeweiligen Völker »Menschen« bedeutet. Was für ein faszinierender Gedanke: Zur Beschreibung der eigenen Identität zuerst das Menschsein zu benennen – nicht die Herkunft oder den Grad des Wohlstands oder die Religionszugehörigkeit. Einfach zu sagen: Das, was uns am meisten ausmacht, ist: Wir sind Menschen!

Bis vor kurzem erklärten viele Historiker die frühe Emigration der Bantus nach einem typisch westlichen Denkmodell: Es gab demnach eine Gruppe von »Bantu-Negern« im Gebiet des heutigen Nigeria und Kamerun, die »weiter« waren, weil sie von arabischen Händlern gelernt hatten, Eisen zu bearbeiten. Durch diese »Überlegenheit«, die sie sich allerdings mit fremder Hilfe angeeignet hatten, waren sie stark genug, andere »Stämme zu unterwerfen« und sich entsprechend auszudehnen.

Diese Theorie wird sinnvollerweise immer mehr infrage gestellt. Zum einen waren die verschiedenen Bantu-Völker niemals als zentrale Staaten organisiert. Es gab lediglich verschiedene kleine Gemeinschaften von zumeist wenigen hundert Menschen. Einige waren kämpferischer als andere, die Auseinandersetzungen hatten jedoch niemals die »Ausrottung« anderer Völker zum Ziel. In den Bantu-Gesellschaften regelten vor allem die »Räte der Ältesten« das tägliche Leben, nur in Ausnahmen wurde Einzelnen die Macht zum Regieren anvertraut.

In Europa, wo ein autoritärer Glaube an einzelne »mächtige Männer« vorherrschte, erschien dieses Modell schlicht als »naiv« und »unterentwickelt«. Typisch für »Wilde«, die in »Stämmen« ohne erkennbare Befehlsstrukturen zu-

Ein rituelles Trinkgefäß der Kuba aus Zentralafrika, die bereits im Altertum stolz auf die Förderung der Künste waren

sammenlebten. Bis heute werden kriegerische Konflikte in Afrika immer wieder als »undurchsichtige Stammesfehden« abgetan, was mehr darüber aussagt, wie wenig viele Europäer über die tatsächlichen Ursachen von Konflikten wissen, als über das Niveau der Konfliktaustragung selbst.

Als die Bantu-Völker sich von Zentralafrika gen Süden ausbreiteten, trafen sie unter anderem auf die alten Völker der San und Khoikhoi, die heute noch gemäß ihren ursprünglichen Traditionen leben. Die Ausbreitung, so weiß man heute, fand nicht innerhalb weniger Jahre statt, sondern zog sich über einen wesentlich längeren Zeitraum hin. Es ging dabei auch eher um ein allmähliches Erproben neuer Formen der Landwirtschaft in bislang wenig besiedelten Gebieten. Die Gemeinschaften, die dort bereits lebten, wurden nicht immer einfach nur »erobert«, sondern man lernte durchaus auch voneinander. Die »Neuen« kamen ja selbst nicht in »Heeresstärke«, sondern in Gruppen, die oft die Zahl von Großfamilien kaum überstieg. Selbst die Theorie des Imports der Eisenbearbeitung von außerhalb Afrikas brach inzwischen zusammen: Neuere Forschungen haben nachgewiesen, dass es Eisen verarbeitende und Bantu sprechende Gemeinschaften bereits um 800 v.Chr. an den großen Seen Ostafrikas im Nordwesten Tansanias und auch in Ruanda gegeben hat, deutlich vor jedem Einfluss aus arabischen Ländern.

Die Bantu sprechenden Völker Afrikas, in der linguistischen Ähnlichkeit etwa den romanischen Sprachen Europas vergleichbar, stellen heute Bevölkerungsmehrheiten in den meisten Staaten südlich der Sahara dar. Zu ihnen gehören die Suaheli sprechenden Völker Ostafrikas ebenso wie etwa die Kikuyu in Kenia, die Shona in Zimbabwe, die Herero in Namibia oder die Zulus und Xhosa in Südafrika. Die europäischen Kolonisatoren stellten sie häufig als die »typischen Eingeborenen« dar. Das Erziehungssystem des weißen Apartheidsregimes in Südafrika für die schwarze Bevölkerungsmehrheit wurde dann auch jahrzehntelang als »Bantu-Erziehung« bezeichnet – eine minderwertige Erziehung für Menschen, die ohnehin keine Führungspositionen bekommen sollten.

Die Ausbreitung des Islam ab 622 n.Chr. wird an der Mehrheit der dezentral lebenden Bantu-Völker historisch vorerst scheitern. Die islamischen Eroberer haben nicht allein Probleme mit den klimatischen Bedingungen jenseits der schier unendlichen Wüste Sahara. Die Völker, die südlich von ihr leben, kennen andere Formen des Zusammenlebens und spirituelle Überzeugungen, die sich nicht ohne weiteres an einen Glauben anpassen lassen, der so strengen und starren Regeln unterliegt. Das werden knapp tausend Jahre später auch noch die christlichen Missionare aus Europa zu spüren bekommen, als sie sich bemühen, den »Wilden Afrikas den richtigen Glauben« zu bringen.

Jean-Claude Kuba, geboren 1976 in Kinshasa, damals Hauptstadt von Zaire, heute Student der Geschichte in Paris, berichtet:

» *Wenn ich mit meinen französischen Freunden über meine Heimat spreche, reden die nach wie vor von den ›wilden Stämmen‹ in Afrika. Mich macht das so zornig.*

Ich möchte dir etwas über meinen Familiennamen erzählen: Kuba – das ist nicht nur jene von Fidel Castro befreite Karibikinsel, das war einmal ein Königreich an den Ufern des Kongo, das lange, lange bestand, bevor jener aufgeblasene belgische König Leopold II. 1884 unser Land zu seinem ›Kongo-Freistaat‹ machte. Belgien gab es als souveränes Königreich in Europa gerade mal seit 1830 – und dieser Kerl maßte sich an, ein Gebiet, das 80-mal so groß wie sein eigenes Land war, zu seinem ›Freistaat‹ zu erklären! Wie grausam und dumm war dieser europäische Monarch. Wie viel Elend hat er über meine Menschen gebracht…

Und wie ignorant war er: Er hätte lernen können vom klassischen Königreich der Kuba, das ein politisches System unter den Bantu sprechenden Menschen der Region aufgebaut hatte, das wie kein anderes kulturelle Entwicklungen ermöglichte. Ohne jede Gewalt wurden Traditionen der Ehe reformiert und effektivere Formen der Landwirtschaft eingeführt. Die vielfältigen Verzweigungen der Flüsse in den Urwaldgebieten wurden wie heutige Autobahnen genutzt zur Kommunikation und zum Austausch von Gütern, Wissen und Kunst.

Ja – auch Kunst: Der König von Kuba war besonders stolz auf die Förderung der Künste, die sich zum Beispiel in besonders fein gearbeiteten Masken und Schmuck zeigte.

Wer gebärdete sich als ›Wilder‹ in meiner Heimat? Du ahnst meine Antwort. Wenn ich es in einem Geschichtsseminar sage, lachen meine Freunde. Wenn ich es auf der Straße oder in einer Kneipe in Paris sage, werden die Menschen böse. Sie wollen nicht verstehen. «

IMPORT-RELIGIONEN IN NORDAFRIKA: URCHRISTENTUM UND ISLAM

Die Herrschaft der ägyptischen Pharaonen ist mit der Eroberung durch die Griechen unter Alexander dem Großen ab 332 v.Chr. endgültig gebrochen. Ägypten beginnt sich mit der neuen Hafenstadt Alexandria in Richtung Athen zu orientieren, Griechisch wird für viele zur Sprache der Gebildeten. Denn die Griechen kommen nicht nur mit Soldaten und Waffen, sondern importieren auch eine neue Kultur, die eine Achtung vor Wissenschaft und Künsten ebenso wie erste Ideen einer demokratischen Politik einführt.

Bereits nach dem Tode Alexanders im Jahr 323 v.Chr. streiten sich seine Feldherren (griechisch: Diadochen) und teilen ihr Weltreich in drei große Gebiete, wobei Ägypten den Ptolemäern zufällt. Die letzte ägyptische Herrscherin griechischer Herkunft ist Kleopatra (69–30 v.Chr.), die durch ihre Liebesaffären mit den römischen Feldherren Julius Cäsar und Marcus Antonius berühmt wurde. Nach ihrem dramatischen Selbstmord durch einen Schlangenbiss wird auch Ägypten offiziell Teil des neuen römischen Weltreiches. Weite Gebiete Nordafrikas waren bereits seit dem Sieg der Römer über Karthago (heute Tunesien) im Jahr 146 v.Chr. von diesen erobert worden. Die römischen Herrscher sprachen von Nordafrika als *Africa proconsularis.*

Das Jahr 0 wird in der christlichen Zeitrechnung allgemein als das Geburtsjahr von Jesus Christus angegeben. Vermutlich wurde der jüdische Junge Joschua in der palästinensischen Stadt Bethlehem bereits gut vier bis acht Jahre vorher geboren, seine Eltern nannten ihn erst später auf der Flucht vor den römischen Verfolgern Jesus. Als junger Mann protestiert dieser Jesus nicht nur gegen die Ungerechtigkeiten der römischen Besatzung, sondern ebenso gegen die Scheinheiligkeit der jüdischen Gesellschaft, aus der er stammt. Im Jahr 33 kommt es zu seiner Verhaftung, die schließlich zur Todesstrafe durch Kreuzigung nach römischem Recht führt.

Seine Anhänger – die Christen – werden zunächst verfolgt, gewinnen aber trotzdem mehr und mehr Zulauf. Es ist eine Zeit großer politischer Unruhen im Mittelmeerraum, in der auch die von den Römern nun schon so lange unterdrückten Juden immer wieder versuchen, die Fremdherrschaft abzuschütteln und ihre alte Königshauptstadt Jerusalem zurückzugewinnen. Es gelingt nicht. Im Gegenteil – im Krieg gegen die Römer werden sie nicht nur vernichtend geschlagen, sondern ihr größtes Heiligtum, der Tempel in Jerusalem, wird im Jahr 70 zerstört. Es gibt kein jüdisches Reich mehr bis zur Gründung des Staates Israel 1948. Viele Juden leben ab nun verstreut im ganzen römischen Weltreich von Nordafrika bis ins germanische Rheingebiet und auch außerhalb davon.

Zu neuen Verfolgungen der Juden kommt es, als der römische Kaiser Konstantin im Jahr 313 das Christentum zuerst anerkennt und später zur Staatsreligion erklärt. Der Bischof von Rom wird später der erste Papst, eine Machtzentrale bis heute, die sich längst nicht nur um religiöse Belange kümmert. Der Einfluss des Christentums in Afrika bleibt gleichwohl über viele Jahrhunderte, bis auf wenige Ausnahmen – wie zum Beispiel in Äthopien ab 350 durch König Ezana – sehr gering, da das europäische Interesse an »aktiver Mission« erst zu Zeiten der wirtschaftlichen Kolonisierung des Kontinents erwacht.

Der äthiopische Sonderweg: Das Königreich Aksum (ca. 50–800 n.Chr.) – und was Kaiser Haile Selassie I. mit Bob Marley zu tun hat :

» *Im Altertum wurde das Gebiet südlich Ägyptens und Nubiens ohne konkrete geografische Angaben mit dem Wort Äthiopien bezeichnet – ›Land der schwarzen Menschen‹. In der Mitte des 1. Jahrhunderts n.Chr. siedelten sich zunehmend Menschen aus Südarabien in dieser damals von Regenfällen begünstigten Gegend an und gründeten das Königreich von Aksum. Obwohl der aksumitische König Ezana erst um 350 n.Chr. das Christentum als offizielle Religion verkündete, ist eine Legende bis heute lebendig, auf die sich selbst der letzte Kaiser Äthiopiens, Haile Selassie I. (1892–1975), berief: Er behauptete, ein Nachfahre des jüdischen Königs Salomon (etwa 966–930 v.Chr.) und der sagenumwobenen Königin von Saba zu sein, wobei er sich in biblischer Tradition dem Christentum verpflichtet fühlte, aber wegen der angeblichen Herkunft von König Salomon gleichzeitig den Namen ›Löwe von Juda‹ trug.*

Nach der Legende, so niedergeschrieben in der Bibel (1. Buch der Könige, 10. Kapitel), hatte die Königin von Saba so viel Gutes über König Salomon gehört, dass sie ihn gern besuchen wollte und sich ›mit großem Gefolge, mit Kamelen, Gold und Edelsteinen‹ zu ihm nach Jerusalem auf den Weg machte. Da es Kamele in Afrika erst ab dem 2. Jahrhundert n.Chr. gab, kann Saba nicht in Äthio-

Tafari Makonnen wurde durch Heirat zum Prinzen (Ras) Tafari. Er krönte sich 1930 selbst zum Kaiser von Äthiopien und nannte sich ab nun Haile Selassie I.

pien gelegen haben, sondern eher in Südarabien, vermutlich im Gebiet des heutigen Jemen. In der Bibel wird von ihren guten Gesprächen berichtet. Die äthiopische Legende ergänzt, dass sie auch ein Kind gezeugt haben: Menelik I., den ersten Kaiser von Äthiopien. Zeiten und Orte purzeln nur so durcheinander, aber in der äthiopischen Hauptstadt Addis Abeba begegnen einem bis heute auf Schritt und Tritt ›Spuren‹ dieser historischen Begegnung von König Salomon und der Königin von Saba, einschließlich der Ruinen ihres angeblichen Palastes.

All dies schützte Kaiser Haile Selassie I. nicht davor, nach einer von vielen Hungersnöten vom Militär 1974 gestürzt zu werden. Das antike Königreich Aksum war bereits um 800 n.Chr. untergegangen, nachdem für mehrere Jahre jene günstigen Regenfälle ausgeblieben waren, die einstmals zu seiner Gründung geführt hatten.

Eine weitere Besonderheit mit Konsequenzen bis in die Gegenwart: Haile Selassie I. wurde 1892 als Tafari Makonnen geboren. Durch seine Heirat mit der Tochter des damaligen Kaisers Menelik II. wurde er zum Prinzen (›Ras‹). Er war 19 Jahre und wurde ab nun Ras Tafari genannt. Anlässlich der eigenen Kaiserkrönung 1930 nannte er sich als überzeugter Christ Haile Selassie – ›die Macht der heiligen Dreieinigkeit‹.

Die pompöse Krönungsfeier, über die international berichtet wurde, inspirierte auf der Karibikinsel Jamaika eine Gruppe von Nachkommen ehemaliger Sklaven zur Gründung der Rastafari-Religion: In Haile Selassie I. sahen sie den lange erwarteten göttlichen Erlöser und glaubten, dass nun endlich die Zeit der Gerechtigkeit auch für die Menschen Afrikas und afrikanischen Ursprungs bevorstehe. Die Rastafaris entwickelten eine eigene Kultur, die nach ihrem alttestamentarischen Verständnis jede Lohnarbeit ablehnte und demgegenüber bestimmte Nahrung, den spirituellen Gebrauch von Marihuana sowie das Tragen einer zopfähnlichen Haartracht empfahl. Rastafari standen zunehmend für ein schwarzes Selbstbewusstsein und politische Radikalität. Die jamaikanische Musikrichtung des Reggae wurde international berühmt durch Bob Marley (1945–1981), der sich mit 22 Jahren vom Christen zum Rastafari bekannte. Reggae und damit die Kultur der Rastafari fand nun außer in der Karibik und in afrikanischen Ländern viele Anhänger auch in den USA, Lateinamerika und Europa.

Haile Selassie I. selbst besuchte nur einmal in seinem Leben Jamaika. Das war im Jahr 1966, als den äthiopischen Kaiser in seiner traditionellen Militäruniform die wilde Begeisterung tausender tanzender Rastafaris am Flughafen von Jamaika eher irritierte. Sie war ›jenseits aller Erwartungen‹, wie er gegenüber der jamaikanischen Regierung diplomatisch formulierte, deren offizieller Gast er war und die die radikale Minderheit der Rastafaris im eigenen Land eher als ›Problem für Ruhe und Ordnung‹ sahen.

Der Besuch des äthiopischen Kaisers trug in keiner Weise zur Entspannung bei. Im Gegenteil – sein Besuchsprogramm sah keine offizielle Begegnung mit Vertretern der Rastafari vor. Die Konflikte zwischen den Rastafari und der Regierung von Jamaika nahmen in den Jahren danach eher zu. Bob Marley verließ nach einem anonymen Mordanschlag 1976 Jamaika und lebte bis zu seinem frühen Tod in verschiedenen Ländern Europas. «

Eine damals noch junge Weltreligion sollte ab 622 den afrikanischen Kontinent bis heute neu aufteilen: der Islam. Zunächst verstand sich sein Begründer, der zu einigem Wohlstand gekommene ehemalige Karawanenführer und Kaufmann Mohammed (ca. 570–632), der in der arabischen Stadt Mekka lebte, keineswegs in Widerspruch zu Juden und Christen. Er hatte deren Schriften ausführlich studiert – die Thora von Moses, die Psalmen König Davids und die Evangelien über Jesus. Seine Offenbarungen, die später im heiligen Buch des Koran (arabisch: Lesung) aufgeschrieben wurden, führten zum Islam – die »Hingabe an Allah«, den einen Gott. Er empfand sie als Fortentwicklung von Juden- und Christentum.

Als Mohammed in Mekka seine neue Lehre zu verkünden begann, hörten ihm jedoch kaum Juden oder Christen zu, sondern nur ein paar arme Araber. Enttäuscht zog er 622 mit einigen Anhängern in die nördlich gelegene Oasenstadt Medina, in der damals rund die Hälfte der Bewohner Juden waren. Diese lehnten ihn auch hier ab, die dortigen Araber zeigten nun jedoch Begeisterung. Mit dem Jahr 622 beginnt deshalb auch die islamische Zeitrechnung.

In den kommenden Jahrzehnten entsteht ein islamisch-arabisches Weltreich, an dem sich bis heute rund eine Milliarde Anhänger des Islam orientieren. Mohammed selbst setzte sich trotz aller Enttäuschungen für ein friedliches Nebeneinander der Religionen ein: In den von ihm eroberten Gebieten sollten Juden wie Christen Schutz und Glaubensfreiheit genießen (2. Sure 257). Die wesentlichen islamischen Eroberungen begannen erst nach seinem Tod. Das Reich des Islam reichte in seiner Blütezeit um das Jahr 800 von Marokko und Südspanien bis zum asiatischen Fluss Indus.

In Nordafrika wurde zuerst Ägypten ab 639 islamisiert. Der neue Glauben breitete sich von hier in Richtung Sudan aus und später nach Nord-Libyen und Tunesien. Von etwa 800 bis 1250 hatte sich der Islam im gesamten Nordafrika bis über die Sahara hinaus und in Ostafrika an der gesamten Küste bis zur Höhe Madagaskars etabliert. Die Berber im Nordwesten Afrikas, darunter auch die Tuareg, gaben ihren Widerstand gegen die Muslime unter militärischem Druck auf, in manchen Landesteilen auch nachdem diese ihnen Gleichberechtigung zusagten. Ab 711 islamisierten Araber und Berber gemeinsam Südspanien.

Je nördlicher, desto »reiner« die islamische Lehre, je südlicher, desto stärker kam es zu Vermischungen mit traditionell-afrikanischem Glauben. Die Händler auf beinah allen transsaharischen Handelsrouten wurden zu Anhängern des Islam – auch aus durchaus lebenspraktischen Überlegungen: Die Araber waren bekannt als gute Kaufleute, sie sorgten für Sicherheit und eine effiziente Rechtsprechung. Wissenschaften und Kunst blühten auf im goldenen Zeitalter des Islam. Arabisch wurde, wie früher Griechisch, in weiten Teilen Nord- und Nordostafrikas die Sprache der Gebildeten.

SÜDLICH DER SAHARA: GHANA, MALI UND SIMBABWE

Etwa ab 600 entstand am südlichen Ende einer der großen transsaharischen Handelsrouten das erste westafrikanische Königreich Ghana, etwa dort, wo heute Senegal, Mauretanien und Mali liegen. Es befand sich also mehr im Landesinneren und nicht dort, wo sich heute der Küstenstaat Ghana befindet. Das historische Ghana verfügte über große Goldvorkommen, sein eigentlicher Reichtum kam aber vor allem aus dem Handel, der von der historischen Stadt Kumbi Saleh bis an die Küsten des Mittelmeers betrieben wurde.

Die Herrscher von Ghana waren Anhänger traditioneller afrikanischer Religionen und blieben es auch bis zum Ende. Viele Details der alt-ghanaischen Gesellschaft sind noch nicht erforscht, die ehemalige Hauptstadt, die Forscher in der Nähe des Handelszentrums Kumbi Saleh vermuten, ist bis heute nicht ausgegraben. Das ghanaische Volk der Soninke bildete die regierende Schicht und stellte die Könige. Deren Namen sind bis heute nicht vollständig bekannt. Frühe Besucher des Ghana-Reiches wurden nicht müde, den übergroßen Reichtum seiner schwarzen Herrscher zu preisen.

Ein arabischer Reisender notiert im Jahr 1067 über den König von Ghana:

» *Der König besitzt einen Palast und zahlreiche überkuppelte Räume, die von einer Art Stadtmauer umgeben sind…*

Der König schmückt sich wie eine Frau an Hals und Unterarmen, auf dem Kopf trägt er eine hohe, mit Gold verzierte Mütze, die mit einem Turban aus feiner Baumwolle umwickelt ist. Bei Audienzen oder während der Anhörung von Beschwerden gegen Beamte sitzt er in einem Kuppelbau, einem Pavillon, um den zehn Pferde stehen, die mit goldbestickten Decken geschmückt sind. Hinter ihm halten sich zehn Edelknaben auf, Träger von Schwertern und Schilden aus Leder; sie sind prachtvoll gekleidet und tragen mit Goldfäden durchflochtene Zöpfe. «

Über den König wird weiterhin berichtet, dass er eine »wohlwollende Toleranz« gegenüber den Anhängern des Islam in seinem Reich an den Tag legte. Leider kann dies nicht von einigen Vertretern des Islam behauptet werden: In der Gegend machten zunehmend die als besonders orthodox bekannten islamischen Almoraviden von sich reden, eine aus Marokko stammende mönchische Priesterkaste, die die gewalttätige Idee des Djihad, des heiligen Krieges zur Durchsetzung des Islam, vertraten. Mit all ihrem Fanatismus griffen sie Ghana an und fügten im Jahr 1076 dem ghanaischen König eine empfindliche Niederlage bei, die zur allmählichen Aufsplitterung des Reiches führte. Einige unter dem ghanaischen König geeinte Völker, die sich einer Islamisierung widersetzten, flohen gen Süden. Dazu gehörten vermutlich auch die Akan, die die größte Bevölkerungsgruppe im heutigen Ghana darstellen.

Den Todesstoß erhält Alt-Ghana jedoch nicht von den Almoraviden, die in ihrem Eifer der Bekehrung längst wieder gen Norden weitergezogen waren, sondern vom Volk der Malinke, die zum Islam übergetreten waren und um 1200 ein Fürstentum von Ghanas Gnaden gegründet hatten. Im Jahr 1235 überwältigte ihr Anführer in einer entscheidenden Schlacht den letzten König von Ghana – das neue Reich Mali war geboren.

Trotz seines kriegerischen Beginns entwickelte sich Mali in den nächsten über 250 Jahren nicht nur zu einem der größten Handelszentren der Welt, sondern wurde auch zum Vorbild für neueste Entwicklungen in den Wissenschaften. Moscheen, Schulen und Universitäten entstanden in über 400 Städten, von denen Timbuktu bis heute am berühmtesten ist. Die Hochschulen von Timbuktu tauschten Gelehrte mit Spanien und Ägypten aus.

Der malische König Mansa Musa, der von 1312 bis zu seinem Tode 1335 regierte, galt bei vielen als der »reichste Mann seiner Zeit«. Sein Ruf reichte bis nach Europa. Auf seiner ersten Pilgerreise nach Mekka im Jahr 1324 – wie Quellen berichten »mit 12 000 Sklaven und 800 Hofdamen für seine Gemahlinnen« – ließ er unterwegs so viel Gold verteilen, dass weltweit der Goldpreis sank. Es herrschte auch unter seinen Untertanen Wohlstand. Die Sklaven wurden nicht gequält, sondern kamen nach Ablauf bestimmter Fristen frei. Ohne weitere kriegerische Auseinandersetzungen erstreckte sich das damalige Mali im Westen über die Grenzen von Alt-Ghana hinaus bis zum Atlantik und im Osten bis zum heutigen Nigeria.

Ein Besucher schildert Mali zu Zeiten des Königs Mansa Musa um 1325:

» *»Die Menschen in Mali sind selten ungerecht und haben eine große Abneigung gegen Ungerechtigkeit wie alle anderen Völker. Der Sultan zeigt keine Gnade gegen Gesetzesbrecher. Es gibt absolute Sicherheit in ihrem Land. Weder Reisende noch Einheimische dort brauchen sich vor Räubern oder Gewalttaten zu fürchten. Es ist möglich, in kleinen Gruppen zu reisen…* «

Erst mit dem Beginn des 15. Jahrhunderts beginnt der allmähliche Verfall Malis. Ab 1464 übernimmt das islamische Reich Songhay mit der neuen Hauptstadt Gao, das im Osten des bisherigen Mali liegt, die neue Vorherrschaft in diesem Teil Westafrikas. Andere wichtige Zivilisationen zu dieser Zeit sind die Königreiche Benin und Kongo, die Haussa-Staaten und das islamische Bornu-Kanem an den Ufern des Tschad-Sees. Die Liste ist noch lange nicht vollständig.

Im Süden Afrikas hat sich um diese Zeit eine andere Zivilisation entwickelt,

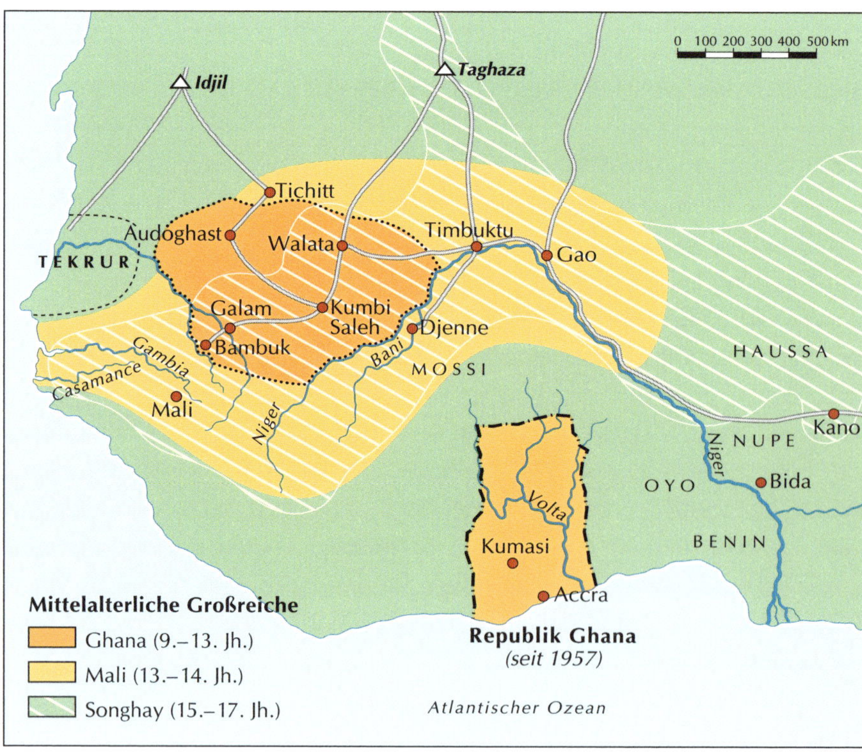

Großreiche im Mittelalter

die später zur Inspiration für einen jungen afrikanischen Staat nach der Unabhängigkeit werden wird: Simbabwe. In der Sprache der Shona, einem Bantu-Volk, bedeutet das Wort soviel wie »königlicher Hof«. Und genau so fing es an: Um 1100 begannen Shona-Baumeister Höfe zu bauen, die riesige Steinmauern umgaben – Ausdruck einer hoch entwickelten Architektur, die mit dem Bau der Pyramiden im alten Ägypten verglichen wurde. Der größte Hof – Groß-Simbabwe – diente lange Zeit als Kultstätte der Shona. Auf einem Berg in der Nähe standen die für diese afrikanische Kultur typischen steinernen Vögel, die den Anführern als Orakel dienten.

Der Wohlstand Simbabwes hatte seinen Ursprung zum einen in den Vertreibungen des ursprünglich hier lebenden Volkes der San sowie in den kriegerischen Eroberungen, die dem Reich eine Ausdehnung bis nach Mosambik und hinauf zur ostafrikanischen Küste gaben. Dort hatten Bantu-Völker eine relativ eigenständige Kultur des Swahili (oder auch: Suaheli) entwickelt, die sich nicht zuerst in einem zentral organisierten Reich darstellte, sondern in mehreren, jeweils eigenständigen Handelsstädten, wie zum Beispiel Kilwa an der Küste des heutigen Tansania oder Mombasa im heutigen Kenia. Den Vertretern des Swahili war es gelungen, islamisch-arabische Einflüsse stärker in die eigene Kultur einzubinden anstatt vom Islam »geschluckt« zu werden. Als Beispiel kann gelten, dass selbst Teile des Arabischen in Bantu-Sprachen aufgenommen wurden, woraus die bis heute lebendige Sprachfamilie des Swahili entstand.

Die Shona aus Simbabwe exportierten Bodenschätze wie Gold und Kupfer und führten über die ostafrikanischen Hafenstädte Baumwolle, ja selbst Porzellan aus China ein. Nach dem Tod des letzten Königs von Simbabwe, Matope, im Jahr 1480 zerfiel das Land in zwei Reiche.

Ghana, Mali, Simbabwe – Inspiration für junge afrikanische Staaten nach der Unabhängigkeit, die mit neuen Namen auch selbstbewusste Traditionen erkennen lassen wollten. Ghana hieß bis 1957 Goldküste, Mali war bis 1960 in einer von Frankreich diktierten Föderation mit Senegal, Simbabwe hieß bis 1980 Rhodesien, so benannt nach dem englisch-südafrikanischen Kolonialpolitiker Cecil Rhodes (1853–1902).

Eine eigenständige Weiterentwicklung der vielfältigen frühen afrikanischen Zivilisationen wurde ab dem 15. Jahrhundert ganz entscheidend durch jene Europäer unterbrochen, die meinten, hier einen »dunklen und geschichtslosen Erdteil entdecken« zu können. Das Ausmaß ihrer gewaltsamen Ausbeutung für die kommenden Jahrhunderte sollte alles in den Schatten stellen, was es je an Unterdrückung in Afrika vor ihrem Eintreffen gegeben hatte.

AFRIKAS UNTERDRÜCKUNG

WIE EUROPÄER EINEN KONTINENT UNTER SICH AUFTEILEN

CA. 1500 – 1945

Afrika vor gut 500 Jahren: Durchaus kein Paradies. In weiten Teilen ein menschenleerer Kontinent mit unwirtlichen Wüsten und tropischen Gebieten voller krankheitserregender Insekten, die eine Besiedlung von Menschen und ihren Haustieren erschweren. Um das Jahr 1500 lebten vermutlich weniger als 50 Millionen Menschen auf dem Kontinent (heute: mehr als 850 Millionen).

Sklaverei gab es seit jeher. Die ersten Berichte gehen zurück auf ägyptische Armeen, die von Feldzügen mit Gefangenen zurückkehrten, die zur Sklavenarbeit beim Bau von Pyramiden eingesetzt wurden. Auch unter den Bantu-Völkern gab es gegenseitige Versklavung nach kriegerischen Auseinandersetzungen. Arabische Händler aus dem Norden waren die Ersten, die Geschäfte im großen Stil mit versklavten Kindern, Frauen und meist jungen Männern aus Zentralafrika aufzogen.

Jedoch: Sklaverei in den meisten frühen afrikanischen Zivilisationen ist nicht zu vergleichen mit den späteren Sklavengeschäften der Araber und Europäer. Sklaven waren Mitglieder der jeweiligen Familie, und es gab verschiedene Möglichkeiten, wieder frei zu kommen. In vielen Gemeinschaften hatten sich beachtliche kulturelle Entwicklungen vollzogen, die eben nicht zuerst auf der Ausbeutung anderer basierten.

Noch vor den Europäern waren es Chinesen, die auf riesigen Handelsschiffen im Auftrag des chinesischen Kaisers ab 1415 an der ostafrikanischen Küste anlandeten, Waren austauschten und danach wieder zurücksegelten – ohne Ambitionen weiter ins Landesinnere vorzustoßen.

Europa war in den Jahrhunderten zuvor vollauf mit Streitigkeiten der verschiedenen Königreiche und Fürstentümer untereinander beschäftigt, die ihre Untertanen in sinnlose Kriege schickten oder als »Leibeigene« für den eigenen Luxus schuften ließen. Hinzu kam im 14. Jahrhundert die Pest-Epidemie, auch der »schwarze Tod« genannt, die unter ärmlichen hygienischen Bedingungen vor allem von Ratten auf Menschen und später als Lungen-Pest auch von Menschen untereinander übertragen wurde. Innerhalb weniger Jahre starben etwa ein Drittel aller Europäer an der Pest, gut 25 Millionen Menschen. Europa ist um 1500 noch viel weniger ein Paradies als Afrika. Es gibt viele Menschen, die weg wollen, und es gibt Herrscher und Händler, die nach neuen Quellen für ihre Luxusgüter suchen.

Die Portugiesen erreichen als Erste mit ihren Segelschiffen Mitte des 15. Jahrhunderts die Küste Westafrikas. Ihnen sollen bald andere europäische Händler, Missionare und später auch Soldaten und ganze Armeen folgen.

Auch in anderen Erdteilen – in Amerika und weiten Teilen Asiens – spielen sich Europäer im Laufe der Zeit als Ausbeuter und Unterdrücker auf. Nirgendwo wurden jedoch so viele Millionen Menschen gefangen genommen, Familien auseinander gerissen, funktionierende Lebens- und Dorfgemeinschaften zerstört und Kinder, Frauen und Männer Tausende Kilometer weit weg verschleppt, um dort ihr Leben als Sklaven ohne Hoffnung auf Heimkehr führen zu müssen.

Erst allmählich begreifen wir, dass die katastrophalen Folgen des systematischen Menschenraubs in Afrika weit über das Abschütteln der europäischen Kolonisatoren und die formale Unabhängigkeit der modernen afrikanischen Staaten hinausreichen. Das Trauma der Sklaverei, die unterschiedlichen Formen der Entrechtung und Erniedrigung afrikanischer Menschen sind von den nachfolgenden Generationen nicht nur in Afrika, sondern auch in Europa und Amerika noch längst nicht im notwendigen Umfang verstanden worden.

Dazu gehört auch ein aufrichtiges Anerkennen dieses Unrechts in Europa und Amerika und ein Verstehen der Ideologien, die damals und heute zur Rechtfertigung von Ungleichheit und Benachteiligung von Menschen nicht-weißer Hautfarbe benutzt werden. Viele westliche Hilfsaktionen für die »armen Menschen in Afrika« tragen bis heute Merkmale der Bevormundung und scheuen sich noch immer zu oft, Ursachen für Unrecht beim Namen zu nennen.

In Afrika müssen die Menschen sich der bitteren Wahrheit stellen, dass das ungeheure Ausmaß des Sklavenhandels nicht möglich gewesen wäre ohne die Komplizenschaft arabischer, aber eben auch afrikanischer Händler, häufig auch politischer Anführer, die sich auf Kosten ihrer Landsleute bereicherten. Das Infragestellen autoritärer Strukturen in Afrika, die wesentlich zum Ausmaß der Katastrophe beitrugen, ist ebenfalls eine wichtige Aufgabe, die noch bevorsteht.

Beides keine leichten Lektionen.

Historisch gesehen ist es nur eine kurze Zeitspanne, die sich die Europäer in Afrika als Ausbeuter und Unterdrücker aufspielen und bis auf wenige Ausnahmen beinah den gesamten Kontinent in Kolonien untereinander aufteilen, ohne auf die Bewohner auch nur die geringste Rücksicht zu nehmen – eben wie Verbrecher dies mit gestohlener Beute tun.

Viel zu wenig ist bisher bekannt über die vielen Formen des Widerstands von afrikanischen Anführern gegenüber den europäischen Kolonialherren: Von der Anpassung und dem Bemühen um friedliche Konfliktlösung bis hin zum mutigen, oft auch verzweifelten Kampf. In vielen europäischen Geschichtsbüchern wird nach wie vor ausführlich über die Schlachten der Europäer berichtet, um die »bedrohten eigenen Frauen und Kinder in den Kolonien« zu schützen. Die Verteidigungsformen der von eigenem Grund und Boden beraubten Afrikanerinnen und Afrikaner werden meist als »Massaker« beschrieben und ihre ermordeten Frauen und Kinder sind kaum eine Erwähnung wert.

Um die Eskalation von Rivalitäten der Europäer untereinander in Afrika zu verhindern, rief der deutsche Kanzler Otto von Bismarck (1815–1898) Vertreter der europäischen Mächte im Jahr 1884 in Berlin zusammen. Damit wurde gleichzeitig die Aufteilung des afrikanischen Kontinents am Verhandlungstisch vorbereitet. Vertreter der afrikanischen Völker waren hierbei ausgeschlossen. Auch wenn sich die Europäer noch so mächtig fühlten und in den kommenden Jahrzehnten Schrecken und Armut in Afrika verbreiteten: Die Phase des Kolonialismus in Afrika dauerte nicht lange, auch wenn deren Folgen sich tief in die Realität eingegraben haben und bis heute sichtbar sind.

Die Verabredungen, die in Berlin getroffen wurden, und die Ländergrenzen, die in den kommenden Jahren gezogen wurden und keinerlei Rücksicht auf ethnische Verwandtschaften nahmen, bestehen im Wesentlichen bis heute. Spätestens ab Mitte des letzten Jahrhunderts mussten jedoch auch die überzeugtesten Kolonisatoren anfangen zu erkennen, dass sie sich auf Dauer nicht würden halten können. Zu stark war inzwischen die Opposition verschiedener afrikanischer Widerstandsgruppen geworden, zu teuer das Unterhalten der jeweiligen Kolonialverwaltung. Die Manier, in der sich die Europäer schließlich zurückzogen, war in vielen Fällen mindestens ebenso schlimm wie ihre Ankunft auf dem afrikanischen Kontinent, wenn nun auch überwiegend nur noch mit verdeckten Karten gespielt wurde.

Zu oft wurde alles getan, um den korruptesten afrikanischen Politikern an die Macht zu helfen, nicht selten Marionetten, die trotz des Banners der »Unabhängigkeit« aus egoistischen Motiven weiter den Interessen der europäischen oder inzwischen auch US-amerikanischen und sowjetischen Mächte dienten. Zynisch konnte dann immer wieder darauf verwiesen werden, wie wenig die Afrikaner doch in der Lage seien, »ihre Sachen selbst zu regeln«. Jene, die dieses neokolonialistische Spiel durchschauten und sich dem wirtschaftlichen und politischen Einfluss von außen nach der offiziellen Befreiung vom Kolonialismus widersetzten, wurden mehr als einmal systematisch unter Druck gesetzt und wo selbst dies nicht funktionierte, auch kaltblütig ermordet.

Afrikas Unterdrückung durch europäische Mächte begann vor mehr als 500 Jahren – mit der Ankunft der Portugiesen in Westafrika.

GESCHEITERTE ANPASSUNG: DIE BAKONGO UND DIE PORTUGIESEN

Bereits 1415 haben sich die Portugiesen mit der Eroberung der marokkanischen Hafenstadt Ceuta, die gegenüber von Gibraltar liegt, eine erste Bastion auf dem afrikanischen Kontinent geschaffen. Von hier aus erkundet Prinz Heinrich von Portugal (1394–1460), der später den Beinamen »der Seefahrer« erhält, die Küste gen Süden. 1444 erreicht seine Flotte die Küste Guineas in Westafrika. Einige Monate später kehren sie mit viel Gold und den ersten gefangenen Afrikanern »als Beweis der erfolgreichen Eroberung« nach Lissabon zurück.

Allmählich läuft ein Wettlauf zwischen Portugiesen und anderen europäischen Monarchien an, der die innereuropäischen Konflikte in den nächsten Jahrhunderten auf andere Kontinente tragen wird: Unter dem Banner von Handelsgesellschaften oder christlichen Missionen werden Abenteurer, arme Leute und überzeugte Christen aller Schattierungen angelockt, um ihr Glück außerhalb Europas zu suchen. Gegen Ende des 15. Jahrhunderts kommen die ersten Europäer auch in Nord- und Südamerika an – 1492 »entdeckt« der Italiener Christoph Kolumbus (1451–1506) im Auftrag der spanischen Königin auf einer nach Indien geplanten Erkundung die »neue Welt« Amerikas.

Engländer, Franzosen, Portugiesen, Skandinavier, Niederländer und Deutsche folgen auch hier. Nachdem die meisten »Indianer« Nordamerikas und die »Indios« Südamerikas niedergemetzelt und die wenigen Überlebenden sich als »unbrauchbare Arbeiter« erwiesen haben, werden dringend neue Arbeitskräfte zur Nutzung der riesigen landwirtschaftlichen Gebiete benötigt.

Dem Vordringen der Europäer in der »neuen Welt« Nord- und Südamerikas scheinen vorerst keine Grenzen gesetzt. Die Besiedlung jener Teile Afrikas, die sich seit der »Entdeckung« des südafrikanischen »Kaps der Stürme« 1487 durch Bartolomeo Diaz (1450–1500) und seine Umseglung und Umbenennung in das »Kap der Guten Hoffnung« 1497 durch Vasco da Gama (1469–1524) auch auf Ost- und später Südafrika erstrecken, erweist sich demgegenüber als wesentlich schwieriger. Die Vegetation erscheint an vielen Stellen undurchdringlich und gegen einige noch unbekannte Krankheiten gibt es vorerst keine Medizin. Zugleich merken die Neuankömmlinge, dass in Afrika bereits zahlreiche Handelsrouten bestehen, zum Beispiel die arabischer Händler Richtung Norden und die einzelner Bantu-Anführer ins Landesinnere. Die Routen werden gut verteidigt.

Die Portugiesen, ebenso wie die später folgenden Franzosen, Niederländer, Engländer, Deutschen, Skandinavier und Belgier errichten vorerst Festungen und Handelsstationen entlang der afrikanischen Küsten. Von hier aus regeln sie ihre Geschäfte vor allem mit Gold, Elfenbein und Sklaven – über arabische und afrikanische Mittelsmänner im Inneren des Kontinents, die in der Regel die »Drecksarbeit« der Menschenjagd erledigen. Der westafrikanische Staat Elfenbeinküste verdankt seinen Namen dieser Zeit, ebenso wie das moderne Ghana, das vor seiner Unabhängigkeit als britische Kronkolonie Goldküste hieß.

Als die Portugiesen an der Westküste Afrikas als erste Europäer ankamen, trafen sie keineswegs auf »halbnackte Wilde«, wie dies spätere Ideologen zur Rechtfertigung zahlloser Verbrechen gern glauben machen wollten. In vielen westafrikanischen Ländern gab es hoch entwickelte Methoden des tropischen und subtropischen Landbaus, die genügend Nahrung, teilweise auch Überfluss erwirtschafteten. Es gab ausgeklügelte Bewässerungssysteme, die keinerlei ökologischen Schaden anrichteten, und die Kenntnis von Heilpflanzen war weit verbreitet. Die Kunstwerke zeitgenössischer afrikanischer Künstler aus Holz, Elfenbein, Metall und Terrakotta zeigen ein hohes Niveau in verschiedenen Stilen.

1483 kamen die Portugiesen erstmals mit dem Volk der Bakongo in Kontakt, die nahe der Mündung des Kongo-Flusses lebten. Sie waren ursprünglich Einwanderer aus dem Norden, die sich hier als dominante Gruppe in einem losen Zusammenhalt von mehreren Dorfgemeinschaften angesiedelt hatten. Ihr Zentrum war *Mbanza Kongo*, von wo auch Kongo-König Nzinga Mbemba (Geburtsjahr unbekannt –1543) regierte. Anfangs behandelte man sich gegenseitig durchaus mit Respekt, obwohl die Portugiesen bald mit der christlichen Missionierung begannen und ab 1490 nicht nur mehrere Missionsstationen errichteten, sondern auch portugiesische »Damen« zu den Frauen der Bakongo-Gesellschaft schickten, um ihnen »Handwerk und portugiesische Sitten« beizubringen.

Die Mehrheit der Bevölkerung betrachtete die hellhäutigen und für das Klima äußerst unglücklich gekleideten Damen und Herren aus Portugal wohl eher mit Erstaunen als mit Argwohn. Es gab lebhaften Handel, der scheinbar allen zugute kam. Das Christentum sahen viele vermutlich weniger als Alternative, sondern eher als eine mögliche Ergänzung traditioneller afrikanischer Religionen. Nicht so jedoch der König selbst, der eine ungewöhnliche Überanpassung an den Tag legte und sich nicht nur 1491 taufen ließ und in König Afonso I. umbenannte, sondern auch seinen Untertanen fortan bei Todesstrafe verbot, die weit verbreiteten Fetische zum Ausüben traditioneller Religionen zu gebrauchen.

Eine Weile schien es, als könnte die frühe portugiesisch-kongolesische Kooperation ein friedliches Beispiel setzen. König Afonso I. sprach vom portugiesischen König Emmanuel nur als dem »Brudermonarchen« und bildete seinen Hof nach portugiesischem Vorbild um. König Emmanuel seinerseits beauftragte seinen Botschafter für den Kongo, den afrikanischen König »voller Respekt zu behandeln, wie es einem rechtmäßigen König gebührt«. Als Anrede habe er zu gebrauchen: »Mächtiger und exzellenter König vom Kongo!« Junge kongolesische Adlige wurden zum Studium nach Lissabon gesandt. Einer von ihnen stieg 1518 sogar in den Rang des portugiesischen Bischofs von Utica auf.

Doch so viele Portugiesen, wie beiden Monarchen lieb gewesen wäre, wollten gar nicht in den Kongo, denn nach der ersten Begeisterung erreichte die Kunde von »schrecklichen Urwaldkrankheiten«, allen voran Malaria, das Mutterland. Nach der Vertreibung der Juden aus Portugal im Jahr 1497 verfällt der portugiesische König sogar auf die grausame Idee, 2000 jüdische Kinder, die ihren Eltern weggenommen worden waren, zur Besiedlung nach Westafrika zu verschiffen. Und König Afonso I. ist dankbar für die Ausstattung mit neuen Waffen, die er nicht nur zur Stärkung der eigenen Macht nutzt, sondern auch zum Einsatz bei der Menschenjagd auf Sklaven bei benachbarten Völkern.

Diese Sklaven werden sowohl zur Zwangsarbeit im Zuckeranbau, den die Portugiesen eingeführt haben, eingesetzt als auch im internationalen Sklavenhandel der Portugiesen nach Übersee, vor allem nach Brasilien, verkauft. Die Plantagen auf der Insel São Tomé vor der westafrikanischen Küste werden in kurzer Zeit zum größten Zuckerlieferanten in Europa. Rund 3000 neue Sklaven pro Jahr liefert König Afonso I. allein für diese Insel-Plantagen.

Im Laufe der Zeit werden die Forderungen der Portugiesen nach immer mehr Sklaven jedoch so hoch, dass selbst der zu allem bereite Kongo-König dem nicht mehr nachkommen kann. Die Portugiesen beginnen daraufhin, mit anderen afrikanischen Sklavenjägern zusammenzuarbeiten und diese darin zu ermutigen, auch Untertanen von König Afonso I. zu fangen.

Der vom portugiesischen König für den Kongo eingesetzte Gouverneur Fernando de Mello missbraucht schließlich zunehmend seine Machtbefugnisse und behandelt den Kongo-König mit deutlicher Verachtung. Er untersagt ihm, mit anderen europäischen Händlern Kontakt aufzunehmen. Alle Aktivitäten des Königs werden täglich mehr kontrolliert. Zum Eklat kommt es, als der Gouverneur kongolesische Jugendliche, die als Schüler nach Portugal geschickt werden sollten, zurückhält und als Sklaven weiterverkauft. In dieser Gruppe befinden sich auch Familienangehörige des Kongo-Königs.

Im Jahr 1526 schreibt König Afonso I. daraufhin einen verbitterten Brief an seinen »Brudermonarchen«:

» *In unseren afrikanischen Königreichen gibt es eine große Unannehmlichkeit, die wenig Achtung vor Gott zeigt. Es handelt sich darum, dass viele unserer Leute, in ihrem großen Verlangen nach Gütern aus Ihrem Land, die von Ihren Leuten hierher gebracht wurden, um ihren Hunger danach zu stillen, viele freie und befreite Mitmenschen gefangen nehmen. Und oft geschieht es, dass sie sogar Adlige oder die Söhne von Adligen und sogar unsere Familienmitglieder einfangen, um sie an die weißen Männer zu verkaufen, die sich in unseren Königreichen aufhalten …*

Und sobald sie in der Gewalt der weißen Männer sind, werden sie umgehend mit glühendem Eisen gebrandmarkt. Und wenn die weißen Männer dann von unseren Wachen angehalten werden, behaupten sie, dass sie sie gekauft hätten, aber nicht mehr wüssten von wem… und so verbreitet, Sir, ist die Korruption und Unkontrolliertheit, dass unser Land völlig entvölkert wird…

Darum bitten wir Ihre Hoheit, uns in dieser Angelegenheit zu helfen… weil es unser Wunsch ist, dass in diesen Königreichen kein Sklavenhandel mehr stattfinden soll. «

Der portugiesische Monarch lehnt die Forderung des Kongo-Königs mit der Begründung ab, dass »der Kongo ja außer Sklaven sonst nichts zu verkaufen« habe. Wolle er weiter portugiesische Waren erhalten, müsse er wie bisher Sklaven liefern.

Die Macht von König Afonso I. wird zunehmend auch von seinen eigenen Leuten untergraben. Er verliert an Ansehen, seine Anpassung ans Christentum und an die Wünsche der Portugiesen haben ihm wenig gebracht. Sein Reich löst sich zunehmend in viele Fraktionen auf, die sich auf unterschiedlichen Ebenen mit oder gegen Portugiesen verbünden. Nach seinem Tode 1543 verliert das Reich der Bakongo endgültig an Bedeutung. Eine Einheit im Vorgehen der Afrikaner des Kongo-Gebiets gibt es nicht mehr. Wenn sich ein Häuptling, Anführer oder König weigert, den Europäern Sklaven zu liefern, tut es ein anderer.

Der in Ghana aufgewachsene, langjährige BBC-Journalist für Afrika, George Alagiah, berichtet von einem aktuellen Interview mit Ugandas Präsident Yoweri Museveni (* 1944) über die Anfänge des Kolonialismus in Afrika, in dem dieser antwortet: »Sie können nicht über Kolonialismus sprechen, ohne über afrikanische Anführer zu sprechen. Kolonialismus kam in ein offenes Haus. Wie wenn der Räuber in ein Haus will und jemand ihm von innen die Tür öffnet.«

AUF MENSCHENJAGD: DIE KATASTROPHE DER SKLAVEREI

Die ersten afrikanischen Menschen, die nach Europa verschleppt worden waren, wurden hier anfangs eher als »exotische Figuren« mit Neugier betrachtet. Es gab eine Zeit, da es zum guten Ton bei den Reichen in Portugal und Spanien, später auch in England, Frankreich und Deutschland gehörte, einen »Neger«* in seiner Dienerschaft zu haben, der im Prinzip die gleichen Rechte hatte wie das übrige Personal. In dieser Zeit gab es noch nicht eine ausgefeilte Ideologie des Rassismus, die die »Schwarzen« als »minderwertig« definierte. Sie waren eben nur »ganz anders«, durchaus interessant, »kurios«. Es war möglich, dass junge Kongolesen in Portugal studieren und in Ausnahmefällen sogar Karriere machen konnten. Um 1550 waren etwa 10 Prozent der Bevölkerung Portugals Afrikanerinnen und Afrikaner, längst nicht alle als Diener oder anderes Personal.

In den meisten afrikanischen Zivilisationen kannte man vor dem Eintreffen der Europäer zwar auch Sklaven, die als Beute nach kriegerischen Auseinandersetzungen mitgenommen worden waren oder hatte schon vom Sklavenhandel der Araber gehört. Es ging hierbei jedoch eher um ein Familienmitglied mit eingeschränkten Rechten als um ein Stück Gut, das man schlechter als Vieh hätte behandeln dürfen. Der westafrikanische Historiker Joseph Ki-Zerbo (*1922) schreibt: »Im Allgemeinen integrierte man den Sklaven sehr schnell in die Familie... Folglich besaß der Sklave Bürgerrechte und zusätzlich auch Eigentumsrechte, denn es gab vielfache Befreiungsverfahren und unter ihnen viele, die auf die Initiative der Sklaven selbst zurückzuführen sind. Im Kongo kannte man sogar Sklaven, die selbst Sklaven besaßen... Es ist deshalb lächerlich zu behaupten, dass die Europäer nur eine schon existierende Praxis fortgesetzt hätten.«

* Einzelne Worte in Anführungszeichen stammen aus historischen Zitaten. Sie können verdeutlichen, wie Menschen früher dachten und sind deshalb – trotz ihrer diskriminierenden Bedeutung – beibehalten worden, auch wenn sie ansonsten heute nicht mehr gebraucht werden sollten.

Die einschneidende Veränderung kam, als die Europäer in Nord-, Mittel- und Südamerika für die in kürzester Zeit entstandenen riesigen Plantagen, auf denen vor allem Baumwolle, Tabak und Zuckerrohr angepflanzt wurden, dringend Arbeiter brauchten, um die gigantisch steigenden Gewinne immer höher treiben zu können. Die Ureinwohner Amerikas schieden hierfür aus, da sie nicht nur ihres Landes beraubt worden waren, sondern durch Völkermord und zusätzliche Infektionen mit europäischen Krankheiten so dezimiert und demoralisiert waren, dass sie den neuen Herren als nicht mehr »brauchbar« erschienen.

In kürzester Zeit bildete sich eine Mafia europäischer, afrikanischer und arabischer Händler, die mit unglaublicher Menschenverachtung ein völlig neues Verständnis von Sklaven einführten: Es ging nicht mehr um Menschen mit weniger Status oder mit geringeren bzw. gar keinen Rechten, sondern nur noch um eine Ware, die möglichst gewinnträchtig zu fangen, zu transportieren und

Millionen Afrikanerinnen und Afrikaner wurden von zumeist arabischen und afrikanischen Menschenjägern im Landesinnern gefangen und an den Küsten als Sklaven an europäische Händler verkauft – zur Arbeit auf Plantagen vor allem in Nord- und Südamerika.

zu verkaufen war. Das Monopol der Portugiesen wurde bald von anderen Europäern angegriffen, und so tummelten sich neben Piratenschiffen vor der Küste Westafrikas auch Flotten der Spanier, Engländer, Franzosen und Holländer, für eine Weile auch Schweden, Dänen und Deutsche, die sich gegenseitig die Geschäfte streitig machten.

Die Spanier setzten eine Zeit lang ein System durch, wonach sie Einfuhrzahlen kontrollierten und die Rechte dafür an andere Länder, aber auch einzelne Händler verkauften. Die Menschen wurden dabei nicht einmal mehr als individuelle Personen notiert, sondern in Tonnen angegeben. Zum ersten Mal wurde so eine Genehmigung (»Asiento«) 1518 ausgegeben. Ein Dokument aus dem Jahr 1696 erlaubt der portugiesischen Guinea-Kompagnie »10 000 Tonnen Neger« pro Jahr einzuführen.

Wer die Küste Westafrikas heute besucht, findet jene mit Kanonen ausgestatteten Burgen und Festungen, mit denen die Europäer ihre Geschäfte ausschließlich untereinander und nicht etwa gegen Afrikaner zu verteidigen hatten. Es sind stumme, dicht an dicht entlang der Küste gereihte Zeugen jener grausamen Epoche. Millionen afrikanischer Kinder, Frauen und Männer wurden in diesen Festungen vor der Überfahrt nach Übersee zusammengetrieben und sahen von hier aus zum letzten Mal ihren Kontinent. Bescheidene Schätzungen gehen von mindestens 20 Millionen – wahrscheinlich aber eher 50 Millionen – Afrikanerinnen und Afrikanern aus, die als Sklaven unter den entwürdigendsten Umständen deportiert wurden. Wie viele allein bei der Menschenjagd ermordet oder auf der wochenlangen Überfahrt starben und ins Meer geworfen wurden, vermag keine Statistik mehr zu beweisen.

Auf Sklavenschiffen wurden bei einer Besatzung von 30 Seeleuten und 5 Offizieren bis zu 500 Sklaven unter schlimmsten Bedingungen und bei einer Überfahrtszeit von mindestens fünf Wochen bis zu drei Monaten transportiert. Nicht wenige Gefangene versuchten bis zuletzt zu entkommen – oder sich das Leben zu nehmen, wenn jede Aussicht darauf endgültig unmöglich schien. Manche zogen es vor, sich ins Meer zu stürzen, anstatt weitere Qualen zu erleiden. Diejenigen, die keine andere Möglichkeit sahen, versuchten, durch die Verweigerung von Nahrung zu sterben.

Ein englischer Sklavenkapitän berichtet, dass Hungerstreik als schweres Vegehen geahndet wurde, indem der Mund des »Verweigerers zuerst mit glühenden Kohlen, die an seine Lippen gehalten werden, geöffnet und dann ein Metalltrichter in seinen Hals geschlagen wird, über den Nahrung zwangsweise zugeführt werden kann.« Ein zeitgenössischer Schiffsarzt empfiehlt, »lieber bei

Nacht die afrikanische Küste zu verlassen. So werden viele erst am nächsten Tag gewahr, dass ihre Heimat bereits außer Sicht ist, und das dann zumeist einsetzende Heulen und hysterische Schreien, vor allem der Weiber, kann keine anderen Ladungen mehr in Unruhe versetzen.«

In wenigen Fällen versuchen Sklaven eine Meuterei auf hoher See. In der Regel werden Revolten schnell niedergeschlagen, wobei die Anführer erst nach schlimmsten Folterungen ins Meer geworfen werden. Ein zeitgenössischer Kapitän bedauert, dass eine Meuterei einmal dazu geführt hat, dass von seiner »Ladung nicht nur 80 aufrührerische Neger sofort erschossen oder ertränkt werden mussten. Schlimmer noch war, dass ein Großteil der übrigen Ladung während der kurzen Kampfhandlungen so unglücklich angeschossen war, dass nicht nur ihre Wunden anschwollen und eiterten, sondern die meisten auch jede Behandlung verweigerten, ja die Wunden selbst immer neu aufrissen, bis sie verbluteten oder an Infektionen starben und so für uns wertlos wurden.« Der Fall einer einzigen erfolgreichen Meuterei ist bekannt – und von dem US-amerikanischen Regisseur Steven Spielberg (* 1947) in seinem Film über das spanische Sklavenschiff »Amistad« (USA 1997) in weitgehender Orientierung an den Fakten gestaltet worden.

Die Meuterei von Sklaven auf der »Amistad« im Jahr 1839:
»Wir sind Menschen aus Afrika, und wir sind dort frei geboren...«

» *Anfang 1839 wird der 25-jährige Sengbe Pieh (sein Vorname wird auch als ›Cinque‹ oder ›Singbe‹ angegeben), ein Angehöriger der Mende, im westafrikanischen Sierra Leone gefangen genommen und auf einem portugiesischen Sklavenschiff nach Kuba gebracht. In Kuba wird er zusammen mit 53 anderen gefangenen Frauen und Männern aus Sierra Leone von zwei Spaniern gekauft, die das Sklavenschiff ›Amistad‹ (spanisch: Freundschaft) und seine Belegschaft unter Kapitän Ramon Ferrer anheuern, um sie zur Arbeit auf Plantagen zu bringen.*

Kurz nach der Abfahrt gelingt es Sengbe Pieh nachts, sich von seinen Eisenketten loszumachen und auch andere zu befreien. Sie schleichen sich zuerst zu den schlafenden Matrosen und berauben sie ihrer Waffen. Dann ergreifen sie Kapitän Ferrer und töten ihn sowie einen weiteren Mann. Sengbe Pieh übernimmt das Kommando, und es scheint, als würden die Matrosen seinen Anweisungen Folge leisten und zurück nach Afrika segeln.

Den beiden Spaniern, Pedro Montez und José Ruiz, gelingt es jedoch, Sengbe

Pieh und die Afrikaner zu täuschen und statt ostwärts segelt die ›Amistad‹ in Richtung Norden. Nach gut 60 Tagen erreichen sie eine kühle, neblige Küste – nicht in Westafrika, sondern in Long Island vor New York. Mit Hilfe von Marinesoldaten gelingt es den beiden Spaniern, die verwirrten und erschöpften Afrikanerinnen und Afrikaner erneut gefangen zu nehmen. Sie werden der Meuterei und des Mordes angeklagt, die beiden Spanier verlangen zusätzlich die Rückgabe ihres ›Besitzes an Sklaven‹, eine Forderung, für die sie Unterstützung von der spanischen Königin erhalten.

Zu dieser Zeit ist im Staat New York und einigen anderen Nordstaaten die Sklaverei schon verboten. In den USA insgesamt wird das erst ab 1863 offiziell der Fall sein. Aber es gibt bereits seit langem die Bewegung zur Abschaffung (englisch: abolition) der Sklaverei.

Die Abolitionisten organisieren die Öffentlichkeit zur Unterstützung der Afrikaner. Ein Übersetzer des Mende kann für die bevorstehende Gerichtsverhandlung gefunden werden. Ihr Hauptargument ist, dass die Afrikaner freizusprechen sind, da sie vom Recht aller freien Menschen zur Verteidigung ihrer Freiheit Gebrauch gemacht hätten.

Der Prozess dauert mehrere Monate und geht schließlich zum Obersten Gerichtshof. Die öffentliche Meinung ist mehr und mehr gespalten. Der Fall der ›Amistad‹ wird zu einem Schauprozess über das Für und Wider der Sklaverei.

Es ist eine leidenschaftliche Rede von Sengbe Pieh, in Mende gehalten und übersetzt, die zu einem Umschwung auch im Gericht führt. Der junge Mann sagt darin unter anderem: ›Wir sind Menschen aus Afrika, und wir sind dort frei geboren. Seit dem Tag unserer Geburt sind wir frei und besitzen das Recht, frei zu sein. Deshalb sollen wir frei bleiben und nicht Sklaven.‹ Eine Argumentation, die von den Verteidigern beinah wörtlich übernommen wird.

Den Abolitionisten gelingt es schließlich, den früheren US-Präsidenten John Quincy Adams (1767–1848) als Anwalt für die Sache der Afrikaner zu gewinnen. Im Alter von 73 Jahren, krank und halb blind, hält er eine mehr als achtstündige Rede, die endgültig zum Freispruch der ehemaligen Sklaven führt. Ihnen wird die Rückfahrt nach Sierra Leone bezahlt, wohin 35 von den ehemals 53 gefangenen Frauen und Männern, darunter auch Sengbe Pieh, Anfang 1842 zurückkehren. Die übrigen sind während der Fahrt nach Amerika und der langen Gerichtsverhandlung gestorben. «

Die Sklaverei wurde in Großbritannien offiziell 1833 abgeschafft, in den USA insgesamt erst 1863 als Folge des gewonnenen Bürgerkriegs der Nord- gegen die

Südstaaten. In vielen Ländern geschieht dies sogar erst im Laufe des letzten Jahrhunderts, wie zum Beispiel in Saudi-Arabien 1963. Inoffiziell gibt es Sklaverei auch heute noch. Immer wieder werden Fälle von Kindersklaven, vor allem in Asien und Afrika, aber auch Osteuropa, aufgedeckt: Kinder und Jugendliche, die von verarmten Eltern in großer Not, oft auch auf falsche Versprechungen hin, verkauft und ausschließlich zu Kinderarbeit oder Prostitution ausgenutzt werden.

Für den afrikanischen Kontinent bedeutete der Raub der gesündesten und kräftigsten Menschen in vielfacher Millionenhöhe über mehrere Jahrhunderte eine wirtschaftliche wie menschliche Tragödie von kaum vorstellbarem Ausmaß, für die die Verantwortlichen niemals zur Rechenschaft gezogen wurden. Von keinem anderen Kontinent sind jemals so viele Menschen zwangsdeportiert worden. Die Kinder und Enkelkinder afrikanischer Sklaven wuchsen Tausende Kilometer von ihrer Heimat entfernt auf – außer in den USA und Brasilien auch auf Aruba, Bonaire, Curaçao, Grenada, Jamaika, Haiti, Puerto Rico, Trinidad, Kuba und der Dominikanischen Republik, in Belize, Nicaragua, Panama, Venezuela, Kolumbien, Ecuador, Peru, Surinam und Guyana.

Menschen afrikanischen Ursprungs und Afrikanerinnen und Afrikaner, die außerhalb ihres Kontinents leben, gibt es heute überall auf der Welt.

Hätte das Verbrechen des millionenfachen Menschenraubs verhindert werden können? Gab es nicht auch afrikanische Völker oder Länder, die es schafften, sich gegen die europäischen Ausbeuter erfolgreich zu wehren?

Ein kurzer Sieg: Die Zulus und die Briten

Das Ende der Sklaverei wurde nicht in Afrika erstritten, sondern von weißen Gegnern der Sklaverei wie den Abolitionisten in England und in den Nordstaaten der USA, Helfern von geflohenen Sklaven wie den religiös orientierten Quäkern und schließlich aufständischen Sklaven in Übersee. Sklaverei verlor aber auch an Bedeutung durch das Aufkommen des Kapitalismus und der »Industriellen Revolution« zuerst in Europa und später auch weltweit – das Geschäft der Sklaverei lohnte sich schlicht immer weniger.

Kapitalismus funktioniert, wo eine bestimmte Summe Geld (Kapital) so eingesetzt wird, dass dabei am Ende ein Gewinn (Profit) herausspringt. Das Produkt selbst oder die Arbeiter sind weniger wichtig als das Ingangsetzen einer Spirale von Produzieren, Verkaufen, den Gewinn investieren, mehr Produzieren schließlich mehr Verkaufen und so fort. Dabei ist es wichtig, Kontrolle über Rohstoffe (für die Produktion) und Märkte (zum Verkaufen) zu bekommen. Alles andere hat sich dem unterzuordnen. Hinzu kam der zunehmende Einsatz von Maschinen, der menschliche Arbeitskräfte in vielen Bereichen überflüssig oder zu Handlangern der Maschinen machte – das industrielle Zeitalter der Fließbandarbeit hatte begonnen.

Als in den Ländern in Übersee, vor allem in Nord- und Südamerika, genügend Arbeitskräfte importiert waren und auch in der Landwirtschaft Menschen zunehmend durch Maschinen ersetzt wurden, erschien es unnötig teuer, Sklaven fortlaufend zu bewachen oder gar noch mühsam und mit viel Gewalt weiter zu importieren. Es lag näher, Bedingungen zu schaffen, unter denen Menschen sich »freiwillig vermehren« und sich dann selbst verkaufen müssen, um ihr Brot verdienen zu können.

In Afrika waren es die Engländer, die im Süden des Kontinents als Erste kapitalistische Produktionsformen und ihren Anspruch auf koloniale Herrschaft durchsetzen wollten – und damit die konservativen, holländischstämmigen Buren, die dort bereits 1652 die Handelsstation Kapstadt gegründet hatten, von der Küste ins Landesinnere vertrieben. Dieser Konflikt führte schließlich in den Jahren 1899 bis 1902 zu einem Krieg zwischen Engländern und Buren um die Vorherrschaft und zu einer bis heute spürbaren Spannung zwischen englischen und niederländischstämmigen Weißen in Südafrika. Praktisch bestanden die Engländer in allen von ihnen besetzten Gebieten in Afrika, so auch in der britischen Kapkolonie, auf drei kapitalistischen Prinzipien: Alle Kolonien sollten sich selbst versorgen (also England kein Geld kosten), Rohstoffe für England liefern und englische Waren kaufen.

Sowohl Engländer als auch Buren führten ihre eigenen Kämpfe mit den verschiedenen afrikanischen Völkern, allen voran den Zulus und Xhosa, die wiederum untereinander verfeindet waren. Es war erklärtes Ziel der Engländer, den »südafrikanischen Flickenteppich« zu einer Konföderation unter britischer Flagge zu schmieden, notfalls mit Gewalt.

Die Völker der Xhosa und Zulus haben selbst eine lange Geschichte kriegerischer Auseinandersetzungen, die bis in die Gegenwart reicht. Es sind Völker, die bereits Erfahrungen gesammelt hatten in der Verteidigung von Weideland für den einzigen Reichtum, den beide Kulturen gleichermaßen hoch bewerteten: den Besitz von Vieh, hier vor allem eine weit entwickelte Form der Rinderzucht. Anhand zweier Anführer der Zulus und ihren durchaus unterschiedlichen Auseinandersetzungen mit den Engländern kann veranschaulicht werden, wie von der ersten Begegnung über Widerstand bis zur Unterwerfung es am Ende allein die Übermacht moderner Waffen war, die die Afrikaner in die Knie zwang.

Shaka Zulu (ca. 1786–1828): »Immer mit Respekt behandeln…«

» *Bei den Zulus gibt es einen Anführer, der bereits zu Lebzeiten eine berühmtberüchtigte Legende war und durch das Vereinigen vieler einzelner Fraktionen als Begründer der Zulu-Nation gilt: Shaka Zulu. Obwohl er ein uneheliches Kind war und aus einem eher unbedeutenden Teil des Zulu-Volkes stammte, fiel er bereits als junger Mann auf, weil er neue Kampfmethoden einführte.*

Mit 24 Jahren nahm er die Herausforderung eines der besten Kämpfer des Zulu-Clans der Buthelezi an – und gewann mit dem Einsatz eines von ihm selbst konstruierten kurzen Schwertes, dem Assegai, das sich dem traditionellen Speer als überlegen erwies. Von da an begann eine militärische Karriere, die ihn nicht nur zum militärischen Anführer, sondern ab 1815 auch zum König aller Zulu machen sollte, wobei er vor keinem Gemetzel zurückschreckte, um sein Ziel eines großen Zulu-Reiches zu verwirklichen. Lange bevor ein Europäer in das Innere von Zulu-Land vorgedrungen war, vertrieb Shaka Zulu all jene Völker wie die Sotho und Ndebele, die sich seinem Befehl nicht unterordnen wollten. Seine Taktik war nicht die traditionelle des offenen Kampfes, sondern eine, bei der ein Teil seiner Truppen von vorn kam, während zwei andere überraschend von den Seiten her angriffen.

Zu seinen ersten Aktionen als König aller Zulus gehörte es, die Erniedrigungen seiner Mutter aufgrund der unehelichen Geburt zu rächen, indem er ihr einen Ehrentitel als ›Großer weiblicher Elefant‹ gab und alle ermorden ließ, die ihr aus seiner Sicht Unrecht getan hatten. Zur Erinnerung ließ er eine neue Stadt in seinem Reich, das inzwischen etwa die Fläche Portugals hatte, bauen, die er ›Bulawayo‹ nannte – der Ort des Tötens (heute heißt so die zweitgrößte Stadt in Simbabwe).

Im Jahr 1823 berichtete ein junger Xhosa-Mann Shaka Zulu, dass eine Gruppe von Weißen sich von der Küste aus auf den Weg gemacht hätte, um ihn zu besuchen. Dankbar für diese Nachricht, belohnte Shaka den jungen Mann entgegen aller sonst bestehenden Feindschaft gegenüber den Xhosa mit einem hohen Posten. Gut zwölf Monate später trafen drei Weiße in Bulawayo ein, die sich als Gesandte des britischen Königs George ausgaben – tatsächlich waren es drei Abenteurer, die so schnell wie möglich reich werden wollten: Der englische Marineleutnant Francis Farewell, der Händler Henry Fynn und der Jugendliche Nathaniel Isaacs, der sich den beiden Männern später angeschlossen hatte. Shaka Zulu vertraute ihnen und überreichte Geschenke für den englischen König. Obwohl bekannt für viele Gräueltaten gegenüber politischen Gegnern aus dem eigenen Volk, gab er die Anweisung, dass die drei fremden Weißen ›immer mit Respekt zu behandeln‹ seien.

Alle drei nutzten die Gastfreundschaft des Zulu-Anführers schamlos aus: Henry Fynn ernannte sich selbst zum ›König von Natal‹ und erklärte zahlreiche Zulu-Frauen zu seinem Harem. Er und der junge Isaacs zeugten Dutzende von Kindern und exekutierten – unter dem Schutz von Shaka Zulu – die Todesstrafe durch Erschlagen bei mehreren Zulus, die sie zu kritisieren wagten. Sie begannen einen skrupellosen Handel mit Elfenbein, der die Zahl der Elefanten im Zululand so drastisch reduzierte, dass selbst die englische Kolonialverwaltung in Kapstadt davon Wind bekam. Um ihre Verbrechen zu rechtfertigen, veröffentlichten Fynn und Isaacs später sogenannte Tagebücher, in denen sie sich als ›Gefangene des brutalen Shaka Zulu‹ ausgaben. Lange Zeit wurden diese Tagebücher ›als wichtige Quelle‹ für das Studium der Zulus angesehen. Erst 1941 ent-

deckten Historiker einen Brief von Isaacs an Fynn, in dem er diesem Hinweise für das Abfassen der Tagebücher gab: ›Stelle die Zulu-Anführer so blutdurstig wie möglich dar und strebe danach, eine geschätzte Zahl der von ihnen Ermordeten anzugeben und schildere die frivolen Verbrechen, für die sie ihr Leben ließen. Es wird helfen, die Arbeit umfangreicher und interessanter zu machen.‹

Ohne jemals eine Schlacht gegen die Europäer geführt zu haben, wurde Shaka Zulu von seinem Halbbruder Dingane, der selbst Anführer werden wollte, 1828 erstochen. «

Einer der wenigen militärischen Siege, den eine Armee von Afrikanern gegen eine europäische Macht erringen konnte, gelang dem Zulu-König Cetshwayo, einem Neffen von Shaka Zulu, mehr als ein halbes Jahrhundert später: Im Januar 1879 schickte er 20 000 Krieger in den Kampf gegen die britische Armee, die 1877 erst die Republik der weißen Buren – Transvaal – annektiert und nun zur Einverleibung des Zululandes geblasen hatte. Es war etwas Entscheidendes geschehen, dass die englische Regierung zum schnellen Handeln bewog: 1867 waren in Südafrika erstmals ungewöhnlich große Diamantvorkommen entdeckt worden. Nun begann der Wettlauf darum, wer hierüber langfristig die Kontrolle haben würde.

Zulu-König Cetshwayo (ca. 1826–1884):
»Niemals habe ich Ihnen Unrecht getan, weswegen Sie ein anderes Ziel haben müssen, um mein Land zu besetzen!«

» *Ein halbes Jahrhundert nach Shaka Zulu gab es bereits mannigfache Begegnungen zwischen Zulus und Briten. Die erste Fremdheit war einer gewissen Achtung voreinander gewichen. Unterschiedliche Erfahrungen hatten gelehrt, dass es aufrichtige und hinterhältige Menschen auf beiden Seiten gab.*

Cetshwayos Vater, der Zulu-König Mpande, regierte seit gut 15 Jahren, als es zu einem offenen Kampf um die Nachfolge zwischen Cetshwayo, dem ältesten Sohn, und Mbuyazi, dem Zweitgeborenen, kam. Der König selbst hatte den Streit entfacht, indem er zu erkennen gegeben hatte, den jüngeren Sohn vorziehen zu wollen. 1856 eskalierte der Streit in einen Bürgerkrieg zwischen den Nachfolgern Cetshwayos und denen seines jüngeren Bruders, der mit dem Sieg Cetshwayos und dem Tod von Mbuyazi im gleichen Jahr endete.

Bei der Versöhnung zwischen Cetshwayo und seinem Vater spielte die Vermittlung des britischen ›Kommissars für Eingeborene‹ in Natal, Theophilus

Dem Zulu-König Cetshwayo, einem Neffen von Shaka Zulu, gelang einer der wenigen militärischen Siege, den eine Armee von Afrikanern gegen eine europäische Macht erringen konnte.

Shepstone, eine wichtige Rolle: Vater und Sohn respektierten seinen Vorschlag zur Beendigung der Streitigkeiten, wonach der König unwiderruflich Cetshwayo als Nachfolger anerkannte und der Sohn sich zur Loyalität gegenüber dem König verpflichtete. An dieses Wort hielt sich Cetshwayo bis zum Tode seines Vaters 1872 – nach 32 Jahren Regierung. Cetshwayo war, als er selbst König wurde, inzwischen 48 Jahre alt. Im Namen der englischen Krone sprach Kommissar Shepstone offizielle Glückwünsche aus.

Seit der Entdeckung von Diamanten änderte sich jedoch nicht nur die Haltung der englischen Krone gegenüber den Zulus, sondern auch die des langjährigen Kommissars Shepstone. Nachdem er in London zum Sir geadelt und dabei für die Pläne einer ›britischen Konföderation‹ in Südafrika gewonnen worden war, begann er 1877 unmittelbar nach seiner Rückkehr neue Töne gegenüber König Cetshwayo anzuschlagen. Hatte er bis jetzt die Zulus gegenüber den Buren unterstützt, sah er nun, nachdem er die Burenrepublik Transvaal annektiert hatte, die Zulus als letztes Hindernis auf dem Weg zur britischen Vorherrschaft in der Region.

Englische Generäle, die einen möglichen Krieg gegen die Zulus diskutierten, kamen zu der Einschätzung, dass nach ihrem Sieg über die Ashanti in Ghana und der erfolgreichen Unterdrückung der Xhosa am Ostkap Südafrikas, nun ›aktive Schritte erfolgen müssten, um die Arroganz von Cetshwayo zu testen‹.

Nach mehreren unbedeutenden Zwischenfällen an der Grenze zum Zululand, die überwiegend von englischer Seite provoziert worden waren, stellte die englische Seite die Zulus am 11. Dezember 1878 vor ein Ultimatum: Würde König Cetshwayo neben anderen Forderungen nicht innerhalb von 20 Tagen seine Armee auflösen, käme es zum Einmarsch des britischen Militärs. Cetshwayo entgegnete hierauf: ›Der König erklärt zum wiederholten Mal, dass er keinen Krieg beginnen wird, sondern abwartet, ob er angegriffen wird, bevor er zur Verteidigung übergehen muss.‹

Anfang Januar 1879 begann die britische Armee tatsächlich ihre Invasion des Zululandes. Erst danach versammelte König Cetshwayo rund 20 000 seiner Krieger und rief zur Verteidigung des Zululandes auf: ›Ich schicke euch in den Kampf gegen die Weißen, die ins Zululand eingedrungen sind und begonnen haben, unsere Rinder wegzutreiben.‹

Am 22. Januar 1879 erreichten die militärischen Einheiten der Zulus ein weites Tal, gut sechs Kilometer von der Felsenformation Islandlawa entfernt, wo ein Lager aufgeschlagen wurde. Von hier aus sollte eine hochrangige Gruppe von Zulus zu Verhandlungen mit den britischen Generälen geschickt werden, um ›alles zu versuchen, die Angelegenheit mit Worten zu regeln und nicht mit Waffen.‹

Zu spät – nicht weit entfernt vom Lager der Zulus hatte auch eine Einheit der Engländer Position bezogen, genau 822 britische Soldaten und 431 afrikanische Söldner, ebenfalls ohne die Nähe zur Zulu-Übermacht zu ahnen. Gegen Mittag stieß eine kleine Gruppe berittener englischer Soldaten zunächst nur auf ein paar Zulus mit ihren Rindern. Sie nahmen die Verfolgung auf und erreichten innerhalb weniger Minuten eine Anhöhe, von der aus sie das Tal mit Tausenden von Zulu-Kriegern erblickten. Entsetzt machten sie kehrt und versuchten, sich zurück ins eigene Lager zu retten. Die Zulu-Anführer erkannten die Chance und umzingelten das englische Lager. Am frühen Nachmittag war alles entschieden – die erste Niederlage der Engländer auf afrikanischem Boden. Nur eine Handvoll Soldaten hatte fliehen können.

Auch wenn die Engländer aufgrund überlegener Waffen die Zulus am 4. Juli vernichtend militärisch schlagen konnten, war der Mythos der unbesiegbaren Weißen nachhaltig gebrochen.

König Cetshwayo konnte zunächst fliehen, wurde aber später gefangen genommen und nach Kapstadt ins Exil verbannt. Er verfasste viele Briefe an hochgestellte Persönlichkeiten, in denen er um Unterstützung bat, unter anderem auch an die englische Königin Victoria. 1881 schrieb er die in der Überschrift zitierten Zeilen an den englischen Gouverneur von Kapstadt: ›Niemals habe ich Ihnen Unrecht getan…‹

Auch wenn es ihm gelingt, 1882 mit Unterstützung liberaler Politiker nach England zu reisen, kann Cetshwayo die Zerstörung der Zulu-Nation nicht mehr aufhalten. Als er 1884 stirbt, ist sein Reich auf eine Fläche reduziert, wie sie Shaka Zulu zu Beginn seiner Zeit vorfand. 1897 wird Zululand endgültig der britischen Kolonie einverleibt. «

AUSVERKAUF: DIE BERLINER KONGO-KONFERENZ

Anders als um 1500, als die ersten Europäer noch relativ ahnungslos zu Afrikas Küsten aufbrachen und sich dort versuchten festzusetzen, liegen um 1880 bereits genauere Kenntnisse über das Innere des »schwarzen Kontinents« vor. So genannte Entdeckungsreisende, wie der Deutsche Heinrich Barth (1821–1865), der Schotte David Livingstone (1813–1873) oder der Engländer Henry Morton Stanley (1841–1904), dringen zunehmend in das Landesinnere vor.

Hatten Heinrich Barth und David Livingstone noch viel christlichen Humanismus im Gepäck, der bei Livingstone immerhin zur scharfen Kritik an der Sklaverei führte, so änderte sich die Motivation zum Reisen spätestens seit Henry Morton Stanley. Die Idee, dass ein europäisches Land erst dadurch wirklich mächtig wird, wenn es auch internationale Machtpolitik betreibt, war noch relativ jung – der Begriff des Imperialismus wurde hierfür prägend. Ein Imperium ist ein Reich, das nicht durch nationale Grenzen eingeschränkt ist. Die Engländer verstanden ihr »British Empire« schon früh in diesem Sinn – ein Begriff, den man mit stolzgeschwellter Brust verkündete.

Es war anfangs vor allem die Konkurrenz zwischen England und Frankreich, die einen Motor auch zur »Entdeckung« und dann folgender »Beschlagnahme« des afrikanischen Kontinents bildete. Bis heute sind außer Arabisch in Nordafrika und Swahili in Ostafrika Englisch und Französisch die beiden kolonialen Sprachen, die in den meisten Teilen Afrikas verstanden werden. Dies erweist sich häufig als Nachteil für wichtige afrikanische Sprachen, die – trotz aller westlichen Ignoranz – als Muttersprachen für die meisten Afrikanerinnen und Afrikanern nach wie vor große Bedeutung haben.

Andere europäische Länder wie Deutschland, Belgien oder Italien, spielten erst relativ spät eine Rolle auf dem afrikanischen Kontinent. Die ursprünglich die Ersten gewesen waren, wie die Portugiesen und Spanier, beschränkten sich zumeist auf jene Küstenländer, in denen sie von Anfang an saßen. Eine Ausnahme waren die Holländer im südlichen Afrika, die ihre Kontakte zum Mutterland gekappt hatten und sich nun als weiße Afrikaner mit »von Gott gegebenem Recht« auf afrikanisches Land verstanden.

Eine Chronologie der neuen Imperialisten liest sich anfangs wie ein Wettlauf zwischen Hase und Igel, ohne wirkliches Konzept und einig nur in der völligen Ignoranz gegenüber den afrikanischen Völkern. Als Frankreich 1881 Tunesien besetzt, schlägt England ein Jahr später in Ägypten zu. Während England sich mit den Zulus und anderen »Aufständischen« in Südafrika herumschlägt, schießen französische Offiziere sich ihren Weg in Senegal und weiten Teilen Westafrikas frei. Unter dem Schutz des Kaisers hissen schließlich auch der Bremer Tabakhändler Adolf Lüderitz in »Deutsch-Südwestafrika« (heute Namibia), Carl Peters in »Deutsch-Ostafrika« (heute Tansania) und Gustav Nachtigal im westafrikanischen Togo und Kamerun die deutsche Flagge.

Der belgische König Leopold II. (1835–1909), ein »Spekulant großen Stils auf kleinem Thron«, mischt sich mit Unterstützung Henry Morton Stanleys im Kongo ein und erklärt einen belgischen »Kongo-Freistaat«, um, wie er 1876 verkündet, »endgültig das Banner der Zivilisation auf dem Boden Zentralafrikas aufzupflanzen«. Welch ein Hohn! Kaum eine andere Kolonie wurde so rücksichtslos für die private Kasse eines europäischen Herrschers ausgebeutet wie der »belgische« Kongo. So wurden Kindern, Frauen und Männern schon die Hände abgeschlagen, viele auch sinnlos zu Tode geprügelt, nur weil sie aus Sicht der Aufseher zu langsam gearbeitet hatten. Historiker schätzen heute, dass während der belgischen Gewaltherrschaft im Kongo rund zehn Millionen Afrikanerinnen und Afrikaner gewaltsam den Tod fanden.

In die zunehmend chaotische Situation wollte der deutsche Kanzler Otto von Bismarck (1815–1898) schließlich »Ordnung« bringen und lud Gesandte von 13 europäischen Regierungen (zusätzlich Vertreter der USA und des Osmanischen Reiches, jedoch keinen einzigen aus afrikanischen Ländern) am 15. November 1884 nach Berlin zur »Kongo-Konterenz« ein. Was ursprünglich vor allem als ein Klärungsversuch der portugiesischen Ansprüche auf die Kongo-Mündung und der Kolonialpläne des belgischen Königs auf das Kongo-Becken begann, endete mit dem Plan einer vollständigen Aufteilung des afrikanischen Kontinents unter den europäischen Mächten.

Auch wenn die Europäer in der Präambel ihres Abschlussdokuments, der »Berliner Generalakte« von 1885, formulierten, dass alle Unterzeichner »auf Mittel zur Hebung der sittlichen und materiellen Wohlfahrt der eingeborenen Völkerschaften bedacht« sein sollten, ging es faktisch darum, weitere Konflikte untereinander zu vermeiden, um ungehindert die Ausbeutung der miteinander abgesprochenen Kolonien durchführen zu können. Auf keinem anderen Kontinent gibt es so viele über Tausende von Kilometern mit dem Lineal gezogene Ländergrenzen, die keinerlei Rücksicht auf geografische oder ethnologische Realitäten nehmen wie in Afrika. Was einmal verabredet war, wurde in den kommenden zwanzig Jahren mit unmenschlichster Gewalt durchgesetzt. In Artikel 35 der »Generalakte« war festgelegt worden, dass alle Unterzeichner sich dazu verpflichten, in den von ihnen besetzten Ländern eine »Obrigkeit zu sichern, welche hinreicht, um erworbene Rechte... zu schützen.«

Nur einem afrikanischen Land gelang es, die Europäer so zu schlagen, dass diese sich für die kommenden 40 Jahre hier zurückhielten: Kaiser Menelik II. von Äthiopien (1844–1913) siegte 1896 über die Italiener, die sich daraufhin nur noch in der Provinz Eritrea und einem Teil Somalias halten konnten.

Die koloniale Karte Afrikas von 1914, am Vorabend des Ersten Weltkrieges, zeigt nur noch Äthiopien und das kleine Liberia (wohin die USA ab 1822 freigelassene Sklaven geschickt hatten) als letzte unabhängige Inseln im Meer der europäischen Aufteilung: Das übrige Afrika ist zum »Kolonialbesitz« geworden.

Wie war es möglich, dass verhältnismäßig wenige Europäer fast einen ganzen Kontinent mit um 1900 rund 120 Millionen Menschen in ihre Gewalt bringen konnten?

Anders als zu Zeiten der Sklaverei, als es eine deutliche Kooperation zwischen arabischen, afrikanischen und europäischen Händlern gegeben hatte und viele afrikanische Anführer skrupellos mitverdienten, war diese Zusammenarbeit nun viel weniger gefragt. Es war deutlich, dass die Afrikanerinnen und Afrikaner beim Imperialismus nur verlieren konnten, am meisten in der Anfangsphase, als es zuerst um das Abstecken und Sichern von riesigen Gebieten ging.

Dabei kamen den Europäern zwei weitere Aspekte zugute, die um 1500 noch nicht bestanden: Seit 1850 gab es mit dem Medikament Chinin endlich eine Vorbeugung gegen Malaria, die die Zahl der Todesfälle um 80 Prozent reduzierte, sodass nun auch in tropischen Gebieten militärische Aktionen durchgeführt werden konnten. Außerdem waren neue mechanische Waffen (wie das Maschinengewehr ab 1884) entwickelt worden, die – so hatten sich die meisten Europäer 1890 in Brüssel geeinigt – nicht an Afrikaner verkauft werden durften. Mit dem Maschinengewehr konnten pro Sekunde elf Patronen abgefeuert werden. Begeistert berichteten britische Offiziere aus dem Sudan, dass sie in einer einzigen Schlacht rund 10 800 afrikanische Gegner getötet hatten »bei einem eigenen Verlust von nur 49 Mann«.

Europäische Kolonien in Afrika bis 1914

Kein Wunder, dass dieses Mal viele afrikanische Anführer, Könige und Politiker aus allen Teilen Afrikas, von denen die meisten inzwischen europäische Sprachen verstanden (was umgekehrt nur in Ausnahmen der Fall war und bis heute ist) und mehr als zwiespältige Erfahrungen mit den Weißen gesammelt hatten, ihren Protest gegen die Europäer formulierten. Es ist beeindruckend nachzulesen, dass in den vielen Dokumenten des Widerstands gegen die übermächtigen Europäer, die es gibt (auch wenn sie in den meisten Geschichtsbüchern bisher nicht auftauchen), zahlreiche Afrikaner bis zuletzt einen höflichen Ton wahren, während die Europäer oftmals aus ihrer Verachtung »gegenüber den Wilden« in einer eher primitiv-ordinären Sprache keinen Hehl machen.

Dokumente des Protestes afrikanischer Anführer gegen die Anfänge europäischer Kolonialpolitik (1890–1895): »Geht endlich weg – und vor allem – kommt niemals zurück!«

1890 sagt Sultan Machemba, Anführer der Yao in Ostafrika, den Deutschen:

» *Ich habe Ihren Worten zugehört, aber kann keinen Grund finden, warum ich Ihnen gehorchen sollte – ich würde eher sterben wollen… Ich werfe mich Ihnen nicht zu Füßen, denn Sie sind wie ich eine Schöpfung Gottes. Ich bin Sultan hier in meinem Land. Sie sind Sultan in Ihrem. Hören Sie: Ich sage auch nicht, dass Sie mir gehorchen sollen: Weil ich weiß, dass Sie ein freier Mensch sind. Das gilt auch für mich. Ich werde nicht zu Ihnen kommen…* «

1891 teilt Prempeh I., König des Ashanti-Volkes in Ghana, den Engländern mit:

» *Der Vorschlag, dass die Ashanti, so wie wir heute leben, sich des Schutzes Ihrer Majestät der Königin erfreuen sollen, war Gegenstand sehr ernster Erwägungen, und ich bin froh, Ihnen sagen zu können, dass wir zu dem Schluss gekommen sind, dass mein Königreich der Ashanti sich niemals einer solchen Politik unterwerfen wird. Wir Ashanti müssen bleiben, wie wir schon immer waren, um allen weißen Menschen gegenüber freundlich bleiben zu können.* «

1895 lässt Makombe Hanga, Anführer der Barue in Mosambik, die Portugiesen wissen:

» *Ich sehe, wie weiße Männer mehr und mehr in Afrika eindringen, an allen Seiten meines Landes sind Geschäftsleute am Werk. Mein Land wird diese Reformen eines Tages übernehmen müssen, und ich bin darauf vorbereitet, mich ihnen zu öffnen. Ich möchte auch gern gute Straßen und Eisenbahnen haben... Aber ich werde jener Makombe bleiben, wie es meine Väter waren.* «

1895 entgegnet Wobogo, König der westafrikanischen Mossi (im heutigen Burkina Faso), den Franzosen:

» *»Ich weiß, dass die Weißen mich töten möchten, um mein Land zu bekommen. Und Ihr behauptet, dass Ihr nur helfen wollt, mein Land besser zu organisieren. Aber ich finde mein Land völlig in Ordnung, so wie es ist... Ich weiß, was für uns gut ist und was ich möchte: Ich führe meinen eigenen Handel. Außerdem: Schätzt euch glücklich, dass ich keinen Befehl gebe, um eure Köpfe abzuschlagen. Geht endlich weg und – vor allem – kommt niemals zurück!* «

DANN EBEN VÖLKERMORD: DIE HERERO UND DIE DEUTSCHEN

Als die Portugiesen 1486 an der Küste Namibias als erste Europäer landeten, waren es vor allem die seit Jahrtausenden dort siedelnden Khoikhoi und die später hinzugekommenen Damara, auf die sie trafen. Die lang gestreckte, riesige Namib-Wüste sollte einmal dem Land seinen Namen geben. Erst im 16. Jahrhundert wanderten aus dem Norden Bantu sprechende Ovambo und kurz danach auch Herero und Nama mit ihren Rinderherden ein.

Die ersten Deutschen errichteten 1842 eine kleine Missionsstation in Windhoek (der späteren Hauptstadt Namibias), die die Neugier weiterer Deutscher weckte. 1883 erwarb der Bremer Kaufmann Adolf Lüderitz von den Nama einen etwa 16 Kilometer langen Küstenstreifen (die spätere »Lüderitzbucht«) für 100 englische Pfund und 200 Gewehre. 1884 ist dieses Gebiet durch weitere »Ankäufe«, die den Namen kaum verdienen, bereits auf über 100 Kilometer an der Küste und über 30 Kilometer landeinwärts erweitert und wird noch vor der Berliner Kongo-Konferenz als »Deutsch-Südwestafrika« zum »Schutzgebiet des Deutschen Reiches« erklärt. 1892 schließlich annektieren die deutschen Kolonisten, ohne sich noch um viele Kaufverträge zu kümmern, ein Gebiet von über 800 000 Quadratkilometer mit einer Küstenlänge von gut 1 600 Kilometern – etwa die gesamte Fläche des heutigen Namibia. Ausnahme bildete die sogenannte »Walfischbucht«, die seit 1878 von den Engländern besetzt war.

In den kommenden Jahren wurden die Nama, die die Deutschen verächtlich »Hottentotten« nannten, gewalttätig unterworfen und viele Herero von ihren Weidegebieten vertrieben. Hinzu kam das Ausbrechen einer Rinderpest, die in kürzester Zeit rund 250 000 Tiere der Nama und Herero sterben ließ und beide Völker in noch größere Abhängigkeit von den Deutschen zwang.

Daniel Kariko, ein Unterhäuptling der Herero, beschreibt seine Erfahrungen mit deutschen Kolonisatoren aus dieser Zeit:

» *Unser Volk wurde durch deutsche Händler rundum beraubt und betrogen und das Vieh mit Gewalt genommen. Unser Volk wurde geprügelt und misshandelt und ihm wurde keine Wiedergutmachung zuteil. Die deutsche Polizei unterstützte die Händler, statt uns zu schützen.*

Die Händler kamen des Weges und boten Waren an. Wenn wir sagten, dass wir kein Vieh entbehren könnten, da die Rinderpest viel Vieh vernichtet hatte, sagten sie, sie würden uns Kredit geben. Wenn wir ablehnten, Waren zu kaufen, geschah es oft, dass der Händler einfach die Waren ablud und daließ. Er sagte, wir könnten sie bezahlen, wann wir wollten.

Er kam jedoch nach wenigen Wochen wieder und forderte Geld oder stattdessen Vieh. Er suchte sich dann die besten Rinder aus. Häufig wurde das Vieh irgendeines Mannes genommen, um damit anderer Leute Schulden einzutreiben. Wenn wir Einspruch erhoben, wurde die Polizei geholt, die mit Prügel und Erschießen drohte. «

Völlig verarmt sahen viele Herero und Nama keine andere Möglichkeit, als sich als billige Arbeiter auf deutschen Farmen, in Fabriken, später auch im Bergbau oder bei mit öffentlichen Geldern geförderten Großprojekten, wie dem Bau einer Eisenbahnlinie von der Küste zur Hauptstadt Windhoek zu verdingen. Der deutsche Gouverneur von »Deutsch-Südwestafrika«, Theodor von Leutwein, berichtete nach Berlin, dass »die Herero sich der neuen kolonialen Ordnung mit bewundernswert guter Haltung anpassen«. Gab es noch 1896 gerade mal 2 000 deutsche Siedler im ganzen Land, so stieg ihre Zahl nach so guten Nachrichten im Jahr 1903 sprunghaft auf 4 700 an.

Von Gouverneur von Leutwein gibt es mehrere Zeugenaussagen, die ihm bescheinigen, den Nama und Herero »mit ausgesuchter Höflichkeit« begegnet zu sein. Dem stehen zahllose Berichte von Folter und Vergewaltigungen an Angehörigen der Nama und Herero durch deutsche Siedler gegenüber, die sich nur in seltenen Fällen dafür verantworten mussten. Im privaten Kreis sprach von Leutwein durchaus vom »barbarischen Verhalten« seiner Landsleute, als Gouverneur tat er wenig, um es zu verhindern. Am 12. Januar 1904 gingen die Herero zum gewalttätigen Widerstand über, der viele Deutsche völlig unerwartet traf. In wenigen Tagen griffen kleine Herero-Gruppen die oft weit auseinander liegenden deutschen Farmen an und ermordeten rund 100 Siedler, darunter die

Samuel Maharero, ein Anführer der Herero, rief 1904 zum Widerstand gegen die Kolonialherren in »Deutsch-Südwestafrika« auf, dem heutigen Namibia.

am meisten verhassten. Alle bislang erlittenen Kränkungen brachen sich Bahn bei diesen Überfällen: Die deutschen Männer wurden erstochen, zerhackt, oft auch gefoltert, bevor sie schließlich den Todesstoß erhielten. In keinem Fall wurde ein Kind oder eine Frau getötet, auch keine Missionare oder anderen Europäer.

Aufruf von Samuel Maharero (1854–1923), dem Oberhaupt der Herero, an die Anführer der Nama und anderer afrikanischer Volksgruppen vor dem Aufstand von 1904:

» *Lasst uns lieber zusammen sterben und nicht sterben durch Misshandlung, Gefängnis und auf allerlei andere Weise... Weiter will ich Euch benachrichtigen..., dass mein Wunsch der ist, dass wir schwachen Nationen aufstehen gegen die Deutschen... Alles andere wird uns nichts helfen.* «

Daniel Kariko, Unterhäuptling der Herero, sagt später aus:

» *Auf unseren geheimen Zusammenkünften beschlossen unsere Häuptlinge, das Leben aller deutschen Frauen und Kinder zu schonen. Auch die Missionare sollten geschont werden... Nur deutsche Männer wurden als unsere Feinde betrachtet.* «

Der Aufstand dauert nur wenige Monate. Doch ist er ein Schock für viele Deutsche, die sich zum Teil für kurze Zeit von ihren Farmen zurückziehen und in den Schutz des deutschen Militärs begeben. Während Gouverneur von Leutwein Verhandlungen vorschlägt, greifen einige Siedler bereits zur Selbstjustiz und töten nun ihrerseits »Neger, wo immer wir sie treffen können«. Im Juni 1904 trifft militärische Verstärkung aus Deutschland ein, angeführt von General Lothar von Trotha, der bekannt ist »für hartes Durchgreifen«. Mit seinen Soldaten umzingelt er nach einer kurzen Schlacht das größte Herero-Lager von rund 8 000 Männern und 16 000 Kindern und Frauen in der Nähe des Waterbergs und treibt sie vor sich her in die wasserlose Halbwüste Omaheke. Über eine Strecke von 250 Kilometern wird ein militärischer Sperrgürtel errichtet, der kaum einen Fluchtweg aus der Wüste offen lässt. Ein Völkermord wird exekutiert.

General Lothar von Trotha erlässt 1904 folgenden Befehl: »Ich, der große General der deutschen Soldaten, sende diesen Brief an das Volk der Herero.

Herero sind nicht mehr deutsche Untertanen. Sie haben gemordet, gestohlen, haben verwundeten Soldaten die Ohren, Nasen und andere Körperteile abgeschnitten und wollen jetzt aus Feigheit nicht mehr kämpfen...

Das Volk der Herero muss jetzt das Land verlassen. Wenn das Volk dies nicht tut, so werde ich es mit Waffengewalt dazu zwingen. Innerhalb der deutschen Grenzen wird jeder Herero, mit oder ohne Gewehr, mit oder ohne Vieh, erschossen. Ich nehme keine Weiber oder Kinder mehr auf, treibe sie zu ihrem Volk zurück oder lasse auf sie schießen.

Gezeichnet: Der große General des mächtigen Kaisers, von Trotha«

Auch wenn dieser Vernichtungsbefehl zwei Monate später nach Weisungen aus Berlin zurückgenommen wird, sind die Folgen für die Herero schrecklich: Die große Mehrheit der Herero überleben diese und andere Völkermordstrategien des deutschen Generals nicht.

Jan Cloete, ein afrikanischer Fährtenleser, der für die deutsche Armee arbeitete, berichtet als Augenzeuge der Vertreibung der Herero am Waterberg:

» *Ich war dabei in Hamakari am Waterberg, wo die Hereros geschlagen wurden. Nach der Schlacht wurden alle Männer, Frauen und Kinder, die in die Hände der Deutschen gefallen waren, ob verwundet oder nicht, ohne Mitleid umgebracht. Die Deutschen verfolgten die anderen... die große Mehrheit der Herero-Männer waren ohne Waffen und nicht mehr fähig zu kämpfen. Sie versuchten nur noch, mit ihrem Vieh zu entkommen.*

Nicht weit von Hamakari kampierten wir an einem Wasserloch. Ein deutscher Soldat fand dort im Busch einen kleinen Jungen, etwa neun Monate alt. Das Kind schrie. Er brachte es ins Lager, wo ich war. Die Soldaten bildeten einen Kreis und warfen das Kind einander zu und fingen es auf, als wäre es ein Ball. Das Kind hatte Angst, war verletzt und schrie immer lauter. Nach einer Zeit waren sie müde, und ein Soldat pflanzte sein Bajonett aufs Gewehr und sagte, er wolle das Baby fangen. Das Kind wurde hochgeworfen, und als es fiel, fing er es auf und spießte es mit seinem Bajonett auf. Das Kind starb binnen weniger Minuten, und der Zwischenfall wurde mit großem Gelächter der Deutschen begrüßt, die es als Spaß zu betrachten schienen. Ich fühlte mich elend und wandte mich voll Ekel ab, auch wenn ich wusste, dass sie den Befehl hatten, alle umzubringen. «

Nach langem Zögern erheben sich nach den Ereignissen am Waterberg auch die Nama unter ihrem beinah 80-jährigen Anführer Hendrik Witbooi (1825–1905) gegen die Deutschen. Mit weniger als 1 500 Mann, von denen nur die Hälfte mit Gewehren ausgerüstet ist, gelingt es Hendrik Witbooi mehr als 15 000 deutsche Soldaten mit immer neuen Guerilla-Überfällen in Atem zu halten. Für gut ein Jahr gelten weite Gebiete im Süden Namibias als »unsicheres Gebiet« für die Deutschen. Im Oktober 1905 wird der alte Mann bei einem von ihm geleiteten Überfall auf ein deutsches Nachschublager tödlich verletzt. Obwohl die Guerilla-Angriffe der Nama noch beinah zwei volle Jahre weitergehen, segelt General von Trotha bereits im November 1905 »siegreich« zurück nach Deutschland, wo er vom Kaiser ausgezeichnet wird. Der Aufstand der Herero und Nama hat die deutsche Regierung ein Vermögen gekostet und erforderte den Einsatz von rund 17 000 Soldaten.

Tausende von Herero und Nama, die überlebt hatten, wurden ab 1905 in sogenannte Arbeitslager deportiert, wo viele von ihnen umkamen. Eine Volkszählung 1911 ergab, dass mehr als 75 000 Herero und Nama (von vorher rund 100 000) als Folge der deutschen Vernichtungspolitik ihr Leben gelassen hatten.

Im Hinblick auf den Völkermord an den Herero und den Nama und auf Forderungen nach Wiedergutmachung für die heutigen Überlebenden erklärte im Jahr 1998 der damalige deutsche Bundespräsident Roman Herzog (*1934) anlässlich eines Staatsbesuchs im seit 1990 unabhängigen Namibia: »Wir sind uns natürlich bewusst, dass die Auseinandersetzung zwischen der deutschen Kolonialverwaltung und den Hereros nicht in Ordnung war.« Eine finanzielle Wiedergutmachung an die Herero sei aber nicht denkbar. Erst 2004, anlässlich von Gedenkfeiern 100 Jahre nach dem Aufstand der Herero, bat die deutsche Regierung offiziell um »Vergebung« für die Verbrechen und bot erhöhte finanzielle Hilfe im Rahmen einer »Versöhnungsinitiative« an.

Auch die heutige unabhängige namibische Regierung, zuerst ab 1990 unter Präsident Sam Nujoma (*1929) und seit 2004 unter seinem Nachfolger Hifikepunye Pohamba (*1935), unterstützt die Forderung der Herero nicht, da »sie nicht die einzigen sind, die damals gelitten haben«. Dahinter steht nicht eine besondere Rücksicht auf die heutige deutsche Regierung, sondern, wie ein Sprecher der Herero sagte, »eine distanzierte Haltung von Sam Nujoma gegenüber den Herero und eine Bevorzugung anderer Volksgruppen im Norden des Landes, die traditionell zu seiner Anhängerschaft zählen«.

DIE ZWEITE WELLE: MISSIONARE UND HELFER

Zuerst kamen die Händler und Abenteurer – dann die christlichen Seelenretter und Helfer der Armen. Zuweilen war es auch andersherum. Im Kern gab es aber, bis auf wenige Ausnahmen, eine recht gut funktionierende Zusammenarbeit zwischen den weltlichen und geistlichen Eroberern Afrikas. Wenn das Land genommen, die Menschen verarmt und entrechtet waren, kamen die Missionare, um den Europäern das schlechte Gewissen zu erleichtern und den Afrikanern so zu helfen, dass sie nicht nur dauerhaft arm bleiben, sondern sich auch friedlich darin fügen würden. Eine in vielen Teilen Afrikas bekannte Redensart lautet: »Als die Weißen kamen, hatten sie die Bibel und wir das Land. Jetzt haben wir die Bibel und sie das Land.«

Natürlich ist die Wirklichkeit widersprüchlicher. Es gab und gibt auch Kirchengemeinschaften und Missionare, die sich kritisch zur Ausbeutung afrikanischer Menschen äußerten. Und für nicht wenige Afrikanerinnen und Afrikaner bedeutete der Besuch einer Missionsschule die einzige Möglichkeit eines sozialen Aufstiegs. Doch der Preis hierfür war hoch und bedeutete nicht selten das Auseinanderfallen sozial intakter Gemeinschaften.

Der nigerianische Historiker Don C. Ohadike (1941–2005) beschreibt die Begegnung zwischen Angehörigen der Igbo und europäischen Christen so: »Die Igbo hatten einen versöhnlichen Standpunkt gegenüber den ersten Missionaren eingenommen, da die Religion der Igbo pazifistisch war und die religiösen Ansichten anderer Völker respektierte. Die Igbo hörten den Christen oft geduldig zu und erwarteten dann von den Missionaren, dass sie ihren eigenen Ansichten gegenüber die gleiche Achtung zollen würden… Es kostete die Igbo viel Zeit zu erkennen, dass die Missionare gefährlicher waren, als sie erschienen.«

Chinua Achebe aus Nigeria ist einer der großen Schriftsteller der Weltliteratur.

Der nigerianische Schriftsteller Chinua Achebe (* 1930), der heute als Professor für afrikanische Literatur in den USA lehrt, beschreibt in seinem 1958 erschienenen Roman *Things Fall Apart*, wie der erste weiße Missionar Mr. Brown in das Igbo-Dorf Umuofia kommt, dem Heimatdorf der Hauptperson Okonkwo:

» *Auf diese Weise lernte Mr. Brown eine Menge über die Religion des Clans und kam zu dem Schluss, dass ein frontaler Angriff nichts bringen würde. Und so baute er eine Schule und ein kleines Hospital in Umuofia. Er ging von Familie zu Familie und flehte die Leute an, ihre Kinder in seine Schule zu schicken. Aber anfangs sandten sie allein ihre Sklaven oder ihre faulen Kinder. Mr. Brown flehte und argumentierte und prophezeite. Er sagte, dass die zukünftigen Anführer im Land jene Männer und Frauen sein würden, die lesen und schreiben gelernt hätten. Falls Umuofia seine Kinder nicht zur Schule schickte, würden Fremde kommen, um sie zu regieren…*

Am Ende begannen Mr. Browns Argumente zu wirken. Mehr Leute kamen, um in seiner Schule zu lernen, und er ermutigte sie mit Geschenken wie Unterhemden oder Handtüchern. Sie waren nicht alle jung, diese Leute, die zum Lernen kamen. Einige waren 30 und älter. Sie arbeiteten auf ihren Farmen am Morgen und gingen zur Schule am Nachmittag. Und es dauerte nicht lange, bis die Leute sagten, dass die Medizin des weißen Mannes eine schnelle Wirkung hätte... Ein paar Monate waren genug, um einen zum Boten oder zum Schreiber zu machen. Diejenigen, die länger blieben, wurden Lehrer...

Es war in der ersten Regenzeit, als Okonkwo nach Umuofia zurückkehrte... Der Clan hatte sich während seiner Zeit im Exil so grundlegend verändert, dass er kaum noch erkennbar war. Nur noch die neue Religion, die Regierung und die Geschäfte waren in den Augen und Gedanken der Leute... Okonkwo befiel tiefe Trauer. Aber es war nicht nur persönliche Trauer. Er trauerte um den Clan, den er auseinander brechen sah... «

1884 – im Jahr der Berliner Kongo-Konferenz – ernannte der Papst den französischen Kardinal Charles Lavigerie (1825–1892) zum Primas für ganz Afrika. Der Kardinal war bereits seit 1867 Erzbischof von Algier, ein verlorener Posten, wie sich bald herausstellte, denn die überwiegend islamischen Länder Nordafrikas erwiesen sich als nachhaltig resistent gegenüber christlichen Bekehrungsbemühungen. Der Stellvertreter des Papstes in Afrika konzentrierte sich deshalb, wie die meisten seiner Glaubensbrüder, bald nur noch auf das Afrika südlich der Sahara, das Afrika der »gottlosen Heiden«: »Schwarzafrika«.

Egal ob christliche Missionare mit guten oder schlechten Intentionen kamen – in ihrer Ignoranz gegenüber traditionellen afrikanischen Religionen waren sie sich anfangs einig. Das war »Heidenkult«, ein »Kinderglauben«, in jedem Fall nichts Ernstzunehmendes. Nur wenige Ordensbrüder und -schwestern erkannten die Kenntnisse von Heilpflanzen und lernten etwas von den Afrikanerinnen und Afrikanern, denen sie begegneten. Einige Missionare zeigten auch dadurch Bereitschaft zum Verstehen, indem sie afrikanische Sprachen aufzeichneten, lange bevor sich Linguisten dafür zu interessieren begannen. Auch wenn ihre Motivation die bessere Verbreitung des christlichen Glaubens war, blieb eine interessierte Beschäftigung mit einer bislang fremden Kultur doch selten ohne positive Folgen für beide Seiten. Es gab Missionare, die als Vermittler bei Konflikten auftraten, und dabei nicht nur die Seite der Weißen im Auge hatten.

Christliche Mission in Afrika hat nicht nur das Selbstbild vieler Afrikanerinnen und Afrikaner geprägt, sondern auch das europäische Denken über Afrika und afrikanische Menschen nachhaltig beeinflusst. Christlich inspirierte Vokabeln geben sich – wenn man von jenen christlich getünchten Hetzparolen eingefleischter Rassisten absieht – immer wohlmeinend und aus der überlegenen Position desjenigen, der helfen möchte.

Verschiedene Gedankengänge christlicher Mission in Afrika in ihren Anfängen zu verstehen, kann sensibilisieren für aktuelle Formen problematischer Hilfen für Afrika, die trotz aller Nächstenliebe eben oft nicht Dialog und Partnerschaft bedeuten, sondern Bevormundung und Verlängerung von Abhängigkeit, egal ob gewollt oder ungewollt.

Als weitgehend unumstritten positives Beispiel für Menschlichkeit von Europäern gegenüber Afrikanern gilt der deutsche Pfarrer und »Urwalddoktor« Albert Schweitzer (1875–1965), der für sein Wirken in der von ihm aufgebauten Krankenstation Lambarene im westafrikanischen Gabun 1954 mit dem Friedensnobelpreis ausgezeichnet wurde. Viele Schulen in Deutschland, aber auch in anderen europäischen Ländern, tragen seinen Namen. Ohne die Anerkennung für sein Engagement schmälern zu wollen, ist es doch an der Zeit, die Perspektive seines Handelns genauer zu betrachten. Für ihn sind die Afrikaner keine gleichberechtigten Partner. »Ich bin dein Bruder, aber dein älterer Bruder«, beschreibt er selbst sein Verhältnis zu Afrikanern. Er schildert unter anderem, wie »die Schwarzen« fortlaufend beaufsichtigt werden müssen, soll eine Arbeit ordentlich zu Ende geführt werden: »Letztlich hatte ich einen Tagelöhner, um eine neue Hütte beim Spital zu bauen. Kam ich am Abend, so war nichts geschafft. Als ich mich am dritten oder vierten Tag erzürnte, sagte mir einer der Schwarzen: »Doktor, schrei nicht so mit uns. Du bist ja selber daran schuld. Bleib bei uns, dann schaffen wir. Aber wenn du im Spital bei den Kranken bist, sind wir allein und tun nichts.« Dies schreibt Albert Schweitzer 1920. Und einer seiner Biografen erklärt dazu in der 15. Auflage seiner Lebensbeschreibung aus dem Jahr 2001: »Das liegt an der Mentalität des Naturkindes...«

Wie viele Erniedrigungen haben Afrikanerinnen und Afrikaner nicht nur durch körperliche Ausbeutung erfahren, sondern – für das Entwickeln von Selbstbewusstsein schlimmer noch – durch das konsequente Variieren des immer gleichen europäischen Themas: »Wir sind mehr wert als du – gebildeter, klüger, zivilisierter!« Dort, wo Überheblichkeit in einer offenen Konfrontation formuliert wird, kann Widerstand wachsen. Dort, wo sie verschleiert mit Hilfs- und Rettungsangeboten daherkommt, ist sie viel schwieriger zu erkennen, zumal für diejenigen, die tatsächlich an Hunger oder Krankheit leiden.

So schreibt ein junger Deutscher um 1883 in sein Tagebuch über die Nama: »Das Volk verhungert lieber, ehe es sich zur ernstlichen Arbeit entschließt, und mir sagte neulich ein Missionar, dass man beim besten Willen das Fluchen nicht lassen könne, wenn man mit diesem Pack arbeitet.«

Und ein anderer empört sich in einem Brief an Kaiser Wilhelm II., nachdem

Ama Ata Aidoo gilt als eine der Mütter der modernen afrikanischen Literatur.

er vom Aufstand der Herero 1904 gelesen hat: »Wir dürfen niemals den Neger siegen lassen. Wo soll es hinkommen nach einem solchen Sieg, schon jetzt meinen die Neger, Afrika gehöre ihnen, statt dem lieben Gott.«

Im November 2002 findet in Accra, der Hauptstadt Ghanas, im Rahmen der Afrika-Buchmesse eine Tagung afrikanischer Schriftstellerinnen unter Vorsitz von Ama Ata Aidoo (*1942) statt, die früher Erziehungsministerin ihres Landes war. Heute ist sie eine der bekanntesten afrikanischen Autorinnen und lehrt an Universitäten in Afrika und den USA. Es ist ihr Anliegen, vor allem Frauen zu ermutigen, ihre Gedanken und Gefühle einzubringen in eine Kultur, die, wie eine Teilnehmerin formuliert, »früher einmal unsere war, dann vom Kolonialismus zerhackt und vom Christentum aufgeweicht wurde und erst allmählich von uns als eigene neu gestaltet wird«. Zu mir sagt Ama Ata Aidoo in einer Pause der Tagung: »Es ist eine harte Lektion, dass das Vertreiben der Kolonialisten und falschen Missionare noch lange nicht bedeutet, frei zu sein. Das Wiederentdecken von afrikanischer Vielfalt als Wert, die Integration von Unabhängigkeit und Freiheit als etwas Bedeutungsvollem für Frauen und Männer in unserem afrikanischen Alltag steht noch immer bevor.«

Dafür, dass es einige Afrikanerinnen und Afrikaner geschafft haben, die christliche Botschaft in eine Lehre von größter Achtung vor dem menschlichen Leben – trotz allem Missbrauch auf dem afrikanischen Kontinent – zu transformieren, steht wie kaum ein anderer der südafrikanische Erzbischof der anglikanischen Kirche, Desmond Mpilo Tutu (*1931). 1984 sagte er anlässlich der Verleihung des Friedensnobelpreises:

» *Wir haben genug Nahrung, um einander mehr als satt zu machen, aber wir setzen uns täglich dem Spektakel von hageren Gestalten der Menschheit aus, die in endlosen Reihen vorbeiwanken, um in Blechschüsseln einzusammeln, was die Hilfsorganisationen der Welt zur Verfügung stellen, zu wenig zu spät. Wann werden wir lernen, wann werden die Menschen dieser Erde aufstehen und sagen: Genug ist genug… Wann werden wir lernen, dass Menschen von unendlichem Wert sind, weil sie nach dem Bilde Gottes geschaffen wurden, und es Blasphemie ist, sie als weniger als das zu behandeln und dass es auf diejenigen, die es doch tun, letztendlich zurückfallen wird?*

Diejenigen, die andere unmenschlich behandeln, werden selbst entmenschlicht. Unterdrückung entmenschlicht den Unterdrücker ebenso wie den Unterdrückten, wenn nicht noch mehr. Beide brauchen einander, um wirklich frei zu werden. «

Vorbilder für religiöse Toleranz in Afrika sind in Europa kaum bekannt. Eines der beeindruckendsten Beispiele ist die Lebenspraxis im westafrikanischen Senegal, das seit 1960 unabhängig ist. 90 Prozent der Senegalesen sind Muslime, die zwei Jahrzehnte von Präsident Léopold Sédar Senghor (1906–2001) regiert wurden, einem Katholiken, der an den afrikanischen Sozialismus glaubte. Der international anerkannte Schriftsteller und einer der Begründer der Négritude hatte die Stärkung afrikanischen Selbstbewusstseins zum Ziel. Sein Nachfolger ab 1981 wurde Abdou Diouf (*1935), ein Muslim, der mit einer Katholikin verheiratet war. In seiner Regierung, die bis 2000 andauerte, gab es christliche und muslimische Minister. Als Geste der Verständigung und Achtung vor der anderen Religion wurden christliche Minister zu muslimischen Festen gesandt. Katholische Feste in Frankreich besuchte Präsident Diouf mehrfach selbst.

AFRIKA UND DIE BEIDEN WELTKRIEGE

Beide Weltkriege wurden in Europa begonnen, aber später auch in Afrika geführt. Dabei zogen die Europäer Tausende von Afrikanerinnen und Afrikanern in ihre Kriege hinein, ohne dass diese auch nur eine Chance gehabt hätten – von einem Recht gar nicht zu sprechen – sich dem zu entziehen. Wenn heute immer wieder von Afrika als dem Kontinent der zahllosen Konflikte und Kriege gesprochen wird, sollte nicht vergessen werden, dass die Kriege, die die meisten Opfer in der Menschheitsgeschichte forderten, von Europa ausgingen. Das mindert in keiner Weise das Leid schrecklicher und viel zu vieler Kriege auch in Afrika, aber es korrigiert die europäische Selbstgerechtigkeit, schon »seit jeher zivilisierter« gewesen zu sein.

Dabei ist besonders bedrückend, dass eine koloniale und rassistische Haltung in Europa keineswegs nur auf konservative, kapitalistische oder rechtsextreme Kreise beschränkt war. Als sich die Sozialisten Europas auf ihrem »Zweiten Internationalen Kongress« in Amsterdam 1904 trafen, verabschiedeten sie bei aller sonstigen Kapitalismuskritik und ihrem Einsatz für die Arbeiter in den eigenen Ländern, eine nur kaum verschleierte Anerkennung der Ausbeutung armer Länder, die nur von wenigen kritisiert wurde. In ihrer Abschlusserklärung heißt es wörtlich: »Der Kongress anerkennt das Recht der Einwohner zivilisierter Länder, sich in Ländern niederzulassen, deren Bevölkerung sich in niederen Stadien der Entwicklung befindet.«

Erst nach der gelungenen Russischen Revolution vom Oktober 1917 sollte der Revolutionär Wladimir Iljitsch Lenin (1870–1924) es zur offiziellen Politik der neuen kommunistischen Sowjetunion machen, sich gegen Kolonialpolitik zu wenden und nach dem Sieg über das Zarenreich auch zur Befreiung vom Kolonialismus in Afrika, Lateinamerika und Asien aufzurufen. Dieser Appell sollte später viele junge afrikanische Befreiungskämpfer inspirieren, aber auch eine Quelle neuer Bevormundung werden, da die dann auch materiell angebotene Unterstützung keineswegs selbstlos blieb.

Im Ersten Weltkrieg (1914–1918) war von Anfang an klar, dass die Kolonialmächte – allen voran Deutschland gegen England und Frankreich – sich auch um »ihren« Besitz in Afrika streiten würden. Eine geheime Mitteilung des britischen Außenministeriums erklärte bereits im August 1914: »Wir wollen so viele deutsche Kolonien, wie wir bekommen können, um diese als Pfand zu gebrauchen, wenn über Frieden verhandelt werden soll.« Dieser Plan gelingt in den meisten deutschen Kolonien bereits im ersten Kriegsjahr – bis auf »Deutsch-Ostafrika«, wo eine relativ kleine Einheit deutscher Soldaten, unterstützt durch rund 13 000 angeheuerte Afrikaner, es schafft, bis Kriegsende rund 160 000 englische Soldaten in immer neue Kämpfe zu verwickeln, ohne sich geschlagen zu geben.

Schätzungen gehen davon aus, dass rund 2 Millionen Afrikaner direkt in die Kampfhandlungen der Europäer einbezogen waren – sei es als Soldaten, als Lastenträger oder in anderen Funktionen. Etwa 200 000 von ihnen haben in diesem Krieg für ihre europäischen Herren ihr Leben gelassen. Gab es am Anfang durchaus afrikanische Freiwillige, die sich mit Aussicht auf ein wenn auch mehr als bescheidenes Einkommen zu den Waffen meldeten, gingen die Europäer ab 1915 dazu über, Tausende von afrikanischen Männern zwangsweise zu verpflichten.

Als die Europäer gegen Ende des Krieges auch bei sich schreckliche Verluste von Menschen zu beklagen hatten, überlegte man, afrikanische Soldaten in Europa gegen den jeweiligen Feind kämpfen zu lassen. Auf eine Anfrage des obersten britischen Generalstabs kam die Antwort, dass dies unter Umständen »vorstellbar im Nahen Osten« sei, »aber nicht gegen deutsche Truppen in Europa«. Die Franzosen kannten solche Skrupel nicht: Aus ihren Kolonien in West- und Nordafrika schickten sie 450 000 afrikanische Soldaten an die Front gegen Deutschland, einige Einheiten nahmen nach dem Ende des Krieges – zur Empörung der Deutschen – an der Besetzung des Rheinlandes teil.

Der afroamerikanische Gelehrte und einer der Begründer des Panafrikanismus, W.E.B. (William Edward Burghardt) Du Bois (1868–1963) schreibt 1920 über die Grausamkeiten des Ersten Weltkrieges:

» *Das ist nicht ein verrückt gewordenes Europa. Das ist nicht Abweichung oder Wahnsinn. So ist Europa… Die Welt heute ist Handel. Die Welt hat sich verändert in einen Laden… Leben wird genannt: sich einen Lebensunterhalt verdienen… Es ist der furchtbare Katalysator des Weltkrieges, wo die Weißen sich nur vorübergehend davon abgewandt haben, uns zu schlagen, zu verleumden und zu ermorden, um sich gegenseitig umzubringen.* «

Als Kriegsverlierer muss Deutschland 1919 all seine Kolonien in Afrika aufgeben. Der Völkerbund (als Vorläufer der UNO) übernimmt zunächst formal die Verwaltung der deutschen Kolonien, praktisch werden sie im Wesentlichen unter den Siegermächten England, Frankreich und Belgien aufgeteilt. Der Völkerbund gibt dabei den Europäern in einer offiziellen Erklärung den Auftrag, die Kolonien so lange zu regieren, bis sie in der Lage seien, »auf ihren eigenen Füßen unter den wetteifernden Bedingungen der modernen Welt zu stehen«.

Das missionarische Konzept nun auch als politische Vorgabe: Afrikaner als Kinder, die erst erzogen werden müssen, um »vollwertige Mitglieder der modernen Völkergemeinschaft zu werden«. Tatsächlich wurden nun auch von staatlicher Seite pädagogische Anstrengungen unternommen. Viele Kolonialverwaltungen ermöglichen für eine Minderheit von besonders ausgewählten Afrikanern (nur in Ausnahmen auch für Afrikanerinnen) eine weiterführende Schulbildung. Bis Ende der dreißiger Jahre des letzten Jahrhunderts haben gerade mal rund 11 000 junge Menschen in Afrika eine Oberschule besuchen können (bei einer Gesamtbevölkerung von zu der Zeit etwa 165 Millionen).

Ahmed Sékou Touré (1922–1984), der sich im frühen Unabhängigkeitskampf engagierte und ab 1958 mit 36 Jahren erster Präsident von Guinea wurde, berichtet über seine Schulzeit:

» *Unsere Bücher in den kolonialen Schulen haben uns belehrt über die Kriege de Gaulles, das Leben von Jeanne d'Arc und Napoleon, die Liste der französischen Departements und die Gedichte von Lamartine und das Theater von Moliére, als ob Afrika niemals eine Geschichte gehabt hätte, eine Vergangenheit, eine geografische Existenz oder ein kulturelles Leben. Unsere Schüler wurden nur anerkannt in Bezug auf ihre Fähigkeit der völligen kulturellen Anpassung.* «

In der Zeit vor dem Zweiten Weltkrieg (1939–1945) war Europa von mehreren wirtschaftlichen Krisen geschüttelt, die hohe Arbeitslosigkeit zur Folge hatten. Nach der Weltwirtschaftskrise 1929 wird die Ausbeutung von Bauern in vielen Teilen Afrikas so in die Höhe geschraubt (zur Bekämpfung der Not in Europa!), dass viele aufgeben und ihr Heil in den rapide wachsenden Städten suchen. Zum ersten Mal in der Geschichte Afrikas entstehen riesige Slumsiedlungen für Millionen entwurzelter Menschen in der Nähe von Städten.

In Deutschland ist eines der Motive zur Vorbereitung des Krieges das Anfeuern der Hoffnung, »unsere deutschen Kolonien zurückzuerobern«. Am 1. September 1939 beginnt Deutschland unter dem Diktator Adolf Hitler (1889–1945) den Zweiten Weltkrieg mit einem Überfall auf das benachbarte und viel kleinere Polen. Bereits 1936 hat der italienische Diktator Benito Mussolini (1883–1945) einen neuerlichen Anlauf Italiens unternommen, um Äthiopien zu besetzen. Es gelingt für acht Jahre, bis die Italiener 1943 von den Engländern vertrieben werden.

Der Zweite Weltkrieg wird nicht unwesentlich auch in Nordafrika von Engländern, Franzosen, später auch US-Amerikanern gegen Deutsche und Italiener ausgetragen. Damit ist Afrika nun nicht nur geografisch von Interesse. Die seit dem Ersten Weltkrieg in den Kolonien aufgebauten Infrastrukturen ermöglichen jetzt mehr denn je das Nutzen von Rohmaterial als wichtigen Beitrag für das Kriegführen. Nachdem Belgien von Deutschland schon ab 1940 besetzt ist, sind es zu 85 Prozent die Einnahmen aus Belgisch-Kongo, die die belgische Exil-Regierung in London wirtschaftlich über Wasser halten.

Und es sind nicht nur erneut Hunderttausende afrikanischer Soldaten, die im Auftrag der verfeindeten europäischen Machthaber aufeinander schießen, sondern es gibt unter ihnen auch zunehmend Menschen, die kritisch wahrnehmen, dass sie eingesetzt werden zur Verteidigung von Werten, die in Afrika von den gleichen Herren mit Füßen getreten werden.

Hinzu kommen zwei neue Weltmächte: die Vereinigten Staaten von Amerika und die Sowjetunion, die – wenn auch aus völlig verschiedenen Motiven – kein Interesse an der Unterstützung der Kolonialinteressen ihrer englischen und französischen Verbündeten im Krieg gegen Hitler-Deutschland haben. Im Kriegsjahr 1941, als der deutsche Diktator Hitler beinah ganz Europa im Griff hatte und eine Eroberung Englands drohte, traf sich der britische Premierminister Winston Churchill (1874–1965) mit dem US-Präsidenten Franklin D. Roosevelt (1882–1945), um ihn um Unterstützung zu bitten. Sie verabredeten damals die sogenannte »Atlantik-Charta«, die Absprachen für eine »neue Weltordnung« nach dem Krieg enthielt. Zwei Punkte waren wichtig für Afrika: Das Selbstbestimmungsrecht aller Völker, auch »derer, denen das bislang mit Gewalt vorenthalten wurde« – und eine Zusicherung, dass die USA »gleichen Zugang zu den Rohmaterial-Quellen« in der Welt erhalten sollte. Kurz: Die USA unterstützen England gegen Hitler-Deutschland, wenn diese bereit sind, ihre Kolonien

In beiden Weltkriegen kämpften Afrikaner als Soldaten auf Seiten ihrer jeweiligen Kolonialmächte mit – hier verlässt ein Soldat ein englisches Kriegsschiff während des Zweiten Weltkrieges.

langfristig aufzugeben und die USA am Handel mit Rohstoffen, auch aus Afrika, gleichberechtigt teilhaben lassen.

Verärgert reagierten die Franzosen im Londoner Exil, die sich ausgeschlossen fühlten und 1944 General Charles de Gaulle (1890–1970), den späteren Präsidenten Frankreichs, ins westafrikanische Brazzaville schickten, wo er vor den höheren Beamten aller französischen Kolonien verkündete, dass »jede Idee von Autonomie... oder gar unabhängiges Regieren in den Kolonien auch in ferner Zukunft« ausgeschlossen sei.

Doch die Welt am Ende des Zweiten Weltkriegs, die mit der völligen Kapitulation Deutschlands und seiner Verbündeten endet, ist nicht mehr die gleiche wie vorher: Eine junge Generation von Afrikanerinnen und Afrikanern hat sich, anfangs noch beinah unbemerkt von der europäischen Öffentlichkeit, zusammengefunden, um ihre Stimme zu erheben. Bereits 1912 wird in Südafrika der Afrikanische Nationalkongress (ANC) gegründet, der später zur politischen Heimat des jungen Nelson Mandela (*1918) wird. Und seit 1919 gibt es eine, anfangs vor allem von Afro-Amerikanern ins Leben gerufene Bewegung des Panafrikanismus, die sich für ein neues afrikanisches Selbstbewusstsein stark macht.

»Wir sind entschlossen, frei zu sein!«

Auf dem fünften Panafrikanischen Kongress, der im Oktober 1945 im englischen Manchester stattfindet, verabreden überwiegend junge Afrikaner, darunter viele der späteren ersten Präsidenten unabhängiger afrikanischer Staaten wie Nnamdi Azikiwe (1904–1996, Nigeria), Kenneth Kaunda (* 1924, Zambia), Jomo Kenyatta (ca. 1894–1978, Kenia), Kwame Nkrumah (1909–1972, Ghana), Julius Nyerere (1922–1999, Tansania) und Ahmed Sékou Touré (1922–1984, Guinea) die folgende Resolution:

» *Die Delegierten glauben an den Frieden. Wie könnte es anders sein, wo die afrikanischen Völker für Jahrhunderte die Opfer von Gewalt und Sklaverei waren? Doch wenn die westliche Welt noch immer entschlossen ist, die Menschheit mit Gewalt zu regieren, dann, als letzten Ausweg, kann es sein, dass auch die Afrikaner Gewalt benutzen müssen, um die Freiheit zu erlangen, selbst wenn die Gewalt sie selbst und die Welt zerstört.*

Wir sind entschlossen, frei zu sein. Wir wollen Bildung. Wir wollen das Recht auf ein bescheidenes Einkommen; das Recht, unsere Gedanken und Gefühle auszudrücken, Schönheit anzunehmen und zu gestalten...

Wir schämen uns nicht, jahrhundertelang geduldig gewesen zu sein. Wir sind weiter zu Opfern und Mühen bereit. Aber wir sind nicht länger bereit, zu hungern und die Packesel der Welt zu sein, um durch unsere Armut und Unwissenheit eine falsche Aristokratie und einen überholten Imperialismus zu unterstützen…

Wir werden mit allen uns zur Verfügung stehenden Mitteln für Freiheit, Demokratie und soziale Verbesserungen kämpfen. «

AFRIKANISCHE BEFREIUNGEN

WARUM DER WEG ZUR FREIHEIT SO LANG IST

1946 – HEUTE

Und dann die Unabhängigkeit.

Blutig, so endlos blutig. Folter, Bomben, erschossene Kinder und Frauen – mehr als eine Million Menschen müssen ab 1954 im nordafrikanischen Algerien ihr Leben lassen, bis die Franzosen endlich 1962 sagen: »Das war's! Es bringt einfach nichts mehr. Wir gehen.«

In Ostafrika laufen 1952–1956 die »Mau-Mau«-Aufstände der Kikuyu aus dem Ruder ... eigentlich hatte es gegen die englische Kolonialmacht gehen sollen. Doch auf dem Weg zur Befreiung Kenias stolpert man über zu viele Verräter in den eigenen Reihen, tatsächliche und noch viel mehr vermeintliche. »Mau-Mau« – die abfällige Wortschöpfung der Engländer wird schließlich zum Synonym für Terror untereinander. Waren es 10 000 oder gar 40 000 Tote? In jedem Fall waren es alles Afrikaner. Im gleichen Zeitraum gab es nur 32 tote Engländer. Genau gezählt. Rund 80 000 Kikuyu werden bis zur Unabhängigkeit Kenias 1963 in Gefangenenlager gesperrt.

Die Träumer West- und Zentralafrikas bildeten zunächst nur eine Minderheit. Gut ausgebildet sind sie, vor allem in den USA, England und Frankreich. Sie können reden und schreiben und machen davon Gebrauch. »Unabhängigkeit jetzt! Morgen sind wir die USA: Die Vereinigten Staaten von Afrika!«, ruft Kwame Nkrumah 1957 in Ghana.

Die jungen Träumer: Über alle Feindschaften zwischen den zersplitterten ethnischen Gruppen hinweg, die die Kolonialisten verächtlich »Stämme« nennen, verkündet Patrice Lumumba 1960 im Kongo: »Wir sind auf dem Weg zu einer starken Nation!« Doch nur Monate später: Seine Brille ist zerschlagen, gefesselt wird er an den Haaren vom Laster gezerrt, der junge Präsident schaut entsetzt in die Kamera. In Katanga wird er kurz darauf zu Tode gefoltert. Die Reporter in Europa berichten: »An den alten Stammesfehden gescheitert...« Und sie wissen, dass es nur geschehen konnte, weil er den Zorn der alten Kolonialmacht Belgien herausgefordert, sich nicht artig genug gezeigt hatte.

Die als Erste kamen, gehen als Letzte: Die Portugiesen. Bis zuletzt tun sie so, als wären »ihre« Länder in Afrika keine Kolonien, sondern Teile Portugals, eben nur außerhalb. Drei Viertel der jungen portugiesischen Wehrpflichtigen werden nach Angola, Guinea-Bissau und Mosambik geschickt. Der Krieg gegen die schwarzen »Untertanen« dauert mehr als zehn Jahre und kostet am Ende die Hälfte des Staatshaushaltes. Erst 1974 beendet ein Putsch in Lissabon den Starrsinn der letzten Kolonialisten.

Im Süden liegen die Hochburgen der weißen Siedler, die wissen, was aus dem Boden zu holen ist: Namibia, das ehemalige »Deutsch-Südwest«, das von der weißen Apartheidsregierung Südafrikas noch immer illegal besetzt wird, das nach dem Kapitalisten Cecil Rhodes benannte Rhodesien und Südafrika, wo die niederländischstämmigen Buren längst die Engländer in die Defensive gedrängt haben, jene »Schwächlinge«, die beinah alle aus Sicherheitsgründen ihren zweiten britischen Pass behalten haben. »Keine echten Afrikaner«, sagen die Buren. Sie empfinden sich selbst nicht als Kolonialisten. Dieses Land ist ihr Land. Sie sind hier geboren. Die Schwarzen sollten dankbar sein für alles, was sie hier aufgebaut haben. Sind sie aber nicht. Die Weißen im südlichen Afrika erklären schließlich ihre eigene »Unabhängigkeit« von England.

Als Erste wachen die Weißen in Rhodesien auf, als nach vielen Jahren blutigen Kampfes 1980 ein Ende ihrer Vorherrschaft kommt: Simbabwe heißt das neue Land. Und der neue Präsident Robert Mugabe spricht von Demokratie und Versöhnung und schafft es tatsächlich, die Wirtschaft zu stabilisieren. Leider will er immer weiter Präsident bleiben. Über zwanzig Jahre lang, auch als es nicht mehr versöhnlich zugeht und die Wirtschaft am Boden ist und die meisten Menschen hungern…

Die Weißen in Südafrika machen sich, bis auf wenige mutige Ausnahmen, lange Zeit nichts aus der internationalen Isolation. »Sollen sie uns doch Rassisten schimpfen!« Sie fühlen sich stark, besitzen genug Gold und Diamanten, alle schwarzen Befreiungskämpfer sitzen im Knast, leben im Exil oder sind ermordet worden… Aber dann gerät plötzlich die Welt aus den Fugen: Die Sowjetunion fällt auseinander, die Kräfte, auch in Afrika, verschieben sich – und mit dem Rücken zur Wand wird 1990 der Weg freigemacht zur Abschaffung der politischen Apartheid, ohne jedoch die ökonomischen Privilegien der Weißen anzutasten. Der neue Präsident Nelson Mandela spricht von Demokratie und Versöhnung und schafft es tatsächlich, die Wirtschaft zu stabilisieren. Aber er will nicht für immer Präsident bleiben. Er nimmt Demokratie und Versöhnung wirklich ernst.

Eine Atempause. Alles ging so schnell. Nach 500 Jahren Ausbeutung, Sklaverei und Kolonisation soll plötzlich in nur 50 Jahren alles gut sein. Lächerlich. Der Weg zur Freiheit ist lang. Eine historische Entwicklung ist mehr als ein halbes Jahrtausend gewaltsam unterbrochen worden. Wo soll man denn nur ansetzen?

An den »alten afrikanischen Traditionen«? Klingt gut, aber was ist das schon genau. Den Alten gehorchen? Auch denen, die Unsinn reden? Oder den Männern? Weiter Frauen unterdrücken, verstümmeln, quälen, weil es einmal irgendwo Tradition war? Und welche Tradition soll es denn sein? Die der Massai im Osten, die der Khoikhoi oder San im Süden, die der »Pygmäen« in Zentralafrika, die der Berber im Norden?

Einen Schritt Abstand nehmen. In die Wüste laufen, in einen dichten Wald oder auf einen hohen Berg – und schweigen. Still sein. Bis alles ruhig wird, der Nebel aufsteigt, der Blick wieder frei wird. Was siehst du?

Millionen von Kindern und Jugendlichen, von Frauen und Männern, voller Ideen, Träume und Hoffnungen, die warten, die hungern, die in irgendwelchen Lagern hocken oder wochenlang über staubige Straßen ziehen, immer von irgendwo weg, wo es noch schlimmer war, die niemand zu brauchen scheint, die sterben in Armut und an Krankheiten, die behandelbar sind.

Sie alle wollen arbeiten, um das Leben zu verbessern. So viel zu tun überall: Die Wüsten wollen bewässert werden, die Bodenschätze nicht nur aus der Erde geholt, sondern verarbeitet werden, das fruchtbare Land bebaut, die Sonne genutzt. Die Sonne Afrikas. Sie scheint so viel, in manchen Ländern zehn Stunden am Tag das ganze Jahr. Und es gibt nicht genug Energie?

Die Zeit der großen Ideologien ist vorüber. Gut so. Was hier funktioniert, kann vielleicht auch dort funktionieren. Vielleicht. Nämlich nur, wenn du zuhörst und mitdenkst. Selbstständig denkst und nicht nur ausführst. Nicht nur auf andere wartest, sondern selbst die Lösung für ein kleines Problem suchst. Nur so wirst du stärker auch für die großen Probleme. Nicht anders herum.

Und wenn der Nebel wieder kommt – Geduld zeigen. Mit dir selbst (am schwersten) und mit anderen. Der Nebel wird wieder gehen, wenn du allmählich verstehst, woher er kommt und wer oder was für ihn verantwortlich ist.

Unabhängig kann das Denken sein. Wenig anderes.

Als Menschen sind und bleiben wir abhängig voneinander. Mehr als je zuvor. In Afrika und Europa – und der ganzen Welt.

TRÄUME UND ALBTRÄUME: DIE ERSTEN JAHRE DES ÜBERGANGS

So dicht beieinander: Die Hoffnung auf eine bessere Zukunft, der Wunsch, endlich selbst bestimmen zu können, wie das Leben, das Land, das Zusammenleben gestaltet werden soll. Und gleichzeitig: Die noch offenen Wunden der Vergangenheit, die Verstricktheit mancher in früheres Unrecht, die durch Forschheit maskierte Unsicherheit der noch Unerfahrenen. Wie soll denn nun plötzlich alles anders werden? Wer kann welche Qualifikationen einbringen? In welcher Sprache sollen wir miteinander reden?

Es gibt nirgendwo eine Stunde Null in Afrika – wo Früheres einfach aufhört und Neues beginnen darf. Weder die Kolonialisten noch die Befreier haben erprobte Konzepte des Übergangs.

Natürlich versuchen die ehemaligen Kolonialisten ihren Abgang »mit Würde« zu vollziehen, was immer sie darunter verstehen. Sie wollen jene »jungen Staaten« gern in die Unabhängigkeit »entlassen«, das letzte Wort haben, am liebsten mit Dankbarkeit verabschiedet werden für all die »zivilisatorischen Errungenschaften«, die sie hinterlassen. Es wird tunlichst vermieden, ehrlich zuzugeben, dass das ganze Abenteuer zu teuer geworden ist und man längst Ideen hat, wie durch wirtschaftliche Abhängigkeiten neue Ausbeutungen viel leichter zu sichern sind als durch aufwändige Kolonial- und Militärapparate. »Sollen sich die Afrikaner doch selbst die Köpfe einschlagen...«, hört man nicht wenige englische und französische Offiziere zwischen zusammengebissenen Zähnen fluchen, als sie zum letzten Mal ihre europäischen Flaggen einholen.

Die meisten Befreier dagegen feiern begeistert jene Tage der Unabhängigkeit, die meisten erklären sie umgehend zu Nationalfeiertagen. Das schafft Übersichtlichkeit. Es gibt ein paar Helden, einen klaren Schlussstrich und einen Neuanfang – auch wenn leider die Wirklichkeit anders ist. Da musste lange verhandelt werden – untereinander und mit dem Gegner, so viele Tote, so viele Jahre in Gefängnissen, so wenig Einfluss darauf, wie die ehemaligen Unterdrücker ihren Abgang vollziehen. Allein schon die Gebilde von sogenannten Staaten, die die

Europäer hinterlassen: In ihren willkürlich gezogenen Grenzen leben oft mehr als 20 verschiedene Völker, manchmal auch 50 oder mehr – andere Völker wurden durch die gleichen Grenzen auseinander gerissen. Für viele Europäer bleiben es häufig bis zuletzt »undurchsichtige Stämme«, deren Charakterisierung nur darin bestand, ob sie gute oder schlechte Arbeitskräfte darstellten.

So viel kann erst einmal gar nicht vom einen auf den anderen Tag verändert werden. Die Sprache zum Beispiel: Was für eine bittere Erfahrung, dass (außer in Nordafrika, wo der Islam das Arabische zur Verfügung gestellt hat) in den meisten anderen hinterlassenen Staatsgebilden im Westen, Süden und weiten Teilen des Ostens die einzige gemeinsame Sprache tatsächlich jene der ehemaligen Unterdrücker geworden ist. Da die Unabhängigkeit Land für Land errungen werden muss, ist es ausgeschlossen, über gänzlich neue Ländergrenzen vorab nachzudenken, die eventuell mehr auf ethnische und kulturelle Besonderheiten Rücksicht nehmen. Und nur in Ausnahmen kommt es später noch zu geringfügigen Grenzanpassungen.

Auch Vorbilder gibt es so wenige. Nur das ferne Indien vielleicht, wo Mahatma Gandhi (1869–1948), der als junger Anwalt einige Jahre in Südafrika gelebt und politisch gearbeitet hat, es mit gewaltlosem massenhaftem Widerstand schließlich 1947 schafft, den Engländern für sein Heimatland die Unabhängigkeit abzutrotzen.

Aber in Afrika selbst? Zu den vielleicht bittersten Erfahrungen gehört die Geschichte des kleinen westafrikanischen Liberia, des einzigen afrikanischen Landes, das niemals von Europäern kolonisiert war. Seine Geschichte liest sich wie ein Gleichnis über die Unmöglichkeit, den Kreislauf von selbst erlittener Unterdrückung und der daraufhin folgenden Unterdrückung von anderen zu durchbrechen.

Liberia – Albtraum der Freiheit oder: Wie aus ehemaligen Sklaven selbst Sklavenhalter werden.

» *Gegner der Sklaverei in Nordamerika hatten 1816 eine Gesellschaft gegründet, die – nicht nur aus humanen Überlegungen – mit einem Vorschlag kam, wie ›das Problem der freigelassenen Sklaven zu lösen‹ sei: Sie sollten am besten nach Afrika zurückgeschickt werden. Wohin genau? Keine Ahnung. Es sind doch Schwarze. Eben irgendwo in Afrika.*

Immerhin wurde Geld gesammelt für die Überfahrt und für den möglichen Kauf von etwas Land. 1821 landete schließlich ein weißer Missionar mit der ersten, bunt zusammengewürfelten Gruppe früherer Sklaven an einem westafrikanischen Küstenstreifen südlich von Sierra Leone, wo die Engländer etwas eher mit der Stadt Freetown bereits ein ähnliches Vorhaben gestartet hatten. An jenem Küstenstreifen lebte das in der gesamten Region als Schiffsbauer und Fischer geachtete Volk der Kru, die gar nicht vorhatten, Land zu verkaufen. Weder der Missionar noch die befreiten Sklaven waren hierauf vorbereitet und anstatt zu verhandeln, gebrauchten sie jene Methode, die sie selbst zeitlebens erfahren hatten: Gewalt. Mit Gewehren, Kanonen und weiterer Verstärkung aus Amerika vertrieben sie schließlich die einheimische Bevölkerung und nannten ihre erste Stadt am Meer nach dem US-Präsidenten James Monroe – Monrovia. 1822 wurde jener Küstenstreifen, der durch weitere Vertreibungen noch erheblich vergrößert worden war, Liberia getauft und einem US-Gouverneur unterstellt. 1847 hatten die freigelassenen Sklaven – inzwischen etwa 18 000 – genug von der Bevormundung aus Nordamerika und verkündeten ihre Unabhängigkeit, wobei sie die USA in vielem bis hin zur Flagge kopierten.

Gegenüber den 16 in den Grenzen von Liberia beheimateten anderen Völkern gebärdeten sich die ehemaligen Sklaven und ihre Nachkommen nun selbst als Sklavenhalter. Auf Kaffeeplantagen und im Schlagen von Edelhölzern wurden diese als rechtlose Arbeiter aufs Schlimmste ausgenutzt. Jene frühen Afro-Amerikaner, die sich nun Amerikoliberianer nannten, achteten darauf, dass alle Macht in ihren Händen blieb, obwohl sie niemals mehr als drei Prozent der Gesamtbevölkerung ausmachten. Alle Aufstände wurden blutig unterdrückt.

Als die Weltmarktpreise für Kaffee und Edelhölzer nach dem Ersten Weltkrieg in den Keller fielen, erlaubte die Regierung von Liberia der US-Firma Firestone, einem Autoreifenhersteller, ab 1926 im Land die größte Kautschukplantage der Welt anzulegen. Damit hatte eine Politik des Ausverkaufs begonnen, die mit der Entdeckung von Eisenerz nach dem Zweiten Weltkrieg noch zunahm. Ohne jedes politische Konzept versuchte jeder, der die Macht dazu besaß, in kürzester Zeit noch reicher zu werden, ohne sich um das Wohl des Landes insgesamt zu scheren. Obwohl Liberia reich an Bodenschätzen ist, haben korrupte Politiker das Land bis in die jüngste Gegenwart in ein Chaos versinken lassen, in dem kriminelle Banden den Alltag bestimmen, ohne Rücksicht auf die verarmte Bevölkerung zu nehmen. Allein in den Jahren 1990–2000 wird die Zahl der zivilen Todesopfer von Gewalt auf über 200 000 geschätzt.

Zaghafte Hoffnungen verbinden sich mit der Wahl von Ellen Johnson-Sirleaf (*1939), die als erste Frau in der Geschichte des modernen Afrika im Januar 2006 als Staatspräsidentin Liberias vereidigt wurde. «

Der in der Karibik geborene Arzt Frantz Fanon ging ab 1954 in Algerien in den Untergrund, um gegen die Franzosen für die Befreiung des Landes vom Kolonialismus zu kämpfen.

Die wirklichen Befreiungen von den europäischen Kolonialmächten beginnen in Nordafrika als unmittelbare Folge des Zweiten Weltkrieges: Bereits 1943 werden die Italiener aus Libyen vertrieben (dessen Unabhängigkeit die UNO jedoch erst 1951 anerkennt). 1946 verlassen die Engländer Ägypten und im Jahr 1956 erlangen Marokko, Tunesien und der Sudan ihre Unabhängigkeit. Aus Algerien zieht Frankreich sich erst nach einem 1954 bis 1962 blutig geführten Krieg zurück.

Frantz Fanon (1925–1961), Nachfahre ehemaliger Sklaven aus Martinique, nimmt als junger Arzt am Befreiungskrieg Algeriens teil:

» *Als Jugendlicher verlässt Frantz Fanon die Karibikinsel Martinique, um in Frankreich gegen Nazideutschland und die französischen Kollaborateure zu kämpfen. Nach dem Krieg beginnt er ein Medizinstudium in Paris, beschäftigt sich aber weiter mit den Ursachen von Rassismus, den er auch am eigenen Leib erlebt.*

Mit 27 Jahren nimmt er seine erste Arztstelle in einem Krankenhaus in Algerien an, ein Jahr später heiratet er eine junge weiße Französin. In Frankreich wird sein erstes Buch Schwarze Haut, weiße Masken, *in dem er Kolonialismus und aktuellen Rassismus analysiert, heftig diskutiert. Als 1954 der offene Bürgerkrieg gegen die französischen Kolonisatoren in Algerien ausbricht, bekundet Frantz Fanon seine Sympathie: Er versteckt verfolgte Freiheitskämpfer in seinem Haus und bildet Schwestern aus, um in Lagern der Freiheitskämpfer zu arbeiten. Schließlich gibt er seine Arbeit im Krankenhaus auf, um aktiv am bewaffneten Kampf teilzunehmen, immer wieder aber auch seine Dienste als Arzt einzusetzen. Täglich wird er mit furchtbar zugerichteten Opfern dieses erbarmungslosen Krieges konfrontiert, der auch vor Kindern und Frauen nicht Halt macht. Folter politischer Gegner gehört ebenfalls auf beiden Seiten zur Methode.*

1959 wird der 34-Jährige an der Grenze zu Marokko schwer verwundet. Nach seiner Heilung arbeitet er eine Weile als provisorischer Botschafter des zukünftig freien Algerien in Ghana und gründet im bereits unabhängigen Tunesien die erste psychiatrische Klinik Afrikas. Frantz Fanon überlebt mehrere Anschläge auf seine Person, erkrankt aber 1960 unheilbar an Leukämie. Mit nur 36 Jahren stirbt er im Dezember 1961 nach einer vergeblichen Behandlung in den USA. Sein im gleichen Jahr erschienenes Buch Die Verdammten dieser Erde *wird zu einer wichtigen Inspiration für schwarze Befreiungsbewegungen in aller Welt. Frantz Fanon erlebt die Unabhängigkeit Algeriens nicht mehr, die erst ein Jahr später erreicht wird.* «

So wie die Presse in Frankreich schockiert über den Guerrillakrieg in Algerien berichtet, wird die englische Presse nicht müde, immer neue Details über die Grausamkeiten im »Mau-Mau«-Aufstand aus Kenia zu berichten, der bereits zwei Jahre früher – 1952 – begonnen hat. »Mau-Mau«, ein von den Briten erfundener »chaotisch-afrikanisch« klingender Begriff, wird zu einem Schlagwort für Terror im Europa der fünfziger Jahre, ohne dass viele Menschen Näheres über das Volk der Kikuyu wissen, die bis dahin besonders als stumme Hausangestellte der Engländer in Kenia geschätzt sind. Die rund eine Million Kikuyu in Kenia hatten mehrere Monate einen geheimen Aufstand gegen die britische Kolonialmacht geplant und es für ratsam gehalten, einen Bruch des Geheimhaltungseides mit dem Tod zu bedrohen. Bevor die Revolte losbrechen kann, beginnen die Kikuyu mit der Hinrichtung eigener Verräter, tatsächlicher und schließlich auch mehr und mehr vermeintlicher. Die Engländer schauen erst irritiert zu, bevor sie schließlich selbst mit Gewalt eingreifen: Am Ende des dreijährigen Aufstands sind mindestens 11 000 Kikuyu-Rebellen und 32 Engländer tot. Rund 80 000 überwiegend junge Männer werden jahrelang in Arbeitslager interniert. Der spätere Präsident Kenias, Jomo Kenyatta (etwa 1894–1978), selbst ein Kikuyu, wird 1953 ebenfalls zu sieben Jahren Zwangsarbeit verurteilt, obwohl er sich kritisch gegenüber den Aufständen geäußert hatte. 1964 wird er zum ersten Präsidenten des ein Jahr zuvor unabhängig gewordenen Kenia gewählt. Nach seinem Tode 1978 übernimmt Daniel arap Moi (*1924) das Amt des Präsidenten. Obwohl sich das Land ökonomisch stabil entwickelt, unterdrückt Moi zunehmend kritische Stimmen, und es wird als Sieg der Mehrheit der Bevölkerung empfunden, als es der Opposition 2002 endlich gelingt, ihn abzuwählen und Mwai Kibaki (*1931) zum Nachfolger zu ernennen. Jedoch auch Kibaki enttäuscht die kenianische Bevölkerung durch Korruption und Versuche, seine Macht auszuweiten. Bei den Wahlen vom 27. Dezember 2007 scheint ein Sieg des Oppositionsführers Raila Odinga (*1945) sicher. Als dann jedoch unter anderem Wahlurnen verschwinden und sich wenig später Kibaki zum Wahlsieger erklären lässt, kommt es zu Protesten überall im Land, die mit Gewalt beantwortet werden. In den darauffolgenden Wochen kommen bei Unruhen über 1 000 Menschen um und das ehemals stabile Kenia erlebt die schwerste Krise seit der Staatsgründung 1963. Die Opposition fordert Neuwahlen, unterstützt von internationaler Kritik an Kibakis immer offensichtlicher werdender Wahlfälschung. Unter Vermittlung des ehemaligen UNO-Generalsekretärs Kofi Annan (*1938) gelingt schließlich am 28. Februar 2008 ein Kompromiss: Kibaki (als Präsident) und Odinga (mit dem neugeschaffenen Posten eines Premierministers) teilen sich die Macht. Das Land atmet auf, und viele der mehr als 300 000 Flüchtlinge kehren nach und nach wieder in ihre bei den Unruhen zerstörten Dörfer zurück.

Im zentralafrikanischen, von Belgien unterdrückten Kongo war es der junge Patrice Lumumba (1925–1961), dessen Geschichte zunächst viel Hoffnung auf einen friedlichen Übergang machte. Es war ihm 1958 – mit 33 Jahren – gelungen, eine neue Bewegung ins Leben zu rufen, deren Ziel es war, alle ethnischen Gruppen des Kongo zu einen.

»Wir werden der ganzen Welt zeigen, was schwarze Menschen vollbringen können, wenn sie frei sind…« – Patrice Lumumba am 30. Juni 1960 im Kongo

Patrice Lumumba vertrat 1960 im Kongo die einzige Partei, die sich für eine Einheit aller Kongolesen aussprach.

» Patrice Lumumba kommt aus keiner einflussreichen Familie. Er arbeitet als junger Mann in einem Postamt in Stanleyville (dem heutigen Kisangani) und engagiert sich bei der Gewerkschaft. 1956 wird er einer geringfügigen Unterschlagung bezichtigt und zu einem Jahr Gefängnis verurteilt. Er nutzt dieses Jahr, um ein Buch über die Zukunft des Kongo zu schreiben und sich selbst auf mehr politische Arbeit vorzubereiten.

Nur Patrice Lumumba vertritt die Vision eines geeinten freien Kongo, wäh-

rend seine Rivalen spezielle Gruppen unterstützen, wie Joseph Kasavubu vor allem das Volk der Bakongo und Moise Tschombé die an Bodenschätzen reiche Provinz Katanga. Anfang 1959 wird die belgische Kolonialmacht im Kongo von ungewohnten Unruhen überrascht, bei denen zum ersten Mal auch Europäer angegriffen werden. Es steht keine gezielte Organisation dahinter. Verschiedene Gruppen machen ihrem Unmut über die andauernde Ausbeutung des Landes Luft. Die belgische Regierung verspricht freie Wahlen zum Jahresende – und plant insgeheim eine mehrjährige Übergangsphase, die den Belgiern genug Zeit lassen würde, ihre wirtschaftlichen Interessen auch ohne Kolonialmacht zu sichern. Doch alles kommt anders.

Im Laufe des Jahres 1959 nehmen die Unruhen im Lande ständig zu. Gleichzeitig spricht sich die belgische Öffentlichkeit gegen eine Erhöhung ihrer Soldaten im Kongo aus. Die für den Dezember unter Aufsicht der Belgier veranstalteten Wahlen verkommen zur Farce – über 120 Parteien kandidieren, mehrere Landesteile boykottieren sie. Erst nach diesem Fiasko setzt sich die Kolonialverwaltung zum ersten Mal an einen Tisch mit Afrikanern: Vertreter von 13 Parteien, darunter auch Lumumba, Kasavubu und Tschombé werden nach Brüssel eingeladen. Man einigt sich auf Neuwahlen im Mai 1960 und die unmittelbar danach erfolgende Entlassung in die Unabhängigkeit Ende Juni. Belgien ist nun entschlossen, so schnell wie möglich das ›Pulverfass Belgisch-Kongo‹ loszuwerden. Die Kongolesen meinen, diesen historischen Moment nicht verstreichen lassen zu dürfen. Aus den Wahlen geht Patrice Lumumba mit seiner Partei als Sieger hervor: Er wird Kongos erster Premierminister, Kasavubu Staatspräsident und Tschombé nur Präsident der Provinz Katanga, was ihn deutlich ärgert.

Zur Feier des ersten Unabhängigkeitstages, am 30. Juni 1960, kommt der junge belgische König Baudouin (1930–1993) in den Kongo. Seine Festrede ist so naiv, dass sie nur als Provokation von allen anwesenden Kongolesen empfunden werden kann. Er beginnt, die ›Leistungen‹ von König Leopold II. zu loben und alle ›Opfer, die Belgien für den Kongo erbracht‹ hat. Er endet damit, dass es ›nun an den Kongolesen‹ wäre, ›Belgien zu zeigen, dass sie das in sie gesetzte Vertrauen rechtfertigen‹ würden.

Staatspräsident Kasavubu antwortet höflich, aber lässt den vorbereiteten Dank an den König weg. Lumumba dagegen kann seine Wut nur schwer verbergen und spricht offen von den ›Erniedrigungen, die Kongolesen über so viele Jahre durch die Belgier erlitten‹ haben. Er fährt fort: ›Wir werden der ganzen Welt zeigen, wozu schwarze Menschen in der Lage sind, wenn sie erst frei sind…‹

Der junge Präsident Lumumba wird mit Billigung der früheren Kolonialmacht Belgien ermordet. Zuvor wird er öffentlich geschlagen und gedemütigt – letzte Bilder von ihm, die um die Welt gehen.

Die anwesenden Kongolesen spenden anhaltenden Beifall. Die Belgier sind schockiert. Das offizielle Mittagessen wird um zwei Stunden verschoben, da die belgische Delegation erst abreisen will, aber schließlich doch bleibt, um den Skandal nicht noch zu vergrößern.

Die neue kongolesische Regierung ist vom ersten Moment an mit ungeheuren Schwierigkeiten konfrontiert. Nur vier Tage nach der großen Feier beginnen Soldaten der Armee zu protestieren, weil sie nicht länger von weißen Offizieren schikaniert werden wollen, die – so ist vereinbart – noch für eine Übergangsfrist, bis Kongolesen ihr Offizierstraining beendet haben, im Kongo bleiben sollen. Lumumba appelliert an die Soldaten, für den Übergang Disziplin zu bewahren – ohne Erfolg. Als erste Meutereien drohen, gibt Lumumba nach und entlässt alle noch rund 1 100 belgischen Offiziere. Die freigewordenen Posten werden übereilt an unerfahrene Leute gegeben, zum Generalstabschef macht Lumumba seinen persönlichen Sekretär, den 29-jährigen Joseph Mobutu (1930–1997).

Chaos bricht in vielen Kasernen aus, Übergriffe auf noch im Kongo verblie-

bene Belgier nehmen täglich zu, selbst Priester werden beraubt und Nonnen vergewaltigt. Innerhalb weniger Tage fliehen rund 25 000 noch im Kongo verbliebene Belgier aus dem Land, woraufhin Belgien neue Truppen in den Kongo entsendet. Im Juli nutzt Moise Tschombé die Situation und erklärt die Unabhängigkeit ›seiner‹ Provinz Katanga. Lumumba bittet die UNO um Hilfe, die umgehend Truppen schickt, aber nach Lumumbas Einschätzung längst nicht genug, sodass er auch die Sowjetunion um Militärhilfe bittet. Der US-Botschafter in Belgien meldet nach Washington: ›Lumumba gefährdet unsere wesentlichen Interessen im Kongo und Afrika überhaupt… Ziel muss sein, die Lumumba-Regierung zu vernichten, aber gleichzeitig ein anderes Pferd… zu finden, das für den Rest Afrikas akzeptierbar ist.‹

Dieses ›andere Pferd‹ wird der ehemalige persönliche Sekretär Lumumbas, dem er die Führung der Armee anvertraute – Joseph Mobutu. Am 14. September 1960 ernennt er sich selbst vorübergehend zum neuen Staatschef und befiehlt dem Botschafter der Sowjetunion, das Land innerhalb von 48 Stunden zu verlassen. Lumumba wird unter Hausarrest gestellt, und Staatspräsident Kasavubu schlägt Moise Tschombé als neuen Premierminister vor. Der Hausarrest von Lumumba wird überwacht von UNO-Soldaten, die ihn vor Attentaten schützen sollen und der Armee von Mobutu, die seine Flucht verhindern will.

Doch gelingt Lumumba Ende November 1960 die waghalsige Flucht. Bereits nach wenigen Tagen wird er jedoch mit zwei Vertrauten von Mobutus Armee ergriffen: Filmaufnahmen, die um die Welt gehen, zeigen Patrice Lumumba, wie er vor der Kamera und in Anwesenheit von Mobutu an den Haaren gezerrt und geschlagen wird. Eine Weile bleibt sein Schicksal undeutlich. Schliesslich liefert Mobutu seinen ehemaligen Gefährten an dessen Erzrivalen Tschombé nach Katanga aus. Am 17. Januar 1961 werden Patrice Lumumba und seine beiden Vertrauten dort nach schrecklichen Folterungen und in Anwesenheit belgischer Offiziere erschossen. Ihre Leichen werden niemals gefunden.

Joseph Mobutu baut in den kommenden Jahren mit Unterstützung der USA systematisch das Militär auf und setzt nach einem Machtgerangel 1965 sowohl Kasavubu als auch Tschombé ab, um sich endgültig als Diktator auf Lebenszeit zu installieren. Kurz danach erklärt er Patrice Lumumba zum ›Volkshelden‹. 1967 führt er eine Kampagne zur ›Afrikanisierung‹ durch, wobei das Land in Zaire umbenannt wird und alle Bürger afrikanische Namen annehmen müssen. Sich selbst nennt er ›Mobutu Sese Seko Nkuku Ngbendu wa za Banga‹ was übersetzt bedeutet: Der mächtige Krieger, der kraft seiner Unbeugsamkeit von Sieg zu Sieg eilt. Mobutu Sese Seko wird in den kommenden drei Jahrzehnten zu *einem der reichsten und korruptesten Männer Afrikas und zu einem der schlimmsten Tyrannen. Erst im Mai 1997 gelingt es, ihn aus seinem Palast zu verjagen. Zaire wird erneut umbenannt in ›Demokratische Republik Kongo‹ und noch stets von vielen Unruhen erschüttert. Mobutu stirbt im September 1997 im Exil in Marokko.* «

Im Jahre 1957 wird als erstes Land Afrikas südlich der Sahara die englische Goldküste unabhängig – und am 6. März offiziell nach dem historischen westafrikanischen Königreich in Ghana umbenannt. Die Chancen für diesen Start sind wesentlich besser als bei vielen anderen ehemaligen Kolonien: Der Übergang findet nicht überstürzt statt, und die Landwirtschaft ist relativ stabil, wenn es auch großen Nachholbedarf an Schulen und Krankenhäusern gibt.

»Ganz Afrika soll frei sein – noch zu unseren Lebzeiten!« – Kwame Nkrumah am 8. Dezember 1958 in Ghana

» *Als unbestrittener Anführer gilt der 1909 in einem kleinen Dorf im Südwesten Ghanas geborene Kwame Nkrumah, Sohn eines Goldschmieds und einer einfachen Bäuerin. Obwohl seine Eltern arm sind, hat er das Glück, eine katholische Missionsschule besuchen zu können. Danach ist er selbst einige Jahre als Lehrer tätig, will aber mehr verstehen über Afrika und die Welt und träumt davon, in Amerika politische Wissenschaften zu studieren. Da ihm das Geld für die Schiffspassage fehlt, versteckt er sich mit 26 Jahren als blinder Passagier an Bord eines Überseedampfers und kommt nach vielen Strapazen in den USA an. Zehn Jahre lebt, studiert und arbeitet Kwame Nkrumah hier und begegnet nicht nur vielen prominenten Vorkämpfern für die Rechte der Schwarzen, wie dem gut 40 Jahre älteren W.E.B. Du Bois, sondern erhält am Ende sogar einen Doktortitel. 1945 zieht er nach London, wo er sich zwei Jahre lang vor allem für die Idee des Panafrikanismus einsetzt – eines starken und geeinten Afrika. Bereits in Westafrika politisch aktive Mitstreiter laden ihn 1947 ein, zurück an die Goldküste zu kommen. Die meisten bestehenden Gruppen und Parteien findet er zu zahm. Er organisiert Streiks und Boykotte, geht dafür auch eine Weile ins Gefängnis und gründet unter dem Slogan ›Unabhängigkeit jetzt!‹ eine radikalere Partei, die nach den ersten Wahlen 1951 die Mehrheit erringt. Ab 1952 gestatten die Engländer eine erste Regierung in ›ihrer‹ Goldküste, deren Ministerpräsident Nkrumah heißt und deren meiste Minister Afrikaner sind – letzte Entscheidungsgewalt behält jedoch der englische Gouverneur. Nach sechs un-*

Kwame Nkrumah, erster Ministerpräsident von Ghana, träumte von den afrikanischen USA: den Vereinigten Staaten von Afrika.

ruhigen, aber lernintensiven Jahren für beide Seiten gelingt 1957 ein unblutiger Übergang: Ghana gilt mit seinen gut bewirtschafteten Kakaoplantagen und ergiebigen Gold- und Diamantenvorkommen als stabil. Und Kwame Nkrumah bleibt seiner Vision treu, dass die Unabhängigkeit Ghanas das Fanal zur Befreiung aller noch bestehenden Kolonien sein soll, um die neuen ›USA‹, die Vereinigten Staaten von Afrika zu schaffen. Als überzeugter Sozialist gründet er zahlreiche Staatsbetriebe, um die Industrie anzukurbeln, sowie mehrere Universitäten, lässt Schulen bauen, beginnt ein riesiges Staudammprojekt und unterstützt die Befreiungsbewegungen in den noch bestehenden Kolonien.

Für die meisten Ghanaer, vor allem für die Ärmeren, ist er ein Held. Auf zahlreichen Reisen wirbt er unermüdlich für seine Idee eines geeinten Afrika mit einem gemeinsamen Parlament, wie es sich die Europäer für ihren Kontinent noch lange nicht vorstellen können. Als Anlauf dazu gründet er mit Guinea und Mali eine erste Wirtschaftsgemeinschaft.

Diese ghanaische Begeisterung wird jedoch nicht in allen bis dahin vom Kolonialismus befreiten Ländern auf gleiche Weise geteilt. Als es tatsächlich im Mai 1963 zur Gründung der ›Organisation Afrikanischer Einheit‹ (Organisation of African Unity/OAU) kommt, sind zwar alle unabhängigen afrikanischen Länder dabei, den wesentlichen Kernideen Nkrumahs wird jedoch eine Absage erteilt: Es soll kein gemeinsames Parlament geben, sondern die einzelnen Staaten in den zumeist von den Kolonialmächten gezogenen Grenzen werden bekräftigt. Als Warnschuss an Kwame Nkrumah wird das äthiopische Addis Abeba als erster Versammlungsort und nicht die ghanaische Hauptstadt Accra gewählt, wohin Nkrumah eingeladen hatte.

Daheim in Ghana haben die vielen neuen Vorhaben die Staatskasse schneller leer werden lassen, als die erhoffte industrielle Produktion Mittel hereingebracht hat. Die Preise steigen, der Lebensstandard fällt, Kritik am Präsidenten wird laut. Als es zu ersten Bombenattentaten und Sabotageakten kommt, schlägt Nkrumah unerwartet hart zurück. Ende 1963 sitzen bereits um die 3 000 Oppositionelle in ghanaischen Gefängnissen. Der Präsident wird zunehmend zum Diktator und lässt nur noch die eigene Partei zu. 1966 kommt es zu einem Militärputsch, als Kwame Nkrumah im Ausland ist. Er stirbt 1972 im Exil in Guinea.

Die folgenden beiden Jahrzehnte sind von verschiedenen Regierungen geprägt, die immer wieder durch einen Sturz der vorhergehenden an die Macht kommen. Das Land trudelt weiter abwärts. Am letzten Tag des Jahres 1981 putscht sich zum zweiten Mal ein junger Fliegerleutnant, Jerry John Rawlings (*1947), an die Macht, der zunächst wenig Gutes verheißt: Er löst das Parlament auf und verbietet alle politischen Parteien. Sodann verordnet er dem Land drastische Sparmaßnahmen und folgt, zwar gezwungenermaßen, aber konsequent allen Auflagen des Internationalen Währungsfonds und der Weltbank. Und hier (längst nicht überall) funktionieren sie: Das Land kommt wieder auf die Füße, neue Arbeitsplätze werden durch überlegte Investitionsprojekte geschaffen, der Lebensstandard beginnt endlich wieder zu steigen. Kein Luxus, aber doch nicht mehr die Not der Jahre zuvor.

1992 wird ein zweiter Anlauf zur Demokratie gewagt. Auch Jerry John Rawlings – im Lande nur noch ›J.J.‹ genannt – gründet eine politische Partei und stellt sich den sorgfältig vorbereiteten Wahlen, die ohne Einmischung von außen alle Ghanaer als ihre eigene Sache ansehen. In freien Wahlen erringt der Zivilist Rawlings 58 Prozent der Stimmen und wird damit zum nun demokratischen Prä-

*sidenten. Er hält sich ab jetzt an alle demokratischen Spielregeln. Nach zwei Amtsperioden tritt er gemäß der Verfassung nicht erneut an. Seit 2001 ist John Agyekum Kufuor (*1938) neuer Präsident Ghanas. Noch immer gibt es viel zu tun, die Wirtschaft hat sich nicht so konsequent weiter stabilisiert wie erhofft, aber Ghana gilt zu Recht als ein gelungenes Beispiel eines afrikanischen Landes, das seinen eigenen Weg geht und dabei durchaus stolz auf Erreichtes sein kann. Mit Freude wird 1997 überall im Land die Wahl des Ghanaers Kofi Annan zum UNO-Generalsekretär (bis 2007) wahrgenommen, dessen erfolgreiche Arbeit im UNO-Hauptquartier in New York mit dem Friedensnobelpreis 2001 belohnt wird.* «

MACHT UND MACHTMISSBRAUCH: BEFREIER UND DESPOTEN

Es ist keine afrikanische Eigentümlichkeit, dass es Menschen gibt, die ihre errungene Macht zu ihrem persönlichen Vorteil ausnutzen und dabei vor keinen Gräueltaten gegenüber jenen zurückschrecken, die sie davon abzuhalten versuchen. Dabei spielt es nur eine untergeordnete Rolle, ob jemand legal, zum Beispiel durch freie Wahlen, an die Macht gekommen ist oder illegal, etwa durch die gewaltsame Vertreibung oder Ermordung der vorherigen Machthaber. Hat sich jemand »oben« einmal mit der nötigen polizeilichen oder militärischen Gewalt ausgestattet, kann nur eine funktionierende, das heißt auch durchsetzbare Kontrolle derer »von unten« Diktatur und Machtmissbrauch verhindern.

Die Geschichte beinah aller Kulturen kennt Männer, die aus Machthunger und Gier nach Reichtum die eigene Bevölkerung auf das Schlimmste ausgebeutet haben. Im Afrika des ersten Jahrzehnts nach der Befreiung vom Kolonialismus sind es ganz überwiegend Herrscher, die drei Bedingungen erfüllen: 1. Sie kommen mit Duldung oder aktiver Unterstützung der ehemaligen Kolonialherren an die Macht; 2. Sie werden, zumindest anfangs, toleriert oder auch unterstützt von der jeweiligen, zumeist konservativen, einheimischen Elite; 3. Sie sind alle Männer.

Nur die dritte Bedingung gilt durchweg auch für jene, die als wirkliche Befreier und Humanisten auftreten. Männer, Männer, Männer... egal ob Despoten oder Befreier, immer sind es Männer, die in den ersten Jahrzehnten der Unabhängigkeit in Afrika Geschichte zu machen scheinen. In einigen afrikanischen Ländern gibt es seit Jahren auch Ministerinnen, es dauerte jedoch immerhin bis 2006, bevor in Liberia die erste Premierminsterin in Afrika vereidigt wurde: Ellen Johnson-Sirleaf. Afrikas Frauen haben längst begonnen, das von traditionell orientierten Männergesellschaften auferlegte Schweigen zu brechen. Mehr darüber im nächsten Kapitel.

In Europa sind die Grausamkeiten verrückt gewordener Diktatoren wie Kaiser Bokassa aus der Zentralafrikanischen Republik oder Idi Amin aus Uganda oft als genereller Beleg für die »erschreckende Unreife« politischer Führer in Afrika missbraucht worden, ohne die europäische Rückendeckung ausreichend darzustellen. In Afrika wird gern die Mitverantwortung einheimischer, konservativer Eliten geleugnet, die, vor allem wenn eine Diktatur einmal zusammengebrochen war, alle »schon immer« gegen diesen oder jenen Despoten waren. Umgekehrt – und das ist vielleicht noch verhängnisvoller – sind menschlich aufrichtige, politisch kluge und persönlich bescheidene Haltungen afrikanischer Regierungschefs – mit der einzigen aktuellen Ausnahme von Südafrikas erstem Präsidenten Nelson Mandela – kaum ausreichend analysiert, geschweige denn bekannt und anerkannt als nötige Orientierungen auf dem langen Weg zur Freiheit.

Jean Bédel Bokassa (1921–1996) und Idi Amin (1925–2003) zeigen die Extreme menschlichen Machtmissbrauchs. Demgegenüber stehen Léopold Senghor (1906–2001), Julius Nyerere (1922–1999) und nicht zu vergessen der junge Thomas Sankara (1949–1987) für Persönlichkeiten, die keineswegs ohne Irrtümer sind, aber aufrichtig in ihrer Suche nach mehr Gerechtigkeit für alle Menschen.

»Ich verwirkliche die soziale Evolution in Schwarzafrika, ich, Kaiser Bokassa I., Herrscher über das Zentralafrikanische Reich«
Jean Bédel Bokassa am 4. Dezember 1977.

» *Jean Bédel Bokassa wollte in die Geschichte eingehen als Napoleon Afrikas – die Kaiserkrönung am 4. Dezember 1977 fand auf seinen Wunsch hin beinah auf den Tag genau 173 Jahre nach jener Napoleons statt. Es wurde eine groteske Vorstellung. In einem der ärmsten Länder Afrikas, mit am meisten getroffen durch die Sklaverei und ihre Folgen, lieferte die ehemalige französische Kolonialmacht die entsprechende Dekoration: einen vergoldeten Thron in Form eines Adlers (gut zwei Tonnen schwer), eine Kaiserkrone (mit 2 000 Diamanten besetzt) und natürlich Champagner in Strömen. Die Kosten für das unwürdige Spektakel wurden auf 20 Millionen US-Dollar geschätzt.*

Wie konnte sich Frankreich für so ein Theater einspannen lassen? Vermutlich nur, weil zu diesem Zeitpunkt ein neues Konzept für die französische Afrikapolitik noch immer fehlte. Denn die ursprüngliche Begeisterung für den starken Mann, der in der Silvesternacht 1965/66 durch einen Sturz der erst seit 1960 unabhängigen Regierung nach oben gekommen war, hatte bereits einige Kratzer abbekommen.

Jean Bédel Bokassa hatte als einfacher Soldat in der französischen Armee

In einem der ärmsten Länder Afrikas lieferte die ehemalige französische Kolonialmacht die Dekoration für die absurde Kaiserkrönung Bokassas.

begonnen und sich langsam hochgearbeitet. Erst 1964, vier Jahre nach der Unabhängigkeit der Zentralafrikanischen Republik, wechselte Bokassa von der französischen zur Armee seines Heimatlandes. Der erste Präsident, ein Vetter Bokassas, machte ihn bald darauf zum Generalstabschef. Ein verhängnisvoller Fehler. Zum Jahreswechsel 1965/66 schlug Bokassa zu und setzte nicht nur seinen Verwandten ab, sondern zugleich die erst 1959 verabschiedete Verfassung außer Kraft. Niemand konnte ihn mehr kontrollieren, Hunderte politischer Gegner wurden ohne langen Prozess hingerichtet.

Außerhalb der Hauptstadt Bangui ließ er sich einen Palast bauen, der heute verfallen und von Urwaldpflanzen überwuchert ist, aber in dem immer noch Reste jener Käfige zu sehen sind, in die er persönliche Feinde Löwen zum Fraß vorwarf, und jene Räume, in denen er seine Giftschlangen züchtete.

Solange Bokassa die französischen Interessen in Zentralafrika achtete, für die vor allem die strategische Lage dieses Landes bedeutsam war, konnte die Regierung in Paris mehr als ein Jahrzehnt problemlos über eine Vielzahl schlimmster Menschenrechtsverletzungen hinwegsehen. Immerhin, so hieß es bei kritischen Stimmen, habe er im Zweiten Weltkrieg auf der Seite Frankreichs gegen Nazideutschland gefochten.

*1972 ernannte sich Bokassa zum Präsidenten auf Lebenszeit. Er überlebte zwei Putschversuche und einen Mordanschlag, die jeweils Anlass für neue Gewaltorgien waren. Vom jungen libyschen Staatschef Muammar al-Gaddafi (*1942) ließ er sich kurzfristig zum Islam bekehren, kehrte aber vor seiner Kaiserkrönung zum Katholizismus zurück.*

Erneute Unruhen Anfang 1979 ließ er in gewohnt brutalen Massakern an Zivilisten niederschlagen. Im April 1979 wurden bei einer Demonstration von Schulkindern etwa 100 von ihnen erschlagen, wobei Journalisten berichteten, dass Bokassa selbst mit einem Stock am Kindermord beteiligt war. Dieses weltweit mit Entsetzen wahrgenommene Ereignis erst brachte das Fass zum Überlaufen. Frankreich gab endlich Zustimmung zur Absetzung Bokassas, die unblutig stattfand, als sich Bokassa im September 1979 erneut zu Besuch bei Oberst Gaddafi in Libyen befand.

*Bokassa erhielt sicheres Asyl in Frankreich. Trotzdem kehrte er 1986 in die Zentralafrikanische Republik zurück, wurde verhaftet und nach einem hochemotionalen Gerichtsprozess, in dem immer neue Gräueltaten zutage kamen und die Zahl der unter seinem Regime ermordeten Menschen auf über 200 000 geschätzt wurde, 1987 zum Tode verurteilt. Ein Jahr später wurde diese Strafe vom damaligen Präsidenten André Kolingba (*1935) in lebenslange Haft umgewan-*

delt. Im Rahmen einer allgemeinen Amnestie kam Bokassa schon nach fünf Jahren 1993 wieder frei. Er starb 1996 an Herzschlag. «

»Diejenigen, die die ugandischen Kühe melken, ohne sie zu füttern, haben in Uganda nichts zu suchen« – Idi Amin 1972, am Vorabend der Vertreibung von rund 50 000 Asiaten aus Uganda.

» *Idi Amin war gerade ein Jahr als Diktator an der Macht, als er die Idee bekam (angeblich von Gott in einem Traum eingegeben), dass eine Aktion gegenüber einer ethnischen Minderheit im Lande, die er gleichzeitig zu Sündenböcken für wirtschaftliche Probleme machte, seine Macht weiter stabilisieren würde. Alle Inder und Pakistanis, egal ob Hindus oder Muslime, die zu englischen Kolonialzeiten ins Land gekommen waren und eine relativ stabile Mittelschicht von Geschäftsleuten gebildet hatten, mussten das Land innerhalb von 90 Tagen verlassen. Mitnehmen durften sie 2 Koffer und 50 Pfund.*

Geboren wurde Idi Amin 1925 als Angehöriger der Kakwa, einer der kleineren ethnischen Gruppen im Nordwesten des Landes, von wo er als junger Mann in den Dienst der englischen Kolonialarmee – der ›East African Rifles‹ – trat. Bereits als Soldat fiel er durch seine Fähigkeiten als Schwergewichtsboxer auf, der – obwohl nur begrenzt des Lesens und Schreibens mächtig – sich früh durch Körperkraft Respekt zu verschaffen wusste. Vorgesetzte beschrieben ihn durchweg als ›äußerst gehorsam‹.

Als Uganda endlich 1962 von den Engländern in die Unabhängigkeit entlassen wurde, bildete das Land – ähnlich wie Lumumbas Kongo zwei Jahre zuvor – ein hochexplosives Gemisch verschiedener ethnischer Gruppen, die die Engländer bis zuletzt bewusst gegeneinander ausgespielt hatten. Die größte Gruppe der Ganda hatten sie nach ihrem Konzept der ›indirekten Herrschaft‹ als Eintreiber von Steuern, Polizisten und Beamte der Rechtsprechung allen anderen Gruppen gegenüber bevorzugt. Die erste Regierung bestand daher aus dem König der Ganda, Kabaka Mutesa I., als Präsident und dem Parteipolitiker und Ganda-Hasser Milton Obote (1924–2005), der der Gruppe der Lango angehörte, als Premierminister. Nur vier Jahre nach der Unabhängigkeit schlug Obote zu: Er entmachtete den Gandakönig und jagte ihn nach England ins Exil, wo dieser bis zu seinem Tod 1969 blieb.

Idi Amin erhielt hierbei eine erste militärische Hauptrolle, indem er persönlich den Königspalast bombardieren durfte. Unter der Zivilbevölkerung der Ganda richteten die Soldaten von Obote und Amin ein schreckliches Blutbad an. Obote ernannte Amin einige Zeit später zum Kommandeur der Streitkräfte. Die Engländer sahen diesen Entwicklungen mit wachsendem Groll zu: Nicht nur war Obote wiederholt der Korruption angeklagt worden und hatte inzwischen mit viel Terror eine Ein-Parteienherrschaft errichtet. Was die englische Regierung noch mehr ärgerte, war die Verstaatlichung einiger ihrer Firmen und die Organisation erster Boykotte gegen das rassistische Rhodesien und Südafrika. Hier sah Major-General Idi Amin seine Stunde gekommen.

Hinter dem Rücken Obotes gewann er die diplomatische Unterstützung Englands und – obwohl selbst Muslim – auch von Israel, das von Uganda aus an einer Destabilisierung des Sudan interessiert war. Als Obote sich 1971 auf einer Auslandsreise befand, schlug nun Amin zu und setzte sich nach der Ermordung vieler Getreuer Obotes an die Spitze einer Militärdiktatur. Das Schreckensregime Obotes war den meisten Menschen in Uganda so verhasst und Idi Amin als Politiker noch so unbekannt, dass die Menschen in der Hauptstadt Kampala Amin anfangs als ›Retter aus der Not‹ feierten.

Um die eigene Rolle beim Putsch in Uganda herunterzuspielen, erkannte die englische Regierung Amin als Staatschef international erst an, nachdem auf ihr Drängen Kenia und Israel vorangegangen waren. Die Ersten, die nach den Anhängern Obotes zu spüren bekamen, dass hier ein Diktator nur durch den nächsten, noch schlimmeren, ersetzt worden war, waren die Asiaten 1972. Hatte Amin Engländern und Israelis anfangs versichert, dass er nur vorübergehend die Macht behalten würde, so schockte er seine ehemaligen Förderer nun bald mit der Nachricht, dass er sie nicht mehr nötig habe und ab nun Verbindungen mit der islamischen Welt aufnehmen werde. Es war wiederum Oberst Gaddafi aus Libyen, der auch Amin davon überzeugte, aus Uganda, obwohl nur 6 Prozent der Bevölkerung Muslime waren, einen Islamstaat zu machen. Der saudiarabische König Faisal (1906–1975) reiste eigens nach Uganda, um den landesweiten Bau von Moscheen mit vielen Millionen US-Dollar zu finanzieren.

Mit dem Rückhalt der arabischen Welt konnte Amin nun machen, was er wollte, ohne eine weitere Einmischung der Europäer zu fürchten. Nachdem die Getreuen Obotes, die nicht hatten fliehen können, bereits ermordet waren, machte Amin sich daran, auch die Angehörigen anderer ethnischer Gruppen systematisch zu vernichten. Seine Todesschwadronen verbreiteten überall im Land Schrecken und machten auch vor Richtern und Bischöfen nicht Halt. Tausende von Menschen verschwanden, in den Flüssen trieben von Folter verstümmelte Leichen. Amin hieß hinter vorgehaltener Hand nur noch der ›Schlächter von Uganda‹. Experten schätzen, dass in den acht Jahren seiner Schreckens-

herrschaft mindestens 300 000 Menschen, vielleicht auch 500 000, einen gewaltsamen Tod fanden.

*Keine der ehemaligen Kolonialmächte, schon gar nicht England und Israel, die ihm zur Macht verholfen hatten, rührten auch nur einen Finger, um dieses Morden zu beenden. Afrikaner ermordeten Afrikaner, die ehemaligen Firmen waren sowieso verloren – warum sollte man sich noch engagieren? Es waren ugandische Widerstandskämpfer unter dem noch jungen Yoweri Museveni (*1944), die Idi Amin mit Unterstützung der Armee und Regierung Tansanias unter Julius Nyerere endlich 1979 aus Uganda ins Exil nach Saudi-Arabien vertrieben. Dort lebte er bis zu seinem Tod 2003, vor jeder gerichtlichen Verfolgung geschützt.*

In den folgenden kurzen Übergangsregierungen wird Yoweri Museveni Verteidigungsminister. 1980 gelingt es dem aus dem Exil zurückgekehrten Obote durch Wahlbetrug erneut, an die Macht zu kommen. Yoweri Museveni zieht sich in den Busch zurück und kämpft sechs lange Jahre einen Guerillakrieg gegen die zweite Terrorherrschaft Obotes, der erneut mindestens 300 000 Zivilisten zum Opfer fallen.

Im Januar 1986 zieht Yoweri Museveni mit seiner Nationalen Widerstandsarmee (National Resistance Army) in Kampala ein und wird wenig später als neuer Präsident Ugandas vereidigt. Obwohl der Guerillakrieg von beiden Seiten mit unendlicher Gewalt geführt wird – so wird Museveni zu Recht der Einsatz von Kindersoldaten vorgeworfen –, schafft er es doch, dass die Menschen in Uganda endlich zur Ruhe kommen. Zum ersten Mal verhalten sich Soldaten diszipliniert, bezahlen für Proviant oder versorgen auch notleidende Zivilisten. Die Regierung Museveni versucht bis heute, einen eigenen Weg zu gehen, der ihr Kritik wie Anerkennung gleichermaßen einbringt. Kritiker sagen, dass es in Uganda bis heute keine Demokratie im Sinne des Parteienpluralismus gibt. Befürworter seiner Politik betonen, dass es erstmals seit der Unabhängigkeit Ugandas Krankenhäuser und Schulen auch für die Mehrheit der Bevölkerung gibt, loben die Pressefreiheit und seine basisdemokratischen ›Widerstandskomitees‹, deren Mitglieder auf lokaler und regionaler Ebene direkt von der Bevölkerung gewählt werden. ›Ein afrikanisches Demokratie-Modell‹, sagt Yoweri Museveni. «

Jean Bédel Bokassa und Idi Amin hatten beide persönliche Erfahrungen mit den jeweiligen Kolonialmächten, jedoch eher auf der Ebene von Befehlsempfängern. Franzosen wie Engländer waren überzeugt, beide – wenn sie auch »skurrile Eigenarten« hatten – doch im Prinzip »gut im Griff zu haben«. Die Geschichten von Léopold Senghor und Julius Nyerere zeigen dagegen einen neuen Typ eines afrikanischen Staatsmannes, der erstmals mit einem eigenen Konzept von politischer Kultur auftritt, wofür Jahre später auch der junge Thomas Sankara mit seinem Traum eines Landes für »aufrechte Menschen« stehen wird. Die ehemalige Kolonialmacht kann dann entweder zum neuen Partner werden – wie Frankreich gegenüber Léopold Senghors Senegal – oder im besten Sinne bedeutungslos und damit allmählich zu einem Land, mit dem unabhängige internationale Beziehungen wie mit anderen auch aufgenommen werden können.

»Unsere Überzeugung ist, dass die Franzosen uns gegenüber zuverlässig sein müssen...« – Léopold Senghor im Juli 1959 in Senegal.

» *Léopold Sédar Senghor wird 1906 in einem kleinen Fischerdorf südlich von Dakar als Sohn eines wohlhabenden Kaufmanns von adliger Herkunft und einer Mutter, die zur ethnischen Gruppe der Peul, einem Nomadenvolk, gehört, geboren. Nach Abschluss seiner Schulbildung in Senegal erhält er ein Stipendium und kann mit 22 Jahren zum Studium nach Paris reisen. Zu seinen Jugendfreunden gehört Georges Pompidou (1911–1974), der viele Jahre später französischer Premierminister (1962–1968) und Staatspräsident (1969–1974) werden soll. 1932 erhält Senghor die französische Staatsangehörigkeit und arbeitet ab 1935 als Gymnasiallehrer. Zu Beginn des Zweiten Weltkriegs meldet er sich als Soldat zur französischen Armee. Im Kriegsverlauf wird er gefangen und verbringt 18 Monate in einem deutschen Kriegsgefangenenlager, wo er Deutsch lernt und anfängt, Gedichte zu schreiben. Nach seiner Freilassung erhält er eine Stellung als Professor für afrikanische Sprachen.*

Von 1945 bis 1958 ist Senghor der erste Abgeordnete Senegals in der französischen Nationalversammlung. 1947 gründet er in Senegal die Partei ›Block Demokratisches Senegal‹ (BDS), in der erstmals verschiedene ethnische Gruppen und Teile der armen Landbevölkerung repräsentiert sind. Aber auch seine Veröffentlichungen als Schriftsteller und Mitbegründer der ›Négritude‹, der Idee eines neuen afrikanischen Selbstbewusstseins, erringen Anerkennung. Er arbeitet mit führenden französischen Schriftstellern seiner Zeit zusammen wie André Gide, Albert Camus und Jean-Paul Sartre. 1958 vereinigt sich seine Partei BDS mit den Sozialisten zur Senegalesischen Volksunion (Union Populaire Sénégalaise, UPS). Die Unabhängigkeit Senegals wird sorgfältig vorbereitet – zuerst 1959 in einer Föderation mit Mali. Am 4. April 1960 werden Mali (ehemals Französisch-Sudan) und Senegal, so benannt nach dem größten Fluss im Land, in die

Léopold Senghor, erster Präsident des Senegal, war überzeugt, dass Afrikaner eigene Wege zur Lösung ihrer Probleme finden müssen.

*Unabhängigkeit entlassen. Im August 1960 trennt man sich friedlich, und Senegal geht seitdem erfolgreich seinen Weg selbstständig. Léopold Senghor regiert bis 1980 als Präsident. Sein Nachfolger Präsident Abdou Diouf (*1935) setzt die Politik der aktiven Toleranz und Demokratie die nächsten zwei Jahrzehnte weiter fort. Im März 2000 verliert Abdou Diouf die demokratischen Wahlen und mit Abdoulaye Wade (*1927) kommt erstmals die Opposition an die Regierung.*

Senegal gilt als eines der friedlichsten Länder Afrikas, obwohl es auch hier eine Vielzahl verschiedener ethnischer Gruppen und Religionen gibt. Selbst das 300 Kilometer vom Atlantik her nach Senegal hineinragende Gambia hat niemals Anlass zu gewalttätigen Auseinandersetzungen gegeben. Im Gegenteil: Seit 1982 besteht eine Konföderation, die für beide Staaten wirtschaftliche Vorteile hat, aber doch die jeweilige Selbstständigkeit sichert. Senghor hat von Anfang an als Katholik in einem Land mit 90 Prozent Muslimen die gegenseitige Achtung durch Beispiele persönlicher Freundschaften und die Zusammenarbeit mit Ministern unterschiedlicher religiöser wie ethnischer Herkunft gefördert. 1968 erhielt Senghor den Friedenspreis des deutschen Buchhandels. 1983 wurde er als erster Afrikaner in die renommierte Academie Française gewählt.

Niemals hat sich Senghor dabei mit seinen Ideen von Négritude und afrikanischem Sozialismus angepasst. Er war überzeugt, dass Afrikaner einen eigenen Weg finden müssen, jedoch im Dialog mit den Kulturen anderer Kontinente. Grundideen des Sozialismus fand er wertvoll für Afrika, da, wie er einmal sagte, ›das Konzept des Teilens seit jeher bedeutsam in der Geschichte Afrikas war‹.

Gerade durch seine genaue Kenntnis der französischen Gesellschaft war er in der Lage, auch selbstbewusst Kritik zu üben. Noch vor der Unabhängigkeit seines Landes forderte er im Juli 1959 die Verantwortung der Franzosen für eine fruchtbare Zusammenarbeit für die Zeit nach der Unabhängigkeit ein: ›Wir wollen nicht unsere Überzeugung verschweigen, dass unsere Zuverlässigkeit Frankreich gegenüber eine ebensolche Zuverlässigkeit der Franzosen uns gegenüber erfordert.‹ Und er fuhr fort: ›Ich weiß wohl, dass die Franzosen Fehler haben, sie haben aber auch Qualitäten. Was für ein bewundernswertes und enttäuschendes Volk, gleichzeitig verführerisch und irritierend!… Sie bevorzugen Ansehen vor Interessen. Sie wollen gar nicht so sehr geliebt werden, als gesagt zu bekommen, dass man sie liebt. Aber wenn man eine solide, auf Fakten beruhende Kritik vorbringt, beugen sie sich der Wahrheit – aus Vernunft und Menschlichkeit.‹

Léopold Senghor ist in zweiter Ehe mit einer Französin verheiratet. 2001 stirbt er mit 95 Jahren in Frankreich. «

Julius Nyerere, erster Präsident Tansanias, wird von vielen bis heute als „Mwalimu", als Lehrer, verehrt – er ist der erste Regierungschef Afrikas, der zurücktritt und sich für einen Irrtum entschuldigt.

»Fähig zu werden, die Menschheit als Ganzes umarmen zu können.«
Julius Nyerere im November 1964 in Tansania.

» Auch Julius Nyerere kommt aus einer Familie mit adliger Herkunft. Sein Vater ist Häuptling der Zanaki, eines Volkes im Nordwesten des Landes. Hier wird er 1922 in einem Dorf am Ufer des Viktoriasees geboren. Wie Senghor erhält auch Julius Nyerere am Ende seiner Schulzeit und nach einer Ausbildung und drei praktischen Jahren als Schullehrer ein Stipendium, um in Europa zu studieren – in seinem Fall in Großbritannien, das die ehemalige deutsche Kolonie nach dem Ersten Weltkrieg übernommen hat. Mit 32 Jahren kehrt er 1954 in das damalige Tanganjika zurück und gründet die erste politische Partei des Landes – die TANU (Tanganyika African National Union). Konzept der TANU ist, einen eigenen afrikanischen Weg zu finden, der an Ideen des Sozialismus orientiert ist und eine Einigkeit unter den verschiedenen Völkern herzustellen versucht.

Nachdem die TANU 1959 und 1960 in demokratischen Wahlen als eindeutiger Sieger hervorgeht, wird das Land 1961 in einem friedlichen Übergang unabhängig. Julius Nyerere wird 1962 erster Präsident. Die Tanganjika vorgelagerte Insel Sansibar, die die Engländer bereits 1890 vom deutschen Kaiser gegen die Nordsee-Insel Helgoland ›eingetauscht‹ hatten, wird 1963 unabhängig. Ein Jahr später schließen sich Tanganjika und Sansibar unter Präsident Nyerere zur Vereinigten Republik Tansania zusammen.

Julius Nyereres Vision des afrikanischen Sozialismus und sein unermüdlicher und mutiger Einsatz für seine Ideale bringen ihm in ganz Afrika und international viel Anerkennung ein, auch wenn es wirtschaftlich langfristig nicht erfolgreich sein wird. Die wichtigste Idee im neuen Tansania ist die von ›Ujamaa‹ (in Swahili: Familiengemeinschaft). Unabhängig von sonstiger ethnischer oder sozialer Herkunft sollen alle 120 (!) verschiedenen Völker Tansanias in den landwirtschaftlich ausgerichteten Ujamaas friedlich zusammenleben lernen. Das Ziel ist, eine gerechte Gesellschaft zu schaffen, die nicht nur politisch unabhängig ist, sondern es nun auch wirtschaftlich werden soll.

Er selbst erläutert sein ›Ujamaa-Konzept‹ 1964 so: ›Ujamaa beschreibt unseren Sozialismus. Ujamaa hat nichts zu tun mit Kapitalismus, der eine Fun-Gesellschaft anstrebt auf der Basis der Ausbeutung des Menschen durch den Menschen. Und Ujamaa hat ebenso nichts zu tun mit doktrinärem Sozialismus, der seine frohe Gesellschaft basiert auf dem angeblich unvermeidlichen Konflikt zwischen Menschen. Wir in Afrika haben keinen Bedarf mehr, bekehrt zu werden zu jenem Sozialismus oder jene Demokratie beigebracht zu bekommen. Sozialismus und Demokratie sind tief verwurzelt in unseren traditionellen Gesellschaften, die uns heute hervorgebracht haben… Die Bedeutung, die die Familie für jeden von uns hat, muss langfristig erweitert werden über unsere persönliche Familie hinaus, über unsere ethnische Gruppe hinaus, über unser Land hinaus, ja über unseren Kontinent hinaus – um fähig zu werden, die Menschheit als Ganzes umarmen zu können.‹

Tansania ist bis heute neben Kenia das einzige Land in Afrika, das nicht eine Sprache der Kolonisatoren, sondern eine afrikanische Sprache, das Swahili, als offizielle Landessprache durchgesetzt hat, auch wenn Englisch weiter eine Rolle im öffentlichen Leben spielt. Julius Nyerere selbst hat Werke von William Shakespeare in Swahili übersetzt und die Förderung von neuerer Literatur in Swahili zu seinem persönlichen Anliegen gemacht. All sein Engagement für Bildung und Erziehung bringt ihm im Lande den liebevollen Beinamen ›Mwalimu‹ ein – der Lehrer. Während seiner Regierungszeit unterstützt er andere Befrei-

ungsbewegungen in Afrika und greift 1978/79 selbst militärisch ein, um ugandischen Widerstandskämpfern beim Sturz des Diktators Idi Amin zu helfen.

*Seine mit Unterstützung der damaligen Sowjetunion, Chinas und Kubas ab 1967 radikal begonnene große Landreform der Ujamaa-Dörfer bringt ihm anfangs international viel Zustimmung, auch unter westlichen Intellektuellen. Als sich langfristig jedoch zeigt, dass die Vernachlässigung der Industrialisierung ein Fehler gewesen und die Landwirtschaft allein nicht in der Lage ist, die zunehmende Armut im Lande aufzuhalten, gibt Nyerere dies als Irrtum offen zu und tritt 1985 von seinem Amt als Präsident zurück – ein bis dahin in Afrika einmaliger Vorgang. Die bereits von ihm begonnene vorsichtige Öffnung des Marktes wird von seinem Nachfolger, Ali Hassan Mwinyi (*1925) konsequent fortgesetzt. Julius Nyerere bleibt bis 1990 Vorsitzender der TANU-Partei und engagiert sich bis zu seinem Tod 1999 bei Friedensmissionen und der Lösung von Flüchtlingsproblemen. 1995 wird Benjamin Nkapa (*1939) zum Präsidenten gewählt und 2005 setzt Jakaya Kikwete (*1950) als neuer Präsident nach friedlichen Wahlen die Arbeit fort.* «

»Wir werden es wagen, die Zukunft zu erfinden!« – Thomas Sankara, 33 Jahre, im Jahr 1983, als neuer Präsident von Obervolta, das er ein Jahr später umbenennen wird in Burkina Faso – das »Land der aufrechten Menschen«.

» *Seine Eltern, Angehörige der Silmi-Mossi, wollten am liebsten, dass der junge Thomas einmal katholischer Priester wird. Doch nach dem Abschluss der Oberschule entscheidet sich der junge Mann, der gern Gitarre spielt und Motorrad fährt, für eine Offiziersausbildung. Die Musik gibt er jedoch nicht auf und erringt zunächst vor allem Beliebtheit als Musiker der Band ›Tout-a-Coup Jazz‹.*

*Mit 27 Jahren wird er zum Kommandanten eines Ausbildungslagers befördert und schließt Freundschaft mit einem anderen jungen Offizier namens Blaise Compaoré (*1951). Gemeinsam gründen sie die Geheimorganisation ROC, die ›Gruppe kommunistischer Offiziere‹, die sich gegen Korruption und für Gerechtigkeit im konservativen Obervolta einsetzen soll, einem westafrikanischen Land mit rund acht Millionen Einwohnern.*

Zunächst versuchen die jungen Offiziere im Rahmen der bestehenden Regierung Einfluss zu gewinnen. Tatsächlich wird Thomas Sankara 1981 mit 30 Jahren zum Staatssekretär im Informationsministerium ernannt – und fährt zur ersten Kabinettssitzung provokativ mit dem Fahrrad. Nach einem halben Jahr gibt er

Thomas Sankara, der erste Präsident seines »Landes der aufrechten Menschen« – Burkina Faso *die Regierungsarbeit angewidert auf und erklärt, dass er nicht mehr mit ansehen möchte, wie ›die Regierung das Volk knebelt‹. In den folgenden Monaten kommt es zu mehreren, teils auch blutigen Putschen. Ein neuer militärischer Machthaber macht den jungen Mann, der zunehmend populär vor allem bei den ärmeren Schichten ist, im Januar 1983 sogar kurzfristig zum Premierminister, entlässt ihn aber bereits im Mai wieder und stellt ihn unter Hausarrest. Es kommt zu Demonstrationen für Thomas Sankara. Anfang August 1983 putscht sein Freund Blaise Compaoré mit Unterstützung Libyens und ernennt Thomas Sankara zum Präsidenten von Obervolta. Die in ihn gestellten Erwartungen sind groß. Thomas Sankara wird viele noch übertreffen.*

Von Anfang an verwirklicht er eine Einheit von Wort und Tat, wie sie von wenigen Politikern innerhalb wie außerhalb Afrikas je geschaffen wurde: Zu einer der ersten Aktionen gehört der Verkauf aller Luxuslimousinen der bisherigen Regierung. Er verpflichtet alle Minister, das damals billigste Auto in Obervolta, den Renault 5, zum Dienstwagen zu nehmen. Seine besonderen politischen Anliegen sind eine Basisdemokratisierung der Gesellschaft, die Stärkung der Rechte von Frauen und Jugendlichen und ein Ausbau des Erziehungs- und Gesundheitswesens.

Den traditionell afrikanischen Anführern im Lande untersagt er das Recht auf Zwangsabgaben und Pflichtarbeit der Landbevölkerung in ihren jeweiligen Gebieten und baut demgegenüber basisdemokratisch gewählte ›Volkskomitees zur Verteidigung der Revolution‹ auf, die auch das Recht auf Bewaffnung haben. Nicht nur sind in seiner Regierung mehr Frauen als je zuvor in einer afrikanischen (und europäischen!) bis heute, er untersagt auch traditionelle Beschneidungen, die Heirat mit mehreren Frauen und propagiert Verhütungsmittel. Zu seiner Leibwache wird eine ausschließlich von Frauen gebildete Einheit auf Motorrädern ernannt.

Am ersten Jahrestag seiner Revolution erhält Obervolta einen neuen Namen: Burkina Faso, in der Sprache der Mossi und Dyula: ›Land der aufrechten Menschen‹. Außerdem gibt es eine neue Fahne und eine von Thomas Sankara geschriebene Nationalhymne. Auch wenn es anfangs vor allem kommunistische Regierungen wie Kuba und die Sowjetunion sind, die ihn anerkennen und von denen er Unterstützung erfährt, können auch westliche Politiker das ›Wunder von Burkina Faso‹ nicht auf Dauer ignorieren. 1984 erhalten 2,5 Millionen Kinder erstmals in der Geschichte des Landes Schutzimpfungen. 1985 werden zehn Millionen Bäume gepflanzt, um gegen das zunehmende Vordringen der Wüste aus dem Norden anzugehen. Thomas Sankara wird zum Hoffnungsträger weit über das kleine westafrikanische Land hinaus, das er regiert. Einige Kommentatoren nennen ihn den ›Che Guevara Afrikas‹.

Ende 1985 geschieht ein Missgeschick, für das er persönlich nicht verantwortlich zu machen ist, dass aber doch ungeahnte Folgen hat. Bei einer Volkszählung besuchen von der Regierung Beauftragte versehentlich auch einige Dörfer und Lager im benachbarten Mali, was die dortige Regierung als Provokation empfindet und nach bereits vorherigen Spannungen zum Anlass für einen Krieg nimmt, der am Weihnachtstag 1985 beginnt, fünf Tage dauert und etwa 100 Menschen das Leben kostet. Über diesen bis heute in Burkina Faso ›Weihnachtskrieg‹ genannten Konflikt kommt es zu Auseinandersetzungen innerhalb der Regierung von Thomas Sankara, an denen auch sein langjähriger Freund Blaise Compaoré beteiligt ist.

Während die Welt weiter mit zunehmender Bewunderung anfängt zu begreifen, was in Burkina Faso geschieht – im Jahr 1987 startet eine landesweite Alphabetisierungskampagne – bereitet eine kleine Gruppe um Blaise Compaoré in der zweiten Jahreshälfte den Sturz von Thomas Sankara vor. Es ist nicht bekannt, ob er sich der drohenden Gefahr bewusst war. Am 15. Oktober 1987 wird er mit zwölf anderen Vertrauten ergriffen und noch am gleichen Tag erschossen. Seine Mörder verscharren ihn in einem namentlich nicht gekennzeichneten Grab. Blaise Compaoré ernennt sich zum neuen Präsidenten von Burkina Faso, einen Posten, den er bis heute inne hat. Als Grund des Putsches gibt er unter anderem an, dass Thomas Sankara die Beziehungen zu den Nachbarländern gefährdet habe.

Mehrere ›Volkskomitees‹ im ganzen Land greifen zu den Waffen, um Widerstand gegen die neue Regierung und Solidarität mit dem von der Mehrheit des Volkes verehrten Thomas Sankara zu demonstrieren. In vielen Ländern innerhalb und außerhalb Afrikas wird die Nachricht vom Tod des jungen Idealisten schockiert aufgenommen. Sein anonymes Grab wird später im Sektor 29 der Hauptstadt gefunden. Unbekannte Anhänger Sankaras haben es mit einem Grabstein versehen, der die schlichte Inschrift ›Capitaine Thomas Sankara‹ trägt.

Von Sankaras Träumen ist durch seinen Mörder und Nachfolger Blaise Compaoré, den selbst ernannten ›Retter der Revolution‹, wenig verwirklicht worden. Die durchschnittliche Lebenserwartung der Einwohner des ›Landes der aufrechten Menschen‹ liegt heute bei 44 Jahren, und nach wie vor können rund 70 Prozent der Männer und 90 Prozent der Frauen nicht lesen oder schreiben.

Das bescheidene Grab von Thomas Sankara wird noch immer von Unbekannten jedes Jahr mit frischen Farben instand gehalten. «

TRADITION UND MODERNE: FRAUEN ERHEBEN IHRE STIMMEN

Wenig ist über Frauen bekannt, die in früheren Epochen Afrikas »Geschichte gemacht« haben. Vieles ist Legende. Es gibt kaum Dokumente und so gut wie keine Aussagen von historischen Frauen selbst. Im Altertum ragen in Ägypten die Herrscherinnen Nofretete (14. Jahrhundert v.Chr.) und Kleopatra (69–30 v.Chr.) heraus. In Nubien war Tiy (1415–1340 v.Chr.) an der Regierung beteiligt. Tausend Jahre später sollen zwei westafrikanische Königinnen gegen Kolonialmächte gestritten haben: in Angola Königin Nzinga (1582–1663) gegen die Portugiesen und die Ashanti-Königin Yaa Asantewaa (1863–1923) gegen die Engländer.

All das ist andererseits keineswegs eine afrikanische Besonderheit. Auch von anderen Kontinenten sind nur in Ausnahmefällen Lebensgeschichten historisch bedeutender Frauen, die es fraglos zu allen Zeiten gegeben hat, dokumentiert. Die Emanzipation der Frauen, ihr Recht auf Selbstbestimmung und eigene Ausdrucksformen ist in den meisten Kulturen erst spät – und in der Regel von ihnen selbst – erstritten worden. In Diskussionen zwischen afrikanischen und europäischen Frauenrechtlerinnen fällt auf, dass Afrikanerinnen ihr Verhältnis zu Traditionen oft differenzierter artikulieren: Nicht selten treten sie als Hüterinnen guter Traditionen auf, ohne kritisch die negativen Anteile zu verleugnen.

Kaum jemand verteidigt in diesen Dialogen noch körperliche Verstümmelungen von Mädchen (»Beschneidungen«), wie das Zunähen der Vagina oder das Entfernen der Klitoris, die angeblich »ihrem eigenen Schutz« dienen – so fanatische Traditionalisten in Somalia und dem Sudan, wo bis heute über 90 Prozent der Frauen »beschnitten« werden. Weltweit sind nach Angaben der Weltgesundheitsorganisation (WHO) rund 100 Millionen Frauen betroffen, wovon die meisten – rund 80 Millionen – aus Afrika kommen. Bereits 1984 gründeten afrikanische Frauenorganisationen in Senegal das »Interafrikanische Komitee«, das später seinen ständigen Sitz bei der »Organisation Afrikanischer Einheit« (OAU) erhielt und heute zum Schutz der Frauen mit verschiedenen UNO-Organisationen kooperiert.

Die Bedeutung der *lobola*, des Brautpreises dagegen, die der zukünftige Ehemann der Familie seiner Braut zahlen muss, ist bei der Mehrheit der schwarzen Bevölkerung Südafrikas bis heute ebenso selbstverständlich wie das Schleiertragen in bestimmten islamisch geprägten nordafrikanischen Ländern, wobei davon betroffene Frauen nicht selten gleichermaßen durchdachte Argumente sowohl dafür als auch dagegen vorbringen. Emanzipation ist kein einmaliger Akt. Derartige Diskussionen sind vielmehr Ausdruck von Bewegung, von kritischer Auseinandersetzung und offener Entwicklung.

Seit dem Ende des Kolonialismus sind selbstbewusste Afrikanerinnen keinesfalls mehr aufzuhalten. Sie wehren sich zu Recht gegen die erniedrigenden Stereotypen über afrikanische Frauen, die in den Köpfen mancher Europäer bis heute herumspuken: Entweder die halbnackte junge Frau, die dem angereisten Touristen erotisch-naiv ihre prallen Brüste präsentiert – oder die ausgemergelte Mutter, an deren Hängebusen ein vom Hungertod bedrohtes Baby saugt.

Im Jahr 2002 fand in Südafrika eine ungewöhnliche Beerdigung statt, die für viele einen wesentlichen Teil der Geschichte ihrer jahrhundertelangen Entrechtung ebenso auf den Punkt brachte wie die endlich notwendige Achtung ihrer Würde:

Sarah »Sartjie« Bartmann, geboren 1789 am Ostkap Südafrikas, gestorben 1815 in Paris und beerdigt in Südafrika am 9. August 2002, dem nationalen Frauentag:

» *Der wirkliche Name von Sarah Bartmann, die später zärtlich Sartjie genannt wurde, ist nicht bekannt. Geboren wurde sie 1789 als Angehörige der Khoikhoi, einer der ältesten Völkergemeinschaften im südlichen Afrika, die von den Europäern verächtlich ›Hottentotten‹ genannt wurden. Als Kind oder Jugendliche erhielt sie den christlichen Taufnamen, unter dem sie – gerade 21 Jahre alt – von einem englischen Schiffsarzt in Kapstadt erworben wurde. Er nahm sie 1810 mit nach London, um sie dort ›wegen ihres ausladenden Hinterteils‹ – auf Jahrmärkten gegen Eintritt in verschiedenen Städten Englands als ›Hottentotten-Venus‹ nackt vorzuführen. Die erniedrigende Vorstellung erlangte einen zunehmenden Bekanntheitsgrad. Erst als sie schließlich sogar am Londoner Piccadilly in ihrem Käfig vorgeführt wurde, kamen Proteste von Gegnern der Sklaverei. Der Arzt entledigte sich Sarahs, indem er sie 1815 an einen französischen Tierhändler verkaufte, der das gleiche Spektakel in Paris fortsetzte. Nur wenige Monate nach ihrer Ankunft in Frankreich starb Sartjie jedoch, gerade 25 Jahre, vermutlich an einer Geschlechtskrankheit.*

Doch ihr Leidensweg war damit noch nicht zu Ende. Nur 24 Stunden nach ihrem Tod landete sie bei dem zu seiner Zeit führenden Anatomieexperten Baron Georges Cuvier, der ihren Leichnam nicht nur untersuchte, sondern systematisch zerlegte, mit besonderem Interesse für ihre Sexualorgane. Ziel seiner Untersuchung war die Beantwortung der Frage, ob Sarah Bartmann eher ein Mensch oder ein Tier gewesen sei. In seinem 16-seitigen Abschlussbericht vertrat er die Auffassung, dass sie doch zu den Menschen zu rechnen sei und ließ die Reste ihres Körpers in Wachs gießen – mit Ausnahme ihres Gehirns, ihres Skeletts und ihrer Schamlippen, die er als Ausstellungsstücke präparierte und als Geschenk an das Pariser ›Musee de l'Homme‹ gab, wo sie bis 1974 dem allgemeinen Publikum zugänglich waren.

1995, ein Jahr, nachdem die erste demokratisch gewählte Regierung Südafrikas im Amt war, nahm sie auf Wunsch heutiger Angehöriger der Khoikhoi und San Verhandlungen mit der französischen Regierung auf, um Sarahs sterbliche Überreste in ihrer afrikanischen Heimat beerdigen zu können. Diese Verhandlungen, die bis ins französische Parlament getragen wurden, zogen sich über sechs Jahre hin, bis endlich offiziell Zustimmung zur Auslieferung gegeben wurde. In einer würdevollen Gedenkfeier, an der über 8 000 Menschen teilnahmen und von der internationale Nachrichtenagenturen berichteten, wurde Sarah ›Sartjie‹ Bartmann am 9. August 2002 in der Kleinstadt Hankey am südafrikanischen Ostkap endlich beerdigt. Ihr Grab wurde zur nationalen Gedenkstätte erklärt. «

Miriam Makeba, geboren 1932 im südafrikanischen Johannesburg, auch »Mama Afrika« genannt:

» *Eine andere Südafrikanerin, die jedoch noch zu Lebzeiten in ihr Heimatland zurückkehren konnte, ist die weltweit berühmte Sängerin Miriam Makeba, von vielen auch schlicht ›Mama Afrika‹ genannt. Mitte der fünfziger Jahre wird ihr stimmliches Talent international zuerst von den ›Manhattan Brothers‹ entdeckt. Wenig später beginnt sie – gerade 25 Jahre alt – ihre Solokarriere und gründet ihr eigenes Frauentrio. 1959 wird sie ausgewählt, um in den USA bei einem Musicalfilm mitzuwirken. Wie sie in Südafrika bereits ihre Stimme gegen die Apartheidspolitik der weißen Minderheitsregierung erhoben hatte, so spricht sie sich in den USA gegen diskriminierende ›Rassengesetze‹ aus, ohne dass es ihrer zunehmenden Popularität schadet. Nur die südafrikanische Regierung empfindet sie bald darauf als ›unakzeptables Ärgernis‹: 1960 wird ihr*

Als »Mama Afrika« hat die Sängerin Miriam Makeba weltweit Erfolge.

*die Rückkehr nach Südafrika verweigert, eine Strafe, die 30 Jahre lang, bis zum Ende der Apartheid 1990, aufrechterhalten wird. Sie lebt viele Jahre in den USA und zieht später wegen zunehmender politischer Unzufriedenheit nach Westafrika um. Als Delegierte des westafrikanischen Guinea spricht sie zweimal vor der UNO-Generalversammlung in New York über das Unrecht der Apartheid in Südafrika. Durch ihre Verbindung von afrikanischer Musik mit persönlichem Engagement für Menschenrechte geschieht es wiederholt, dass sie während ihrer internationalen Tourneen auch mit prominenten Politikern zusammentrifft, wie dem damaligen US-Präsidenten John F. Kennedy (*1917–1963) oder dem kubanischen Staatschef Fidel Castro (*1927). Bei ihrer Heimkehr nach Südafrika 1990 wird sie von Nelson Mandela persönlich begrüßt. Obwohl sie – inzwischen über 70 Jahre – weiter auf internationale Tourneen geht, engagiert sie sich nach wie vor politisch, heute vor allem für den Aufbau einer demokratischen Gesellschaft in Südafrika. 2001 sagt sie in einem Interview: ›Wir müssen vor allem etwas gegen Arbeitslosigkeit tun – und gegen die Krankheit AIDS.‹* «

In vielen afrikanischen Fruchtbarkeitsmythen haben Frauen nicht nur passiv-empfangende, sondern aktiv-schöpferische Rollen inne. Sie werden als anzubetende Göttinnen dargestellt, die über spirituelle Kräfte verfügen, von denen die klassischen monotheistischen Religionen des Judentums, Christentums und des Islam, die an einen männlichen Gott glauben, nur träumen können. In einigen Bantu-Religionen gibt es unter variierenden Namen die *Ninavanhu-Ma,* die »Große Mutter«, die »Göttin aller Schöpfung«.

Dass solche Mythen nicht nur auf spirituellen Erlebnissen, sondern auch auf durchaus handfesten Tatsachen für weite Teile Afrikas beruhen, beweist das kritische Studium verschiedener ethnologischer Berichte über geschlechtsspezifische Aufgabenteilungen in frühen afrikanischen Gesellschaften. Kritisch müssen sie deshalb gelesen werden, weil häufig erst beim zweiten Mal auffällt, wie sehr eine überwiegend männlich besetzte Zunft von Ethnologen selbst Fakten häufig bis heute so präsentiert, dass die bekannten Stereotypen bekräftigt werden: der Mann ist Jäger und zieht hinaus ins feindliche Leben, während die Frau eher passiv daheim bleibt und Kinder, Haus und Garten versorgt.

Ein Beispiel: 1966 fand in Chicago ein von der Harvard Universität veranstalteter Kongress führender Ethnologen zum Thema »Der Mann als Jäger« statt. Gut 90 Prozent der Tagungsteilnehmer waren Männer, die einander neueste Forschungsergebnisse präsentierten und sich im Kern darin einig waren, dass »unsere heutigen intellektuellen, emotionalen und sozialen Fähigkeiten auf einer

Weiterentwicklung all dessen beruhen, was der Mann als Jäger in der Geschichte der Menschheit einbrachte«. Und nun die Fakten: Tatsächlich gehen die meisten Männer auf die Jagd und treiben sich oft tagelang von zu Hause entfernt herum. Was einer der beiden Kongressorganisatoren, Professor Richard Lee, für eine Gruppe der San im südlichen Afrika belegt hat, gilt jedoch auch für viele andere frühzeitliche Gemeinschaften: Wenn Männer von der Jagd heimkehren, kommen sie vier von fünf Malen mit leeren Händen zurück, während Frauen von ihrem täglichen Nahrungssammeln immer etwas mitbringen. Insgesamt tragen Frauen durchschnittlich zweieinhalbmal so viel zur Ernährung ihrer Gruppe bei wie die Männer. Ohne sich von ihren Forschungsergebnissen irritieren zu lassen, erschien die Buchpublikation über die Tagung wenig später unter dem beharrlichen Titel »Der Mann als Jäger«.

Wie sehr Frauen aufgrund solcher historischen Ignoranz ein Vielfaches an Anstrengung unternehmen müssen, um endlich gehört zu werden und ihre eigenen Perspektiven einbringen zu können, belegen die persönlichen Erinnerungen von Graça Machel, der ersten Erziehungsministerin im südostafrikanischen Mosambik.

»Was ich in meiner Jugend erlebt habe, wiederholt sich bis heute bei Millionen von Frauen, millionen- und abermillionenfach auf dem afrikanischen Kontinent.« Graça Machel, geboren 1945 in Mosambik, berichtet im Jahr 2002 über ihr Leben:

» *Bis heute bin ich traurig darüber, dass ich sagen muss, dass ich 20 Tage nach meines Vaters Tod, der Vertragsarbeiter in südafrikanischen Minen war, geboren wurde. Meine Mutter versorgte uns Kinder mit dem Wenigen, was sie von ihrer Arbeit als Hausangestellte mitbringen konnte. Meine beiden Eltern konnten weder lesen noch schreiben…*

Als ich sechs Jahre alt war, wurde ich von meiner ältesten Schwester aufgenommen, die als Lehrerin in einem Dorf weit weg von uns arbeitete. Es war die einzige Möglichkeit, im richtigen Alter zur Schule gehen zu können. Sie ist meine zweite Mutter. Und sie war sowohl eine gute Mutter als auch eine gute Beraterin. Es gelang ihr, mir ein Gefühl der Sicherheit zu geben, auch wenn ich nun weit weg von meiner Mutter war… Meine Schwester öffnete meine Augen für Wissen und Bildung. Sie ist typisch für jene Frauen, die selbstverständlich die Sorge für jüngere Geschwister auf sich nehmen ebenso wie für die eigenen Kinder…‹

Durch ein Stipendium der Methodistenkirche kann Graça Machel eine Ober-

Als Erziehungsministerin von Mosambik machte Graça Machel es zu ihrer persönlichen Aufgabe, den Kindern ihres vom Bürgerkrieg erschütterten Landes die bestmögliche Erziehung zu geben.

schule besuchen. Als eine der besten ihres Jahrgangs erhält sie mit Unterstützung einer amerikanischen Missionarin ein weiteres Stipendium zum Studieren in Lissabon. Mit 23 Jahren beginnt sie 1968 dort ein Fremdsprachenstudium, am Ende spricht sie vier Sprachen fließend.

›Ich wäre nicht geworden, was ich heute bin und hätte nicht jene Lektionen der Verantwortlichkeit für andere gelernt, ohne diese drei Frauen in meinem Leben: meine Mutter, meine älteste Schwester und jene amerikanische Missionarin aus Pennsylvania, die mir zum Studium verholfen hat… viele meiner ehemaligen Mitschülerinnen leben nicht mehr, an vermeidbaren Krankheiten gestorben, im Krieg umgekommen. Und von jenen, die noch leben, haben die meisten ein so hartes Leben gehabt, dass sie heute – in ihren Fünfzigern wie ich – erscheinen wie 70, gezeichnet von den Härten ihres Lebens…

Als einzige schwarze Studentin in meiner Klasse in Portugal, ließ man mich spüren, dass ich nicht dazugehörte. Später, zurück in Mosambik, wo ich zunehmend die Erniedrigungen meines Volkes aus nächster Nähe erlebte, fühlte ich mich gezwungen, etwas zu tun…‹

Mit 28 Jahren trat Graça Machel einer der von den portugiesischen Soldaten brutal verfolgten Widerstandsgruppen der ›Front für die Befreiung Mosambiks‹ (FRELIMO) von Samora Machel (1933–1986) bei. Nachdem ihr der portugiesische Geheimdienst auf die Spur gekommen war, floh sie nach Tansania. Dort erhielt sie ein militärisches Training, schloss sich erneut der FRELIMO in Mosambik an, wurde dann aber nach Tansania zurückgerufen, um an einer FRELIMO-Schule für Flüchtlingskinder zu unterrichten. Hier traf sie Samora Machel persönlich, ›aber anfangs geschah gar nichts. Dann kamen wir uns langsam näher und verliebten uns.‹ Samora Machels erste Frau Josina, ebenso im Widerstandskampf engagiert, war zwei Jahre vorher gestorben und hatte ihm sechs Kinder hinterlassen.

Im Jahr 1974, als in Portugal endlich die Diktatur zusammenbricht und damit auch der Weg zum Ende der Kolonien frei wird, ist Graça Machel 29 Jahre. Sie wird vorgeschlagen als erste Erziehungsministerin eines unabhängigen Mosambik. Sie erinnert sich heute: ›Als ich davon erfuhr, wurde ich blass und erschrak entsetzlich angesichts dieser Herausforderung. Erziehung war eine der Schlüsselaufgaben der FRELIMO. Und mehr noch, da ich die einzige weibliche Ministerin in der ersten Regierung sein sollte, fühlte ich, ich müsste alle Frauen Mosambiks repräsentieren. Als Erstes verkroch ich mich tagelang in mein Bett und weinte. Wenn ich versagen sollte, würden alle sagen: Da siehst du was passiert, wenn du einer Frau Verantwortung überträgst. Ich lehnte schließlich ab. Aber natürlich Samora, typisch Samora, akzeptierte es nicht… Was konnte ich machen? Ich trocknete mir die Tränen ab und machte mich an die Arbeit.‹

1975 wird Samora Machel zum ersten Präsidenten eines freien Mosambik. Wenige Monate später heiraten Samora und Graça. Sie wird Mutter der sechs Kinder aus seiner ersten Ehe, später bekommen sie weitere eigene Kinder.

Ab 1976 nimmt eine unter anderem vom rassistischen Südafrika finanzierte Untergrundorganisation, die RENAMO (Nationaler Widerstand Mosambiks), ihre grausamen Attacken gegen die junge Regierung auf, der in den folgenden Jahren rund 100 000 Zivilisten zum Opfer fallen.

Graça Machel macht es zu ihrer persönlichen Aufgabe als Erziehungsministerin, den Kindern ihres vom Bürgerkrieg erschütterten Landes die bestmögliche Erziehung angedeihen zu lassen: Die Zahl derjenigen, die Grund- und Ober-

schulen besuchen können, verdoppelt sich in den Jahren ihrer Dienstzeit von 1975 bis 1989 von 40 auf mehr als 80 Prozent. Als Vorsitzende der UNESCO-Kommission Mosambiks lag ihr das Schicksal der Tausenden zu Kriegswaisen gewordenen Kinder besonders am Herzen.

Im Oktober 1986 erschüttert ein Schock das ganze Land: Samora Machel kommt bei einem Flugzeugunglück über südafrikanischem Luftraum ums Leben, bei dem bis heute nicht restlos aufgeklärt ist, inwieweit die damalige Apartheidsregierung in Südafrika dafür verantwortlich war oder nicht. Außer dem Präsidenten sterben die Botschafter Sambias und Simbabwes sowie 32 weitere Passagiere. Graça Machel bleibt trotz ihrer tiefen persönlichen Trauer bis 1989 weiter im Amt. Nach dem Flugzeugunglück agieren die RENAMO-Terroristen verstärkt und machen mehr und mehr Schulen und Krankenhäuser zu Zielen ihrer Anschläge.

*Graça Machel widmet sich in den kommenden Jahren vor allem der internationalen Arbeit für die Rechte von Kindern und Frauen. 1994 wird sie vom damaligen ägyptischen UNO-Generalsekretär Boutros Boutros-Ghali (*1922) beauftragt, als unabhängige Expertin einen ›UN-Report zu den Auswirkungen bewaffneter Konflikte auf Kinder‹ zu verfassen. Die Jahre 1994–1996 verbringt sie überwiegend in jenen Ländern vor Ort, die besonders gezeichnet sind von kriegerischen Auseinandersetzungen. Ihr Abschlussbericht ist ein in der Geschichte der UNO bislang einmaliges Dokument und hat unter anderem zur Einrichtung einer Sonderkommission für von Krieg und Bürgerkrieg betroffene Kinder und Jugendliche geführt.*

›Zu Beginn des letzten Jahrhunderts waren etwa 10 Prozent der Opfer Zivilisten und 90 Prozent Soldaten. Heute ist das Verhältnis umgekehrt: 90 Prozent sind Zivilisten und 10 Prozent Soldaten. Das heißt: Krieg wird gegen einfache Leute in Dörfern, in den Straßen, in Schulen geführt. Zu Opfern werden vor allem die Verletzlichsten gemacht…‹ berichtet sie. ›Sie haben vielleicht davon gehört, dass die Hälfte aller Flüchtlinge auf dieser Erde Kinder sind… Nach all meinen Erfahrungen in den vielen Ländern, die ich besuchte, ist es nicht möglich und völlig unrealistisch, Gerechtigkeit für jeden Einzelnen zu schaffen, der Unrecht erlitten hat. Schlicht und einfach deshalb, weil die Schäden zu groß sind. Es muss deshalb mehr darum gehen, eine Lebenseinstellung zu entwickeln, in der ein Gerechtigkeitssinn spürbar und lebbar für jeden wird… Die Frage ist: Wie kann ein lebendiges System aufgebaut werden, in dem Menschen mit dem Gefühl leben, dass sie selbst am Aufbau einer Gesellschaft beteiligt sind, in der Gerechtigkeit herrscht?‹

Dem späteren ersten frei gewählten Präsidenten Südafrikas, Nelson Mandela, *begegnet sie zum ersten Mal persönlich, als er kurz nach seiner Freilassung aus dem Gefängnis 1990 auch Mosambik besucht. Als Graça Machel zwei Jahre später einen Ehrendoktor in Kapstadt erhält, treffen sie sich erneut. Nachdem Nelson Mandela sich von seiner Frau Winnie Madikizela-Mandela (*1936), die in den langen Jahren seiner Haft zwar zu ihm hielt, aber sich danach mehrfach für den Missbrauch junger Anhänger sowie Korruption verantworten musste, hat scheiden lassen, heiraten Graça Machel und Nelson Mandela an seinem 80. Geburtstag im Juli 1998. Graça Machel setzt ihr Engagement für Kinder ungebrochen fort.* «

SPÄTE BEFREIUNG IM SÜDEN: DAS ENDE DER APARTHEID

Ab 1975 – seit dem Ende der portugiesischen Kolonien Mosambik, Angola, Guinea-Bissau und den Kapverdischen Inseln – gibt es offiziell keine von europäischen Mächten beherrschten Länder in Afrika mehr. Die meisten der bis zur Unabhängigkeit in diesen ehemaligen Kolonien verbliebenen Weißen kehren nun in Scharen gen Europa zurück – so flüchten von den rund 230 000 Weißen Mosambiks nach der Unabhängigkeit mehr als 95 Prozent heim nach Portugal. Die übrigen rund 10 000 Weißen unterstützen die neue Regierung und sind willkommen zu bleiben.

Im südlichen Afrika – in Rhodesien, in Südafrika und im von Südafrika besetzten Namibia – halten sich europäischstämmige Weiße weiter mit einer Art Trick, indem sie, ohne die einheimische Mehrheitsbevölkerung auch nur wahrzunehmen, von sich aus ihre »Unabhängigkeit« vom britischen Mutterland erklären: 1910 gründet sich zuerst die »Südafrikanische Union« als ein reiner Weißenstaat, der die Mehrheit aller Bürger nichtweißer Hautfarbe mit diskriminierenden Gesetzen und der Macht eines modernen Polizei- und Militärapparates im eigenen Land ausgrenzt und unterdrückt.

Diese Politik der radikalen »Rassentrennung« (in dem Niederländischen verwandten Afrikaans ab 1948 offiziell »Apartheid« genannt) dehnt Südafrika ab 1920 auch auf das ehemalige »Deutsch-Südwestafrika« aus, das die Deutschen nach dem verlorenen Ersten Weltkrieg haben aufgeben müssen. Die Südafrikanische Union erhält zunächst ein Völkerbundsmandat für das Nachbarland im Norden, weigert sich dann nach dem Zweiten Weltkrieg jedoch, es zurück an die neu gegründete UNO (als Nachfolger des Völkerbunds) zu geben oder gar Unabhängigkeitsbestrebungen der unterdrückten schwarzen Mehrheit in jenem Land zuzulassen, das ab 1968 von der UNO offiziell als Namibia anerkannt wird.

Das heutige Simbabwe schließlich war zunächst auf Bestreben des britisch-südafrikanischen Kolonialpolitikers und Kapitalisten Cecil Rhodes (1853–1902) in weiten Teilen zu Spottpreisen aufgekauft, aber auch illegal enteignet worden, schließlich 1891 zum britischen Protektorat und 1923 zur Kronkolonie »Süd-Rhodesien« erklärt worden. 1953 wird das Land mit weiteren nördlichen Gebieten (»Nord-Rhodesien« und »Njassaland«) zur kurzlebigen »Zentralafrikanischen Föderation« zusammengeschlossen, ein Gebilde von Englands Gnaden, das bereits zehn Jahre später auseinander fällt: 1964 werden »Nord-Rhodesien« als Sambia und »Njassaland« als Malawi unabhängig. Diese Anerkennung wird »Süd-Rhodesien« von Großbritannien verweigert, da die dortigen Weißen nach dem Vorbild Südafrikas weiter keine Nichtweißen wählen lassen, geschweige denn an der Regierung beteiligen wollen. Daraufhin erklärt 1965 die weiße Minderheitsregierung unter »Ministerpräsident« Ian Smith (1919–2007) sich selbst als »unabhängig« vom englischen Mutterland und nennt sich ab 1970 Rhodesien. Die Weißen in Südafrika, in Namibia und in Rhodesien richten ihre europäisch orientierten Welten mit dem Rücken zum übrigen Afrika ein, wobei alle angeblich hoch gehaltenen Werte von »Demokratie« und »Zivilisation« nur für sie selbst gelten. Die niederländischstämmigen Weißen Südafrikas, die bereits wesentlich früher alle Verbindungen zum Mutterland gekappt hatten, gehen sogar noch einen Schritt weiter und nennen sich »weiße Afrikaner«, auch um ihr Recht auf afrikanisches Land zu unterstreichen.

Am kürzesten von den drei Ländern können sich die Weißen in Rhodesien politisch halten. Trotz massiver, auch militärischer Unterstützung durch die Regierung in Südafrika gewinnen die Freiheitskämpfer der zunächst noch rivalisierenden Shona unter Robert Mugabe (*1924) und der Ndebele unter Joshua Nkomo (*1917–1999) beständig an Boden. Viele einfache Menschen, die sich dem Befreiungskampf angeschlossen haben, nachdem ihnen von den Weißen nicht mehr genug Land gelassen wurde, um die eigene Familie satt zu bekommen, lassen in diesen Jahren ihr Leben. 1978 macht die Regierung von Ian Smith erstmals das Zugeständnis einer »gemischtrassischen Regierung«. Die daraufhin folgenden Wahlen werden jedoch aufgrund vielfachen Betrugs international nicht anerkannt.

Erst als es im Februar 1980 zu einem neuen Anlauf kommt, bei dem die Wahlen unter dem Schutz internationaler Beobachter stattfinden, kann ein Durchbruch erreicht werden: Robert Mugabes ZANU-Partei wird als stärkste Kraft gewählt, die ZAPU von Joshua Nkomo kommt auf Platz Zwei. Beide Parteiführer einigen sich darauf, angesichts dieses Ergebnisses ihre Rivalitäten beizulegen und eine gemeinsame Regierung zu bilden, bei der Robert Mugabe Premierminister und Joshua Nkomo Innenminister wird.

Einige Weiße fliehen unmittelbar nach den Wahlen nach Südafrika, Namibia oder auch nach England, da sie fürchten, dass die Gräuel der jahrzehntelangen Ausbeutung in Rache ihnen gegenüber umschlagen. Robert Mugabe meint es jedoch ernst, als er von Versöhnung gegenüber den Weißen spricht (wobei er neue Spannungen mit Joshua Nkomo gewalttätig löst, indem er bereits Anfang 1983 Massaker unter dessen Anhängern im Matabeleland anrichtet, ihn als Innenminister entlässt und de facto einen Ein-Parteien-Staat einrichtet). Vor diesem Hintergrund bleiben die meisten weißen Großgrundbesitzer oder kehren zurück und helfen – unter der Bedingung, dass die »Landfrage« nicht radikal angepackt würde – bei der Stabilisierung der Wirtschaft mit. Simbabwe gilt in den achtziger Jahren als eines der Vorbilder eines gelungenen Übergangs in die Unabhängigkeit. Robert Mugabe erhält auch international viel Anerkennung.

Die ungelöste Landfrage schwelt jedoch als Zeitbombe weiter: Rund 40 000 Weiße, darunter auch Ian Smith, besitzen mehr als die Hälfte des nutzbaren Landes, während die Mehrheit der über 13 Millionen schwarzen Einwohner Simbabwes sich den Rest teilen, häufig karge Gegenden, in die sie zu Zeiten der weißen Herrschaft vertrieben wurden. Die 1981 von einer unabhängigen Untersuchungskommission für eine notwendige Landreform vorgeschlagene sofortige Umverteilung von fruchtbarem Land an mindestens 140 000 schwarze Familien ist bis heute nicht realisiert. Unter anderem ist sie an Eigentumsrechten gescheitert, die die neue Verfassung den Weißen garantierte, die selbst nicht die Weitsicht aufbringen, dass nur eine gerechtere Umverteilung auch dauerhaft Frieden und Stabilität garantieren würden.

Robert Mugabe trug in den letzten Jahren selbst entscheidend zum Desaster bei, indem er sich zunehmend zum altersstarren Diktator wandelte, der zur Sicherung eigener Macht mit Terror gegen Oppositionelle vorgeht und ab 2000 plötzlich mit gewaltsam und chaotisch durchgeführten Landenteignungen weißer Farmer zugunsten von Anhängern der eigenen Partei und eben nicht der Masse schwarzer Landarbeiter, Simbabwe innerhalb kürzester Zeit in den Ruin führte. Zum ersten Mal seit der Unabhängigkeit herrscht wieder Hunger im Land, da gegenwärtig viele Farmen brach liegen. Die wachsende politische Opposition – wie die »Bewegung für demokratischen Wandel« (MDC) – wird sich auf Dauer nicht unterdrücken lassen. Bei den Wahlen im März 2005 gelang es Robert Mugabe jedoch trotz allem erneut, seine Macht für weitere fünf Jahre mit einer Zwei-Drittel-Mehrheit zu festigen. Die Opposition sowie viele internationale Beobachter beschuldigten Mugabe und seine Partei ZANU des Wahlbetrugs.

Seit 1980, dem Fall der politischen Herrschaft der Weißen in Rhodesien, bleibt als letzte Bastion nur noch Südafrika und das von der südafrikanischen Minderheitsregierung illegal besetzte Namibia. Die Geschichte des Widerstands in Südafrika ist lang. Bereits zwei Jahre nach der Gründung der von England unabhängigen, von einer weißen Minderheit regierten »Südafrikanischen Union« finden sich oppositionelle Kräfte 1912 im »Afrikanischen Nationalkongress« (ANC) zusammen, dessen Ziel von Anfang an eine nichtrassistische, demokratische Gesellschaft ist. In dem beinah 80-jährigen Kampf des ANC und seiner Verbündeten bis zur Erreichung dieses Ziels gibt es immer wieder unüberwindlich erscheinende Schwierigkeiten zu bewältigen. Generationen sterben in Armut und Erniedrigung, und jede junge Generation bringt wieder neue Ideen ein.

Die Aufstände von Schülerinnen und Schülern, die im Juni 1976 im Township Soweto bei Johannesburg losbrechen, läuten die letzte Phase der weißen Unterdrückung ein: Das Bild eines am 16. Juni 1976 erschossenen Jungen, der von einem jungen Mann weggetragen wird, begleitet von seiner verzweifelt weinenden Schwester, geht um die Welt.

»An Politik an sich war er gar nicht so interessiert…«
Hector Zolile Pietersen (1963–1976) im südafrikanischen Township Soweto bei Johannesburg.

» Hector Pietersen war ein ganz normaler Junge, der am liebsten Fußball spielte‹, erinnert sich seine Schwester. ›An jenem Tag war eine große Demonstration angekündigt, und weil alle seine Freunde dort hingingen, zog er auch mit. Seit Tagen war es unruhig im Township gewesen. Die meisten unserer Eltern wollten nicht, dass wir den Mund aufmachten.

Aber wir hatten einfach genug. Als schwarze Schülerinnen und Schüler saßen wir in Klassenräumen mit nicht selten 70 oder 80 oder auch noch mehr Kindern. Es gab keine Heizung im Winter, und oft waren die Fenster kaputt. Bücher gab es auch so gut wie nie. Und unsere Lehrer erhielten einen Bruchteil an Lohn dessen, was Lehrer an Schulen für weiße Kinder bekamen.

Und dann sollte diese neue Schikane eingeführt werden: Weil die Muttersprache der weißen Burenregierung Afrikaans war, sollte plötzlich überall im Land nur noch in Afrikaans unterrichtet werden. Wie sollte das denn gehen? Unsere Muttersprache ist Xhosa, ein paar können ganz gut Englisch, aber kaum jemand Afrikaans. Auch die meisten unserer Lehrer nicht. Und wir hatten es doch schon schwer genug mit dem Lernen. Irgendwie lief da das Fass über.

Als unser Schulleiter uns die neue Weisung der Regierung aus Pretoria mit-

Das Bild von Hector Pietersen, der am 16. Juni 1976 bei einer Demonstration gegen die Benachteiligung schwarzer Schüler erschossen wurde, ging um die Welt.

teilte, zeigten wir endlich unseren Zorn. Das war reine Erniedrigung, um uns noch mehr für dumm zu verkaufen… und tatsächlich dumm zu halten. Und so trafen wir uns und verabredeten die große Demo am 16. Juni…

Und Hector lief eben mit. Als die gepanzerten Polizeiwagen näher kamen, dachten wir nicht daran wegzurennen. Und selbst als die ersten Schüsse zu hören waren, dachten wir: Das sind Warnschüsse… und gleich kommt wieder das Tränengas. Aber sie schossen scharf. Ohne Vorwarnung. Auf Kinder, die noch jünger waren als Hector, mein Bruder. Aber Hector traf es als einen der Ersten. Ich weiß nicht sicher, ob er der Erste war.

Aber er war der Erste, der an diesem Tag starb. So sinnlos. Weil er in seiner eigenen Sprache Unterricht haben wollte. Weil er seine Freunde nicht im Stich lassen wollte und deshalb mitlief. An Politik an sich war er gar nicht so interessiert...‹

Hectors Schwester berichtet diese persönlichen Erinnerungen im Jahr 1989 anlässlich eines Besuchs in Berlin, als eine Gesamtschule in Berlin-Kreuzberg sich dafür entscheidet, den Namen von Hector Pietersen (dort geschrieben als: Peterson) zu tragen und sie und zwei weitere Familienmitglieder zur Namensgebungsfeier eingeladen hat. Seit 1994 ist der 16. Juni als ›Tag der Jugend‹ ein nationaler Feiertag in Südafrika. «

1989 ist ein bedeutendes Jahr: Nur wenige Monate bevor auch in Südafrika die weiße Minderheitsregierung aufgeben wird, laufen in der gleichen Stadt Berlin, in die Hectors Schwester aus Südafrika zu Besuch kommt, zum ersten Mal nach Jahrzehnten der Trennung Deutsche frei von Ost nach West, schließen sich auseinandergerissene Familienmitglieder wieder in die Arme, fällt die Mauer – der »Eiserne Vorhang« – zwischen Ost- und Westeuropa, scheint sich mit einem Mal die ganze Welt zu verändern.

Der »Kalte Krieg«, der seit Ende des Zweiten Weltkriegs zwischen den USA und der Sowjetunion herrschte, endete mit dem Zusammenbruch des kommunistischen Systems in Moskau. Für den unblutigen Übergang erhielt der letzte sowjetische Staatschef Michail Gorbatschow (*1931) mit seinen wichtigen demokratischen Reformen 1990 den Friedensnobelpreis.

Nicht nur die Sowjetunion selbst begann sich aufzulösen, auch der Zugriff, den diese Weltmacht auf die meisten Länder Osteuropas hatte, war vorbei und gab diesen die Möglichkeit zu mehr Selbstbestimmung. In den meisten Ländern führte dies tatsächlich zu bislang nicht gekannten Bürgerfreiheiten, in anderen – wie dem ehemaligen Jugoslawien – jedoch zu blutigen Kriegen verschiedener ethnischer Gruppen, die vorher von den kommunistischen Führern im Zaum gehalten worden waren.

In Afrika hatten sich nur wenige Länder aus den Machtkämpfen der Weltmächte USA und Sowjetunion völlig heraushalten können, die auch hier darin wetteiferten, möglichst viele Länder ihrem jeweiligen Einflussbereich einzuverleiben. Die Länder Afrikas, die auf die Karte der Sowjetunion gesetzt hatten, die auf viele junge Staaten Afrikas anfangs aus verständlichen Gründen vertrauenerweckender wirkte als die USA mit ihren Verbündeten in Westeuropa, die sich beinah alle zu Zeiten des Kolonialismus schuldig gemacht hatten, waren nun auf der Verliererseite: Alle bislang erhaltene wirtschaftliche und militärische Hilfe blieb von einem auf den anderen Tag aus, Berater wurden abgezogen, viele »Entwicklungsprojekte« schlicht im Stich gelassen.

Für Namibia allerdings bedeutete dies eine einmalige Chance: Da sich auch die sowjettreuen kubanischen Soldaten auf ihren Abzug vorbereiteten, konnte eine lange bestehende Forderung Südafrikas nach Abzug von rund 50 000 Soldaten Kubas aus dem an Nordnamibia angrenzenden Angola erfüllt werden. Im Gegenzug sicherte Südafrika zu, alle eigenen Soldaten aus Namibia zurückzuholen und den Weg für Wahlen freizumachen. Hierbei wird Ende 1989 die SWAPO, die ehemalige Befreiungsbewegung Namibias, stärkste Kraft und ihr Vorsitzender Sam Nujoma (*1929) im März 1990 erster Präsident eines unabhängigen Namibia. Die meisten der rund 70 000 Weißen, davon etwa 30 000 Deutsche oder Deutschstämmige, bleiben im Land.

Diese weltpolitische Umbruchsituation führte schließlich auch zum Ende des weißen Minderheitsregimes in Südafrika. Angesichts des »verlorenen« Rhodesien hatte das weiße Regime in Südafrika Anfang der achtziger Jahre erstmals einige Lockerungen zugestanden in der Hoffnung, die Schwarzen Südafrikas damit zu besänftigen. So wurden – auch nach den weltweit beachteten Schülerdemonstrationen von 1976 und dem in der Folge verstärkten internationalen Boykott gegen Südafrika – erstmals die Ausgaben für Schulen und Krankenhäuser für Schwarze erhöht und Gefängnisstrafen für sexuelle Beziehungen zwischen Schwarzen und Weißen aufgehoben. Eine politische Mitbestimmung, gar ein Wahlrecht für Schwarze, blieb weiter ausgeschlossen. In Ausnahmefällen versprach man einigen Schwarzen, die sich – wie der Anführer der Zulus und ihrer Inkatha-Partei Mangosuthu Buthelezi (*1928) – phasenweise »aufgeschlossener« gezeigt hatten, bestimmte Vorrechte, die aber nur zur Spaltung des gemeinsamen schwarzen Widerstands beitragen sollten.

Die Mehrheit der schwarzen Bevölkerung Südafrikas und Namibias ließ sich zu diesem Zeitpunkt jedoch nicht mehr mit halbherzigen Ablenkungsmanövern abspeisen. Die politische Unruhe im Land nahm eher noch zu. Bombenattentate schwarzer Untergrundkämpfer, bei denen auch unschuldige weiße Zivilisten ermordet wurden, trafen die weiße Gemeinschaft im Kern, da hier deutlich wurde, dass sie trotz modernster Geheimdienste und trotz ständig steigender Ausgaben für Polizei und Militär mit dem Rücken zur Wand standen.

Und das, obwohl alle bekannten politischen Führer der Schwarzen entweder ermordet waren wie der junge Steve Biko (1946–1977), ins Exil geflüchtet waren wie Oliver Tambo (1917–1993), Chris Hani (1942–1993) oder Thabo Mbeki (*1942) oder seit Jahrzehnten im Gefängnis saßen wie Govan Mbeki

(1910–2001), Walter Sisulu (1912–2003) oder Nelson Mandela (*1918). Jene, die wie der anglikanische Erzbischof Desmond Tutu (*1931) durch ein hohes Kirchenamt geschützt und bislang nicht Mord oder Haft zum Opfer gefallen waren, arbeiteten unermüdlich dafür, ein Ende der Apartheid auf friedlichem Wege zu erreichen. Dafür wurde Desmond Tutu 1984 – zum weiteren Ärgernis des Apartheidregimes – mit dem Friedensnobelpreis ausgezeichnet.

Noch einmal unternahm die weiße Minderheitsregierung ab Mitte der achtziger Jahre alles, um die schwarze Bevölkerungsmehrheit mit Gewalt zu unterdrücken. Niemals zuvor wurden so viele Menschen ohne Gerichtsverhandlungen in Gefängnisse gesperrt, darunter viele Jugendliche. In manchen Fällen wurden selbst Grundschulklassen als »Unruhestifter« tagelang eingesperrt, zahllose Menschen verschwanden und tauchten entweder als Leichen mit Folterspuren oder gar nicht mehr auf. Das südafrikanische Militär flog selbst, obwohl offiziell geleugnet, völkerrechtswidrige Bombeneinsätze auch über Flüchtlingslager in Nachbarländern wie Angola, die den aus Südafrika Entkommenen Schutz und Unterstützung boten.

Es waren nur wenige Weiße, die sich auf Seiten der Schwarzen gestellt hatten und unüberhörbar gegen das Unrecht protestierten – aber es gab sie, wie die jahrelang einzige weiße Anti-Apartheid-Abgeordnete im Parlament Helen Suzman (*1917), den Kommunisten Joe Slovo (1926–1995), die Schriftstellerin und Literaturnobelpreisträgerin Nadine Gordimer (*1923), die Kirchenmänner Trevor Huddleston (1913–1998) und Beyers Naudé (1915–2005) oder die mutigen, überwiegend bürgerlichen Frauen des »Black Sash«, die bereits in den sechziger Jahren im Kostüm und schwarzer Trauerschärpe für die Freilassung politischer Gefangener demonstrierten.

Mit dem plötzlichen Zusammenbruch der Sowjetunion entstand eine neue Situation, die eine Chance für beide Seiten bot: Die Befreiungskämpfer Südafrikas, die eindeutige Unterstützung von nur wenigen europäischen Ländern wie Schweden, Norwegen und den Niederlanden erhielten, dafür eher aus afrikanischen Nachbarländern, die wiederum dem sowjetischen Einfluss näher standen, wussten, dass wichtige Hilfsquellen längerfristig nicht zur Verfügung stehen würden. Das südafrikanische Apartheidsregime musste nach Jahren internationaler Isolation, die auch dazu geführt hatte, dass neben Beschränkungen des Handels kaum noch international bekannte Künstler das Land besuchten und keine internationalen Sportveranstaltungen mehr in Südafrika stattfanden, wohl oder übel erkennen, dass selbst mit brutalster Gewalt ein Ende ihrer Vorherrschaft auf Dauer nicht zu verhindern sein würde. Sollte nicht alles in einem

Viele Jahre war Helen Suzman die einzige weiße Abgeordnete im südafrikanischen Parlament, die offen gegen Apartheid und für die Freilassung aller politischen Gefangenen protestierte.

schrecklichen Blutbad untergehen, bei dem am Ende alle Seiten nur Verlierer sein würden, musste etwas Neues gedacht werden.

Das »Wunder des friedlichen Übergangs« vom ungerechten Apartheidsregime zum demokratischen Südafrika, in dem Menschen aller Hautfarben, Religionen und Überzeugungen friedlich miteinander leben können, hat eine lange Vorgeschichte, deren Details erst nach und nach an die Öffentlichkeit kommen. Während unter dem am Ende nur noch starrsinnigen alten Staatspräsidenten Pieter Willem Botha (*1916) die Gewalt eskalierte, arbeiteten bereits auf verschiedenen Ebenen ab Mitte der achtziger Jahre weiße Wirtschaftsvertreter, Journalisten und oftmals jüngere Politiker an Alternativen zum bestehenden System, indem sie sich im Ausland mit hochrangigen Vertretern der verschiedenen Befreiungsorganisationen, allen voran dem ANC, heimlich trafen. Etwa um die gleiche Zeit begannen auch vorsichtige und ebenfalls streng geheimgehaltene Konsultationen mit hochrangigen politischen Gefangenen wie Nelson Mandela, um abzutasten, inwieweit sie für eine politische Lösung, die die Sicherheit aller Weißen in Südafrika garantieren würde, zur Verfügung stünden.

Erst als 1989 endlich Staatspräsident Botha das Feld für den 20 Jahre jüngeren Frederik Willem de Klerk (*1936) räumt, kommt auch nach außen Bewegung in die scheinbar noch immer verhärteten Fronten: Im Februar 1990 verkündet der neue Staatspräsident die Freilassung aller politischen Gefangenen sowie die Wiederzulassung der bislang verbotenen politischen Befreiungsorganisationen wie dem ANC. In den kommenden vier Jahren werden sorgfältige und durch Gewalt von verschiedenen Seiten immer wieder gefährdete Verhandlungen für die Vorbereitungen zur ersten demokratischen Wahl aller Südafrikanerinnen und Südafrikaner im April 1994 geführt. Extremrechte Weißenorganisationen verweigern sich allen Verhandlungen und kündigen gewaltsamen Widerstand an. Alte Rivalitäten zwischen Zulus und Xhosa führen, noch angeheizt durch offizielle Sicherheitskräfte, zu blutigen Schlachten. Ein Jahr vor der Wahl wird der hochrangige ANC-Politiker und vor allem bei der Jugend beliebte Chris Hani von zwei weißen Extremisten erschossen. Bombenattentate schwarzer Extremisten auf weiße Zivilisten in Kirchen und Restaurants lassen mehr und mehr Zweifel aufkommen, ob das südafrikanische »Experiment« gelingen kann.

1993 erhalten Nelson Mandela und Frederik Willem de Klerk für ihre Entschlossenheit, Südafrika einen friedlichen Übergang zur Demokratie zu ermöglichen, den Friedensnobelpreis. Im April 1994 hält die Welt den Atem an, als die Wahlen an drei aufeinander folgenden Tagen im ganzen Land stattfinden. Und das Wunder geschieht: Die Wahlen verlaufen nicht nur friedlich, sondern werden von allen internationalen Beobachtern als vorbildlich gelobt. Schwarze, weiße, indische und früher als Farbige bezeichnete Südafrikanerinnen und Südafrikaner stehen oft Stunden in zuweilen Kilometer langen Schlangen vor den Wahllokalen. Hier kommen viele zum ersten Mal ins Gespräch miteinander und demonstrieren gemeinsam politische Vernunft.

Am 10. Mai 1994 wird die erste demokratisch gewählte Regierung Südafrikas in einer weltweit übertragenen Feier ins Amt eingeführt. Trotz überwältigendem Wahlsieg des ANC hat man sich für eine Regierung der »nationalen Einheit« entschlossen, die auch denjenigen, die zur politischen Konkurrenz gehören und selbst denjenigen, die bislang die Unterdrücker waren, politische Vertretung zusichern: Nelson Mandela wird erster demokratisch gewählter Präsident Südafrikas, zu seinen Stellvertretern werden Frederik Willem de Klerk und Thabo Mbeki (sein späterer Nachfolger im Amt des Präsidenten ab 1999) ernannt. Das

Amt des Innenministers übernimmt Zulu-Führer Mongosuthu Buthelezi, dessen Inkatha-Partei erst Tage vor der Wahl ihre Verweigerung aufgibt, um am Übergang mitzuarbeiten.

Noch niemals zuvor haben die Medien aus aller Welt so lange und so positiv über ein Ereignis in Afrika berichtet, wie in jenen Wochen zwischen den Wahlen im April und der Einführung der neuen Regierung im Mai 1994. Allen bisherigen, scheinbar so vertrauten Bildern von Elend und Krieg in Afrika standen Bilder von selbstbewussten, gleichwohl bescheidenen und sensiblen Afrikanerinnen und Afrikanern gegenüber, die der Welt zeigten, dass trotz Hass und Unterdrückung in jüngster Vergangenheit Menschen unterschiedlicher Hautfarben und Überzeugungen doch zusammen leben und arbeiten können, ja, dass sie noch stärker und menschlicher sind, wenn es gelingt.

»Es soll eine Gesellschaft geboren werden, auf die die gesamte Menschheit stolz sein kann…«
Nelson Mandela am 10. Mai 1994 in Südafrika.

» *Aus der Erfahrung einer ungewöhnlichen menschlichen Katastrophe heraus, die viel zu lange andauerte, soll eine Gesellschaft geboren werden, auf die die gesamte Menschheit stolz sein kann…*

Wir, die wir noch vor kurzem als Gesetzesbrecher betrachtet wurden, haben heute das seltene Privileg erhalten, in unserem eigenen Land Gastgeber der Nationen dieser Welt sein zu dürfen. Wir danken allen unseren ehrwürdigen Gästen, dass sie gekommen sind, um mit dem Volk unseres Landes Besitz zu ergreifen von dem, was als gemeinsamer Sieg der Gerechtigkeit, des Friedens und der Menschenwürde gefeiert werden kann.

Wir haben endlich unsere politische Emanzipation erreicht. Wir verpflichten uns dazu, alle unsere Mitbürgerinnen und Mitbürger von den noch bestehenden Fesseln der Armut, der Benachteiligung, des Leidens und aller Diskriminierungen zu befreien.

Niemals, niemals, niemals wieder darf es möglich sein, dass dieses wunderschöne Land die Unterdrückung eines Menschen durch einen anderen Menschen erlebt…

Freiheit soll regieren. Gott schütze Afrika! «

Die Verfassung, die das Parlament für das neue Südafrika verabschiedet, gehört zu den fortschrittlichsten der Welt, wobei die Rechte aller Minderheiten aus-

Am 10. Mai 1994 wird Nelson Mandela erster demokratisch gewählter Präsident Südafrikas.

drücklich verankert sind. Elf offizielle Landessprachen erkennen die kulturelle Vielfalt seiner Bewohner an. Es ist außerdem das einzige Land Afrikas, in dem homosexuelle Frauen und Männer eine gesetzliche Anerkennung ihrer Partnerschaften und Schutz vor Diskriminierung erfahren. Eine in Südafrika produzierte Website informiert regelmäßig über die Verfolgung sexueller Minderheiten, aber auch deren Emanzipationsbemühungen auf dem afrikanischen Kontinent (www.mask.org.za).

Die Schrecken der Apartheid werden gleichwohl nicht verdrängt: Unter dem Vorsitz von Erzbischof Desmond Tutu tagt von 1996–1998 in allen Teilen des Landes die »Versöhnungs- und Wahrheitskommission«, zu der sowohl Opfer kommen können, um zu berichten und Entschädigungen zu beantragen, als auch Täter, die Amnestie erhalten, wenn sie zur Aufklärung von Verbrechen der Vergangenheit wahrheitsgetreu beitragen. 1999 endet Nelson Mandelas Amtsperiode und wie angekündigt, kandidiert er nicht erneut. Sein Nachfolger für zwei Amtsperioden (1999–2009) wird Thabo Mbeki, der zwar ökonomisch das Land weiter stabilisiert und sich einen Namen bei internationalen Friedensmissionen in Afrika macht, jedoch intern wenig Kritik duldet (zum Beispiel in Bezug auf eine hohe Ignoranz gegenüber den Millionen Aidsopfern im Land oder seine wirkungslose »stille Diplomatie« gegenüber dem benachbarten Diktator Robert Mugabe in Simbabwe). Zu seinem Nachfolger als Präsident des ANC (der ehemaligen Befreiungsbewegung und jetzigen Mehrheitspartei) wird im Dezember

Erzbischof Desmond Tutu besucht ein Township bei Kapstadt.

2007 Jacob Zuma (*1942) gewählt, der bereits zwei Prozesse wegen Korruption und Vergewaltigung nur knapp überstanden hat. Der ANC wird zunehmend von internen Konflikten beherrscht, deren Ausgang noch unabsehbar ist. Die mahnende Stimme des greisen Nelson Mandela zur Einigkeit und Achtung der so mühsam errungenen Demokratie wird nur von wenigen gehört.

EINE NEUE GENERATION: NICHT MEHR NUR KINDERSOLDATEN

Ganz Afrika ist frei. Die letzte Überwindung von Ausbeutung und Unterdrückung gelingt nicht nur ohne Blutvergießen, sondern auch noch mit einem afrikanischen Politiker, der weltweit zum Vorbild für menschliche Weisheit, Wärme und Bescheidenheit wird. Es wäre ein schöner Abschluss eines Buches über die Geschichte Afrikas gewesen.

Aber leider ist die Geschichte, unsere Welt und auch Afrika niemals nur gut oder nur schlecht. Sie ist voller Widersprüche. Nur wenn wir es schaffen, sie auszuhalten, anzuschauen und uns bemühen, sie zu verstehen, können wir vielleicht weniger anfällig für Vorurteile werden, die ja immer auf Vereinfachungen angewiesen sind und niemals Widersprüche vertragen.

In jenen Monaten April und Mai 1994, als die Weltöffentlichkeit fasziniert und mit wachsender Bewunderung nach Südafrika schaute, vollzog sich auf dem gleichen Kontinent, im Herzen Afrikas, eine Tragödie, die vieles an Schrecklichem in der Menschheitsgeschichte Bekannte in den Schatten stellte. Da das grausame Geschehen sich zunächst nicht vor den Kameras internationaler Fernsehteams vollzog, wurde das Ausmaß des Dramas erst später in vollem Umfang deutlich. Es übertraf die schlimmsten Befürchtungen.

Dabei waren sowohl die UNO als auch viele westliche Regierungen, allen voran Frankreich, Belgien und die USA, durchaus wohlinformiert über den drohenden Völkermord – aber sie taten nichts. UNO-Generalsekretär Kofi Annan entschuldigte sich später öffentlich dafür. Frankreichs Staatspräsident François Mitterrand (1916–1996) versuchte vor allem, die von ihm zwischen 1990–1994 genehmigten 36 Waffenlieferungen nach Ruanda zu vertuschen. Und dem gerade gewählten US-Präsidenten Bill Clinton (*1946) saß noch die völlig missglückte US-Friedensmission im ostafrikanischen Somalia vom Jahr davor im Nacken.

Im Dezember 1992 hatte sein Vorgänger George Bush sen. (*1924) die Landung von US-Soldaten bei der Hafenstadt Mogadischu befohlen, um den in

Somalia wütenden Bürgerkrieg zu beenden. Der Krieg hatte bereits große Hungersnöte für die Zivilbevölkerung mit sich gebracht, und die Aktion war damals ausdrücklich von der UNO unterstützt worden. Die USA hatten jedoch keine genauen Kenntnisse der zerstrittenen Bürgerkriegsgruppen und die Soldaten waren zunehmend von der Situation überfordert. Der Mehrheit der Bevölkerung erschienen sie immer weniger als Befreier und immer stärker als Unterdrücker. Am 3. Oktober 1993 kam es zum tragischen Ende des Militäreinsatzes, als eine US-Einheit in einen Hinterhalt geriet: Zwei Kampfhubschrauber wurden abgeschossen, ein Pilot gefangen und 18 junge US-Soldaten getötet. Es war die größte Niederlage, die die USA in einer einzigen Schlacht seit dem Vietnamkrieg erlitt, noch dazu durch schlecht ausgerüstete somalische »Banditen«, die noch vor einem Jahr kein einziger US-General auch nur ernst genommen hatte.

Als es wenige Monate später in Ruanda brenzlich wurde, ging es den USA nur noch darum, die eigenen Bürger zu evakuieren. Eine Anweisung aus Washington an die US-Diplomaten in Ruanda lautete, keinesfalls das Wort »Völkermord« für das zu benutzen, was sich vor ihren Augen in diesem zentralafrikanischen Land abspielte:

Ruanda ist klein, gebirgig, äußerst fruchtbar und das dicht besiedeltste Land Afrikas. Es liegt ziemlich genau in der Mitte des Kontinents und lange Zeit war wenig bis nichts in Europa über Ruanda bekannt. Durch seine hochgebirgige Lage und die Abgeschlossenheit seiner Bewohner, die nie mit anderen Völkern Handel trieben, und der Tatsache, dass es wohl als einziges Land Zentralafrikas schaffte, sowohl arabische als auch europäische Sklavenfänger draußen zu halten, wurde es auch das »Tibet Afrikas« genannt.

Als die Europäer 1884/85 in Berlin den afrikanischen Kontinent unter sich aufzuteilen beginnen, hat man nur gehört, dass es in Ruanda einen mächtigen König geben solle, der den aristokratischen Tutsi angehört, die die Mehrheit der Landbevölkerung, die sich Hutu nennen, für sich arbeiten lassen. In den Urwäldern soll es auch noch ein paar zurückgezogen lebende »Pygmäen«, die hier Twa heißen, geben. Mit dem noch kleineren Nachbarland Burundi wurde Ruanda damals dem »deutschen Einflussbereich« in Ostafrika zugesprochen, ohne dass der König von Ruanda oder seine Untertanen davon etwas merken. Erst 1894 kommt der spätere deutsche Gouverneur für Ostafrika als einer der ersten Europäer »zu Besuch«, zieht aber bald wieder ab. Selbst als der deutsche Kaiser 1907 einen offiziellen »Residenten« benennt, um ihn dem Tutsi-König »als ständigen Berater« zur Seite zu stellen, zeigt sich der Mwami genannte König wenig beeindruckt und empfängt diesen nicht einmal zu einem Antrittsbesuch. »Wahrscheinlich weil ich nur 17 Gewehre als Geschenk bei mir hatte«, notiert der deutsche Resident Dr. Richard Kandt verärgert. Mehr ausrichten kann er aber auch nicht, denn bis zum Ersten Weltkrieg haben insgesamt nie mehr als ein Dutzend Deutsche in dieser »Kolonie« gelebt. Nach dem von Deutschland verlorenen Krieg wird Ruanda Belgien zugesprochen, das im Kongo genug um die Ohren hat und sich ebenfalls auffallend zurückhält.

Erst als die Welle der Befreiungsbewegungen Ende der fünfziger Jahre auch Zentralafrika erreicht hat, merkt Belgien, dass es irgendetwas in Bezug auf Ruanda tun muss – aber was? Wie die Deutschen haben sich auch die Belgier auf die herrschende Klasse der Tutsi verlassen, deren Ausbeutungspraktiken gegenüber der Mehrheit der armen Hutus sie so lange nicht störten, wie alles mehr oder weniger ruhig bleibt. Nun aber fordern ausgerechnet jene Tutsi die Unabhängigkeit. Beleidigt über so viel Undankbarkeit lassen die Belgier die Tutsi fallen und heizen die ohnehin vorhandene Wut der Hutus über jahrhundertelange Unterdrückung noch an. So gestärkt kommt es 1959 zum Bauernaufstand von damals über zwei Millionen Hutus gegenüber rund 300 000 Tutsi. In einer einzigen Gewaltorgie stecken Landarbeiter die Höfe ihrer ehemaligen Herren in Brand, schlachten deren als heilig verehrte Rinderherden ab und, wo immer sie sie ergreifen können, auch ihre ehemaligen Unterdrücker selbst. Rund 50 000 Tutsi – Männer, Frauen und Kinder – werden ermordet. Noch einmal so viele können im letzten Moment außer Landes fliehen. Als das Land endlich 1962 unabhängig wird, haben die Hutus das Sagen und stellen die erste Regierung.

Und doch will sich nicht ein wirkliches Gefühl des Triumphes einstellen. Die Hutus wissen, dass die Tutsi, die außer Landes haben fliehen müssen und nun von ihren elenden Flüchtlingslagern aus bitter auf die fernen Berge Ruandas schauen, auf Rache sinnen. In den nächsten Jahrzehnten lassen diese Spannungen niemals nach. Vor allem an den Grenzen schlagen immer wieder Tutsi-Partisanen zu, die von den Hutus verächtlich »Kakerlaken« genannt werden und brennen Hutu-Dörfer nieder. Umgehend kommt es zu Racheaktionen an in Ruanda verbliebenen Tutsi, bei denen niemals nach Schuld oder Unschuld gefragt wird. Auch im Nachbarland Burundi, in dem ebenfalls Tutsi und Hutus wohnen, entbrennen ähnlich blutige Streitigkeiten. Und doch gibt es auch Regionen, wo Tutsi und Hutus einander allmählich als Menschen kennen lernen, ja so gar Freundschaften eingehen und es zu Hochzeiten zwischen jungen Leuten aus den verfeindeten Völkern kommt.

Dass auch unter den Hutus nicht nur Einigkeit herrscht, wird 1973 deutlich, als der nationalistische General Juvenal Habyarimana (1937–1994) sich durch einen Putsch selbst zum Präsidenten befördert und in den kommenden 21 Jahren eine Diktatur errichtet, der sich alle Bürger – Hutus wie Tutsi – anzupassen haben. Sämtliche Bewohner Ruandas sind nun zum Beispiel von Geburt an Mitglieder der einzigen Staatspartei. Und so kommt es, dass ein der Partei treuer Tutsi ebenso Karriere machen wie ein kritischer Hutu im Gefängnis landen kann. Junge Tutsi außerhalb Ruandas erfahren ab Anfang der achtziger Jahre Anerkennung durch militärische Schulungen in der Partisanenarmee des jungen ugandischen Aktivisten Yoweri Museveni (*1944), dem es – auch mittels vieler junger Tutsi-Offiziere – 1986 endlich gelingt, den Diktator Milton Obote (1924–2005) im eigenen Land zu verjagen und selbst Präsident zu werden.

Es sind diese jungen Tutsi-Offiziere, die nicht nur von der Weltöffentlichkeit, sondern auch von der Hutu-Regierung in Ruanda weitgehend unbemerkt eine äußerst schlagkräftige Armee aufgebaut haben, die in der Nacht vom 30. September 1990 aus dem Nachbarland Uganda aufbricht, um Richtung Kigali, der nur 150 Kilometer entfernten Hauptstadt Ruandas, zu ziehen, ein Marsch von nur wenigen Tagen. Präsident Habyarimana trifft dieser Einmarsch wie ein Schock. Seine Armee ist unvorbereitet und leistet kaum Widerstand. In letzter Minute kommt er auf die Idee, den französischen Präsidenten François Mitterrand (1916–1996) um militärische Hilfe zu bitten, und hofft, dass dieser bereit sei, wieder mal irgendwelche »französischen Interessen« in Afrika zu verteidigen. Ganz sicher ist es nicht. Diktator Habyarimana packt für alle Fälle schon mal die Koffer. Doch im letzten Moment landen französische Fallschirmspringer auf dem Flughafen der Hauptstadt. Aufatmen beim Diktator. Wut und Enttäuschung bei den Tutsi-Armeen. Gegen den Diktator hätten sie bestimmt gewonnen, ein Krieg mit Frankreich übersteigt aber ihre Möglichkeiten. Sie stoppen ihren Vormarsch im Nordosten Ruandas und halten diesen Landesteil von nun an besetzt. Das kleine Ruanda ist ab jetzt auch noch ein geteiltes Land. Wo soll das enden?

Nur zwei Auswege scheint es noch zu geben: Kompromiss oder Konfrontation. Erstaunlicherweise zögert der ruandische Präsident selbst lange. Er wird überrundet von rechtsextremen Hutu-Nationalisten, die davon überzeugt sind, dass nur eine »Endlösung« für immer Klarheit schaffen kann – die Vernichtung oder zumindest Vertreibung aller Tutsi und abweichlerischer Hutus aus Ruanda. Dreieinhalb Jahre stellen sich Hochschulprofessoren, Journalisten, Lehrer und andere »Gebildete« in den Dienst der Propaganda, um die einfache Bevölkerung Ruandas, von denen rund die Hälfte Analphabeten sind, vor der »Gefahr der

Tutsi« zu warnen. Ab Mitte 1993 nimmt andererseits auf Diktator Habyarimana der außenpolitische Druck anderer afrikanischer Staaten zu, eine friedliche Kompromisslösung zu finden und seine Regierung auch gegenüber den Partisanen zu öffnen. Ein Aufschrei der ruandischen Rechtsextremisten ist die Folge. Das Pulverfass ist gefüllt, die Lunte befestigt. Es fehlt nur noch der Funken, um alles explodieren zu lassen.

Da er nicht von selbst kommen will, wird nachgeholfen. Am 6. April 1994 kehrt Habyarimana aus dem Ausland zurück, wo er einer Kompromisslösung im Prinzip seine Zustimmung gegeben hat und sich damit zum »Verräter« aller ruandischen Rechtsextremisten gemacht hat. Als sein Flugzeug zur Landung in Kigali ansetzt, wird es von »unbekannten Tätern« abgeschossen. Der Tod des Präsidenten ist das Signal zum Losschlagen.

Die ruandische Rundfunkstation sendet ab nun ununterbrochen Hetztiraden. Mehrmals am Tag wird der Aufruf verbreitet: »Tod! Tod! Die Gräber sind erst zur Hälfte mit den Leichen der Tutsi gefüllt. Beeilt euch, sie ganz voll zu machen!« Einfache Menschen werden ermutigt, andere einfache Menschen grausam abzuschlachten. Nirgendwo gibt es ein Entkommen. Auch in Kirchen Geflüchtete werden dort eingesperrt und die Gotteshäuser in Brand gesteckt. Häufigste Mordwaffe ist das Panga, ein langes Buschmesser, mit dem wahlweise Arme, Beine und Köpfe abgehackt werden. Die Armee gibt Rückendeckung, hält sich aber sonst eher zurück und achtet vielmehr darauf, dass alle beim Morden mitmachen. Ein teuflischer Plan, aufgrund dessen hinterher niemand sagen kann, er habe von nichts gewusst oder sei gar unschuldig gewesen. Internationale Untersuchungskommissionen schätzen später die Zahl der in den rund 100 Tagen des Völkermords getöteten Tutsi auf 800000 Menschen. So lange dauert es, bis die Tutsi-Partisanenarmee aus dem Nordosten endlich das ganze Land unter Kontrolle hat und ihr Anführer Paul Kagame (*1957) Premier- und Verteidigungsminister (ab 2000 auch Präsident) Ruandas wird. Millionen Hutus, ob tatsächlich schuldig oder nicht, machen sich nun ihrerseits auf die Flucht, vor allem ins Nachbarland Zaire (die heutige Demokratische Republik Kongo).

Die neue Regierung unter Paul Kagame hat dem Land seitdem einige Stabilität geben können und auch Ansätze zur Zusammenarbeit zwischen Tutsi und Hutus geschaffen. Im August 2003 werden erstmals demokratische Wahlen durchgeführt, die Paul Kagame auch mit den Stimmen vieler Hutus gewinnt – nicht unbedingt geliebt, aber weithin geachtet dafür, dass er dem Land bereits neun Jahre Frieden beschert hat. Ein weiterer Erfolg: Dem neuen ruandesischen Parlament gehören mit 49 Prozent an weiblichen Abgeordneten weltweit die meisten Frauen an, mehr noch als in Schweden, der bisherigen Nummer eins der Frauenemanzipation, deren Anteil bei 45 Prozent liegt.

Und doch: Die tiefen Wunden des Völkermords zu heilen, wird nicht von heute auf morgen geschehen können. Der nigerianische Schriftsteller und Literatur-Nobelpreisträger Wole Soyinka (*1934) schreibt 1994: »Ruanda ist zu unserem Albtraum geworden, Südafrika bleibt unser Traum.«

Noch bevor die ersten demokratischen Wahlen in Ruanda stattfanden, begann ein weiterer Völkermord – ab Anfang 2003 – in einer westlichen Region des Sudan namens Darfur. Dieser Genozid hat ebenfalls eine lange, mehr als zwanzigjährige Geschichte – hier die eines Bürgerkriegs zwischen der arabischen Mehrheitsregierung in Khartum und der Minderheit der nicht-arabischen Völker vor allem im Westen und Süden des Sudan, die seit jeher arm und benachteiligt gehalten werden. Von der Regierung bezahlte, sogenannte »Janjaweed«-Milizen führten nun massenhafte Vertreibungen, Morde und Vergewaltigungen durch, die sich längst nicht mehr auf Rebellengruppen konzentrierten, sondern gegen alle Zivilisten richteten.

Zu lange wurde auch hier der Völkermord von der Weltöffentlichkeit ignoriert und erst seit kurzem haben internationale Organisationen wie die UNO oder die AU begonnen, nach Lösungen zu suchen. Bis 2007 wurden nach Schätzungen mehr als 400 000 Kinder, Frauen und Männer ermordet, und über 2,5 Millionen Menschen sind aus ihren zerstörten Dörfern geflüchtet.

Die Situation afrikanischer Flüchtlingskinder aus Ruanda beschreibt der in Ghana aufgewachsene Afrikakorrespondent der BBC, George Alagiah, 1994 so:

» *In Goma zu sein war, als sei man in eine Szene aus dem Alten Testament zurückversetzt. In weniger als einer Woche strömten mehr als eine Million Menschen über die Grenze von Ruanda nach Zaire. Jungen und Mädchen klammerten sich mit einer Hand an die Kleiderfetzen ihrer Mütter, in der anderen Hand trugen sie Plastikflaschen, halbvoll mit schmuddeligem Wasser. Männer wankten unter der Last ihres letzten Besitzes, den sie sich auf die Schultern geladen hatten. Immer wieder kamen wir verlorenen Kindern entgegen, die wie Sandkörner von der Flut eines überströmenden Flusses der Menschheit mitgetrieben wurden. Als der Exodus vorbei war, zählten die hiesigen Hilfsorganisationen mehr als 40 000 Kinder, die von ihren Familien getrennt worden waren.* «

Flüchtlingskinder, Kriegswaisen, kranke Kinder: Zwei Drittel aller rund sieben Millionen Kinder weltweit, die jährlich vor ihrem fünften Lebensjahr sterben, kommen aus Afrika. Die meisten nur deshalb, weil sie unter unhygienischen Umständen aufwachsen müssen und nicht einmal die billigsten Impfstoffe gegen Kinderkrankheiten zur Verfügung stehen. Noch immer kommt durchschnittlich auf rund 20 000 Menschen ein einziger Arzt in Afrika. Durchschnittlich meint: Millionen Afrikanerinnen und Afrikaner haben nach wie vor keine Chance, je in ihrem Leben einen Arzt zu Gesicht zu bekommen.

Da gibt es die in Bürgerkriegen ermordeten Kinder – und Kinder, die selbst als Soldaten zum Töten missbraucht werden. Kinder und Jugendliche stellen inzwischen weltweit rund die Hälfte der zivilen Opfer bei kriegerischen Auseinandersetzungen Erwachsener. In Afrika kommt das Drama der Kindersoldaten in einem besonderen Umfang hinzu: Von rund 300 000 Kindersoldaten in der ganzen Welt, die jüngsten gerade mal sieben oder acht Jahre alt, müssen nach Angaben der UNO etwa 120 000 in Afrika kämpfen. Von fünf deshalb international besonders hart angeklagten Ländern sind vier in Afrika: Sierra Leone, Liberia, Demokratische Republik Kongo und Burundi (Stand: 2003).

Nicht immer werden Kinder direkt zum Kämpfen gezwungen. Oft melden sie sich auch freiwillig, nachdem ihre Eltern getötet oder vermisst sind oder sie in der ihnen stark erscheinenden Gemeinschaft anderer auf eine bessere Zukunft für sich selbst hoffen. Manche dieser »Rambo-Kids« haben sich bei Überfällen als nach außen besonders skrupellos hervorgetan. Sie, die ein AK 47-Maschinengewehr gerade mal halten können, haben zwar den technischen Umgang mit der Waffe gelernt, alle persönlichen Gefühle und Sehnsüchte ihrer jungen Seelen sind dabei jedoch als Erstes getötet worden. Die überwiegende Mehrheit derjenigen, die überlebt haben und bei Rehabilitationsprogrammen gefragt werden, welches ihr größter Wunsch für die Zukunft sei, antworten fast ausschließlich vergleichsweise bescheiden: »Ein Job. Arbeit. Was zum Essen…«

China Keitetsi (*1974) kommt mit neun Jahren zur Nationalen Widerstandsarmee von Yoweri Museveni, dem heutigen Präsidenten von Uganda. Zehn Jahre muss sie sich als Kindersoldatin durchschlagen, bis ihr die Flucht außer Landes gelingt. Heute lebt sie in Dänemark, hat über ihre Erfahrungen ein Buch geschrieben und träumt davon, einmal nach Uganda zurückzukehren, um dort anderen Kindern zu helfen, die Ähnliches wie sie durchgemacht haben (vgl. auch ihre Website: www.xchildsoldier.org). Sie erinnert sich heute:

China Keitetsi war zehn Jahre lang Kindersoldatin in Uganda, ehe ihr die Flucht gelang.

» Anfangs war ich froh, bei den Kindersoldaten mitmachen zu dürfen. Ich war den Quälereien meines Vaters daheim entkommen. Und hier waren mit einem Mal viele Gleichaltrige. Als wir Marschieren lernten – links, rechts, links, rechts – hatte ich Spaß daran, als wäre es einfach nur Spielen. Ich war gerade neun. Was mir auch noch gefiel: Die meisten anderen waren Jungen. Bald würde ich auch wie ein Junge sein, dachte ich. Und genau so kam es auch…

Als dann die wirklich schlimmen Dinge geschahen, war vieles lange wie ein unwirklicher Traum. Um Anerkennung von den erwachsenen Anführern zu bekommen, ja auch ihre Liebe, waren wir zu allem bereit. Irgendwann wurde ich den Leibwächtern eines Offiziers zugeteilt. Ich musste alles für ihn tun, bald auch mit ihm Sex haben, wenn er es wollte. Mit 14 Jahren wurde ich schwanger und bekam mein erstes Kind, meinen Jungen, der heute irgendwo in Uganda lebt und den ich eines Tages um alles in der Welt wiedersehen möchte.

Ich glaube es war, als ich mehr Menschen getötet hatte, als ich Finger an meinen beiden Händen habe: Da spürte ich, dass etwas endgültig in mir zerbrochen war. Wenn jemand mich anflehte, nicht zu schießen, dann dachte ich nur kalt: Ich kann dir nicht helfen – und tat, was Befehl war. Ich schoss. Wir waren gedrillt worden, unser Gewehr wie unsere Mutter zu achten. Mit dem Gewehr bist du stark, egal wie klein oder schwach du sonst bist.

Dass ich doch noch fühlen konnte, merkte ich, als einer meiner jungen Freunde, nachdem er jemand anderen erschossen hatte, die Waffe gegen sich selbst richtete und abdrückte. Ich fühlte plötzlich mit ihm. Ich fühlte wie er. Den gleichen Schmerz, die gleiche Verzweiflung. Am Ende war mir klar, dass unsere erwachsenen Anführer, die uns so viel versprochen hatten, doch alle nur an sich selbst dachten. Alle, bis hoch zu Museveni, an den ich beinah bis zuletzt geglaubt hatte. Den Erwachsenen kann man absolut nicht trauen.

Nun bin ich selbst erwachsen, auch wenn ich innerlich noch viel nachholen muss. Ich bin 26 Jahre alt, habe einen Sohn und eine kleine Tochter, die getrennt von mir leben müssen… Aber ich werde sie wiederfinden und eines Tages für sie und andere Kinder ein Zuhause schaffen. Dafür studiere ich jetzt Sozialarbeit in Dänemark, wo mir Menschen helfen, die Schrecken meines bisherigen Lebens zu überwinden. «

Junge Afrikanerinnen und Afrikaner heute, jene erste Generation, die aufgewachsen ist in Ländern, die zwar häufig noch gezeichnet sind von den Folgen des Kolonialismus, aber sich in der Regierungsverantwortung von afrikanischen Staatschefs und Präsidenten befinden: Was sind ihre Träume, wo sehen sie ihre Chancen und Grenzen? Was kritisieren sie – was wollen sie am liebsten umgehend ändern?

Ein paar Stimmen, die auffallen gegenüber offiziellen Regierungserklärungen, aber natürlich keineswegs repräsentativ sind:

Cyrille S., geboren 1985 in Kigali, der Hauptstadt von Ruanda, Asylbewerber in den Niederlanden:

» *Wovon ich kein Wort mehr glaube – das ist die sogenannte Solidarität der Afrikaner untereinander: Ich bin in Zaire gewesen als Junge mit meiner Mutter und meiner großen Schwester, dann sind wir nach Simbabwe, als eine der ganz wenigen Familien, weil ein älterer Bruder es schon vorher dorthin geschafft hatte. Schließlich bin ich allein mit falschen Papieren nach Südafrika… und überall das Gleiche: ›Wo kommst du her? Aus Ruanda? Euch wollen wir nicht! Ihr macht nur Probleme. Hau ab – oder ich schlage dich kaputt!‹ Ausländerfeindlichkeit unter Afrikanern.*

Immer das Gleiche. Wer mir am Ende geholfen hat? Ein holländischer Missionar. Durch ihn bin ich nach Europa gekommen. Wenn ich zurück nach Ruanda muss, bringe ich mich um. Ich habe zuviel gesehen… ich habe genug von Afrika. «

Mary R., geboren 1980 in einem Dorf nördlich von Accra, gegenwärtig Studentin der Ökonomie in Ghana:

» *Es wird viel von der sogenannten Dritten Welt gesprochen. Aber schau mal genau hin: Auch in Asien und Lateinamerika gibt es zwar noch immer viele Probleme, ökonomisch jedoch haben einige Länder dort ganz beachtlich aufgeholt, während es in Afrika – mit Ausnahme weniger Länder in Nordafrika und dem Staat Südafrika – generell nur bergab ging: Im Jahr 2000 ist das armselige Pro-Kopf-Einkommen des durchschnittlichen Afrikaners rund 10 Prozent weniger im Vergleich zu 1980, als ich geboren wurde. Ein Beispiel: Als Ghana 1957 unabhängig wurde, war der Lebensstandard hier höher als in Südkorea. Heute ist Südkorea ökonomisch sechsmal stärker als Ghana. Diese Vergleiche kannst du mit mehreren afrikanischen und asiatischen Ländern anstellen. Immer fallen sie zum Nachteil Afrikas aus. Warum? Weil in Afrika zwar viel von Entwicklung geredet, aber nicht konsequent daran gearbeitet wird. Wovon ich träume? Dass mehr Frauen Regierungsverantwortung übernehmen und dass die afrikanischen Länder lernen, wirklich zusammenzuarbeiten.* «

Sipho N., geboren 1984, in einem Dorf im Eastern Cape, Südafrika, heute Straßenmusiker in Kapstadt:

» *Mann, ich will, dass die Politiker endlich kapieren, dass wir etwas für Leute mit AIDS tun müssen. Es herrscht einfach diese unglaubliche Doppelmoral: Alle tragen die rote Schleife an der Jacke, auch alle Politiker, aber noch immer wird von den armen Anderen gesprochen und nicht genug getan. Es sind nicht ›die Anderen‹, verdammt noch mal. Es sind ›du und ich‹. Aber unser Präsident hat gelacht, als ihn eine Frau im Fernsehen gefragt hat, ob er auch einen AIDS-Test machen würde. Gelacht! Er doch nicht… Der Mann hat nichts, absolut nichts kapiert bisher.* «

Leila A., geboren 1979 in Mali, heute als Krankenschwester in Algerien:

» *Die ganze Idee der Entwicklungshilfe ist schief. Die afrikanischen Länder bezahlen jedes Jahr mehr an Schulden zurück an den Westen, als wir an Entwicklungshilfe hereinbekommen. Das ist nichts als ein dickes Geschäft, auch wenn dazwischen natürlich ein paar echte Idealisten sind. Und die Schulden werden jedes Jahr höher. Weil wir nichts verkaufen können oder nichts zum Verkaufen herstellen können, das sich lohnt, weil auf jeden Mist im Westen Einfuhrzölle gezahlt werden müssen. Wieso ich das weiß? Weil es mit Medikamenten genauso ist. Die meisten Medikamente, die wir dringend brauchen, sind hier im angeblich armen Afrika teurer als im reichen Westen. Verstehst du das? Und die besten Jobs in den Entwicklungsprojekten gehen wieder nur an Leute aus dem Westen, jedenfalls die meisten Leitungsposten. Ich habe neulich gelesen, dass es heute mehr westliche Entwicklungshelfer in Afrika gibt als europäische Beamte zu Zeiten des Kolonialismus. Ich weiß nicht, ob das stimmt, aber vorstellen kann ich es mir gut.* «

Es stimmt. Wie auch alle anderen Aussagen in den Zitaten der jungen Afrikanerinnen und Afrikaner. Auffallend wenig – im Vergleich zu jungen Europäerinnen und Europäern – sprechen sie von ihrer eigenen Lebensplanung, von beruflichem Aufstieg, von persönlicher Karriere. Bei Nachfragen stellt sich heraus, dass das etwas für die wenigen Ausgewählten ist, die nach »Übersee« – nach Europa oder die USA oder Australien – zur Ausbildung oder zum Studium können. Und eine Ausbildung oder ein Studium an einer afrikanischen Hochschule oder Universität? »Die wirklich international anerkannt sind, kannst du an den Fingern einer Hand abzählen…«, ist die Antwort.

In den sechziger Jahren war es noch anders. Da galten die Ibadan-Universität in Nigeria oder die Makerere-Universität in Uganda als neue Hoffnungen einer jungen afrikanischen Wissenschaft. Doch bereits in den siebziger Jahren setzte der sogenannte »brain drain« ein, die Abwanderung qualifizierter Akademiker in Länder außerhalb Afrikas: Sparmaßnahmen zwangen so manche Wissenschaftler, Gebrauchsanweisungen für Kühlschränke zu übersetzen, um ihrer Familie den Unterhalt zu sichern. Und da konnte man mit einem Vortrag in New York oder Brüssel mehr verdienen, als mit zwölf Monatsgehältern daheim. Wenn das keine Versuchung ist. Als Ausnahme galt und gilt Südafrika für alle Länder südlich der Sahara. Bereits vor dem Ende der Apartheid hatten dort einige Universitäten und an anderen zumindest einige Fakultäten bereits nichtweiße Studenten zugelassen. Dass deren Universitäten sich nun alle seit mehr als einem Jahrzehnt konsequent allen lernhungrigen jungen nichtweißen Südafrikanerinnen und Südafrikanern öffnen müssen, ist ein nicht zu unterschätzender Hoffnungsstrahl.

Wenn der 18-jährige Flüchtling Cyrille aus Ruanda sagt, dass er genug von Fremdenfeindlichkeit in Afrika hat, wenn die 23-jährige Wirtschaftsstudentin Mary aus Ghana die negative Bilanz Afrikas gegenüber armen Ländern in Asien anprangert, wenn der 19-jährige Straßenmusiker Sipho aus Südafrika konkrete Solidarität für von AIDS Betroffene einfordert und die 24-jährige Krankenschwester Leila aus Mali einen Zusammenhang zwischen Entwicklungshilfe und Schuldenlasten herstellt – dann sind das neue Töne eines kritischen und selbstkritischen Denkens, die international, aber auch in Afrika selbst noch viel zu wenig gehört werden.

Noch. Eine Frage der Zeit. Mehr nicht.

Der Dialog hat begonnen – auch wenn es häufig zuerst noch in kleinen Kreisen untereinander ist.

Aber die Stimmen gibt es. Es ist an uns, ihnen zuzuhören.

AUSBLICK: ZWISCHEN AIDS UND AFRIKANISCHER RENAISSANCE

Am 11. September 2001 kommen beim Anschlag auf das World Trade Center in New York nach Aussagen von Experten rund 3000 Menschen ums Leben. Führende Politiker in aller Welt äußern die Einschätzung, dass die moderne Geschichte der Menschheit nach dem 11. September neu zu schreiben sei und es von nun an die vorrangigste Aufgabe internationaler Politik sein müsse, den Terrorismus weltweit zu bekämpfen.

In Afrika sterben derzeit jeden Tag mehr als 6000 Menschen an AIDS, zum großen Teil Kinder und junge Leute zwischen 20 und 35 Jahren, ohne dass es zu einem Aufschrei der internationalen Politik kommt. In dem Jahrzehnt von 1990 bis 2000 erlagen allein im südlichen Afrika – in allen Ländern südlich der Sahara – rund 12 Millionen Menschen, davon rund 3 Millionen Kinder, dem HI-Virus. Der Mitbegründer der politischen AIDS-Patientenorganisation »Treatment Action Campaign« (TAC) in Südafrika, Zackie Achmat (*1962), sagte in einer Botschaft an die Welt-AIDS-Konferenz 2002: »Nur weil wir arm sind, nur weil wir schwarz sind, nur weil wir in Gegenden und Kontinenten leben, die fern von euch sind, bedeutet nicht, dass unsere Leben weniger wert sein dürfen.«

Von den derzeit rund 1,3 Millionen aidskranken Kindern leben eine Million in Afrika. Und 95 Prozent der etwa 14 Millionen AIDS-Waisenkinder, deren Eltern an AIDS starben, sind ebenfalls in Afrika zu Hause. Wie wachsen sie auf – ohne jede Hilfe von Erwachsenen und oftmals noch selbst für kleinere Geschwister sorgend? Wann sind sie alt genug, um sich in Jugendbanden zusammenzuschließen und sich mit Überfällen zu holen, was sie zum nackten Überleben brauchen? Wie viele von ihnen werden sich einmal Ideen des Terrorismus anschließen, da die meisten Demokratie predigenden Politiker sie offensichtlich vergessen haben?

Noch 1990 war in ganz Afrika weniger als ein Prozent der Bevölkerung mit dem AIDS verursachenden HI-Virus infiziert. In Westeuropa und Nordamerika war die Krankheit ab Anfang der achtziger Jahre überhaupt erst entdeckt worden und fälschlicherweise für eine vor allem bestimmte Minderheiten betreffende Infektion gehalten worden. Warnende Stimmen wurden zu lange in den Wind geschlagen, die der Behauptung widersprachen, dass es sich um eine typisch »westliche Zivilisationskrankheit« handeln würde.

Im kommenden Jahrzehnt infizieren sich nach und nach Millionen Afrikanerinnen und Afrikaner. Da zwischen Ansteckung und Ausbruch der Krankheit in der Regel sechs bis acht Jahre vergehen, in denen keine Symptome sichtbar sind und AIDS als eine vor allem sexuell übertragbare Krankheit wie vorher in Westeuropa und Nordamerika auch in Afrika umgehend mit vielen Tabus behaftet ist, dauert es lange, zu lange, bis das ganze Ausmaß der Epidemie deutlich wird: Heute leben von weltweit etwa 42 Millionen mit HIV infizierten Menschen, die weitaus meisten – rund 29 Millionen Menschen – in Afrika. Die höchsten Zunahmen von Neuinfektionen gibt es allerdings inzwischen in Ländern Osteuropas sowie in Indien und China.

Das ökonomisch durchaus starke Südafrika hält international den traurigen Rekord: Derzeit sterben allein in diesem Land rund 800 Menschen täglich, mehr als wenn jeden Tag ein vollbesetzer Jumbo-Jet abstürzen würde. Und gleichzeitig stecken sich rund 2 000 Menschen, überwiegend junge Leute, täglich neu an. Nur zwei afrikanische Regierungen, Senegal und Uganda, haben bisher wenigstens die Zahl dieser Neuinfektionen senken können. Zu viele beteiligen sich an der Verleugnung des Problems und an der direkten oder indirekten Ausgrenzung der von AIDS betroffenen Menschen, so als würde das Problem durch Ignoranz irgendwann von selbst verschwinden.

Auf der Welt-AIDS-Konferenz 2000 im südafrikanischen Durban bekam der südafrikanische Präsident Thabo Mbeki im Plenum der rund 12 000 internationalen Experten Buhrufe und Pfiffe zu hören, als er zwar den Zusammenhang zwischen AIDS und Armut ausführlich erläuterte, aber nicht auf die medizinische Ursache der Ansteckung durch das HI-Virus einging und damit die Arbeit Tausender von Gesundheitsarbeitern infrage stellte, die darauf basierend den Gebrauch von Kondomen als derzeit einzig wirksamen Schutz empfehlen. Außerdem enttäuschte er die Hoffnungen Millionen an AIDS erkrankter armer Südafrikanerinnen und Südafrikaner auf eine vom Staat geförderte Ausgabe von Medikamenten, die AIDS zwar nicht heilen, aber die Krankheit von einer tödlichen in eine chronische wandeln können.

Unmittelbar nach dem Präsidenten trat ein kleiner, zerbrechlich aussehender Junge in viel zu weitem Jackett ans Mikrofon und hielt eine Rede, die das Publikum unmittelbar still werden ließ.

»Akzeptiere uns – wir sind alle Menschen!«
Nkosi Johnson (1989–2001) spricht im Juli 2000 vor den Teilnehmerinnen und Teilnehmern der Welt-AIDS-Konferenz in Durban, Südafrika:

» *Hi, mein Name ist Nkosi Johnson. Ich bin 11 Jahre alt und habe AIDS. Ich bin HIV-positiv geboren.*

Als ich zwei Jahre alt war, lebte ich in einem Zentrum für Menschen mit HIV/AIDS. Meine Mutti, die eben auch infiziert war, konnte mich nicht behalten, weil sie Angst hatte, dass die Gemeinschaft, wo sie wohnte, herausfinden könnte, dass wir beide infiziert sind und uns wegjagen würde.

Ich weiß, dass sie mich sehr geliebt hat und mich besucht hätte, wenn es ihr nur möglich gewesen wäre. Dann musste das Zentrum schließen, weil es kein Geld mehr gab. Deshalb nahm mich meine Pflegemutter, Gail Johnson, die Direktorin des Zentrums war, mit zu sich nach Hause…

Ich weiß, dass mein Blut nur gefährlich für andere Menschen ist, wenn sie ebenfalls eine offene Wunde haben und mit meinem Blut in Kontakt kommen. Nur dann müssen Menschen vorsichtig sein, wenn sie mich berühren…

In dem Jahr 1997, gerade bevor ich zur Schule gehen sollte, starb meine Mutti Daphne. Meine Pflegemutter Gail sagte es mir, und ich musste sehr weinen. Meine Mutti Gail ging mit mir zur Beerdigung… Seitdem vermisse ich meine Mutti immer wieder sehr, und ich wünschte mir, sie wäre bei mir. Aber ich weiß, dass sie im Himmel ist. Und sie sieht über meine Schulter und in mein Herz.

Ich hasse es, AIDS zu haben, weil ich immer wieder so krank werde, und ich werde so traurig, wenn ich an all die anderen Babies und Kinder denke, die auch AIDS haben.

Ich wünsche mir, dass die Regierung endlich das Medikament AZT an schwangere Mütter verteilt, das hilft, dass das Virus nicht von den Müttern auf ihre Babys übertragen wird.

Babys können so schnell sterben. Ich kannte ein ausgesetztes Baby, dass bei uns aufgenommen wurde. Es hieß Micky.

Er konnte nicht atmen. Er konnte nicht essen, und er war so krank. Und Mutti Gail musste die Fürsorge anrufen, damit sie ihn abholen und ins Krankenhaus bringen, wo er starb.

Aber er war so ein hübsches kleines Baby. Deshalb denke ich, dass die Regierung endlich handeln muss, weil ich nicht möchte, dass Babys sterben müssen…

Wenn ich groß bin, möchte ich mehr und mehr Menschen über AIDS auf-

klären, und wenn meine Mutti Gail es mir erlaubt, überall auf der Welt. Ich möchte, dass Menschen verstehen, was AIDS bedeutet – und sorgsam und respektvoll sind. Du kannst kein AIDS bekommen, wenn du jemanden berührst, umarmst, küsst oder die Hände von jemandem hältst, der infiziert ist.

Sorge dich um uns und akzeptiere uns – wir sind alle Menschen.

Wir sind ganz normal. Wir haben Hände. Wir haben Füße.

Wir können gehen, wir können reden, wir haben die gleichen Bedürfnisse wie jeder Mensch – habe keine Angst vor uns. Wir sind alle gleich! «

Nach seiner Ansprache erhält der Junge lang anhaltenden Beifall. Wenige Monate nach seinem von vielen internationalen Medien übertragenen Auftritt in Durban erkrankt Nkosi schwer und stirbt schließlich am 1. Juni 2001, gerade 12 Jahre alt. Seine Pflegemutter setzt die Arbeit für von AIDS betroffenene Mütter und Kinder fort. Im nach ihm benannten Nkosi-Heim in Johannesburg leben heute 17 Mütter und 44 Kinder (website: www.nkosi.iafrica.com).

Aber es scheint, als seien das Engagement von Nkosi Johnson und mit ihm von vielen internationalen, nationalen und lokalen Gesundheitsinitiativen und Patientenorganisationen doch nicht völlig erfolglos geblieben: Anfang 2004 vollzieht die südafrikanische Regierung einen Schwenk ihrer bisherigen Politik und kündigt ein landesweites Programm zur kostenlosen Ausgabe von AIDS-hemmenden Medikamenten (ART) für alle Patienten an, die dies nicht selbst bezahlen können. Eine zaghafte Hoffnung für Millionen Menschen auch in anderen afrikanischen Ländern.

Afrika – wie wird es weitergehen? Noch ist es offen. Alles scheint möglich. Kein Wunder, dass es einerseits extrem pessimistische Szenarien gibt, die Afrika und seine Menschen als dauerhafte Opfer betrachten oder – schlimmer noch – mehr oder weniger abgeschrieben haben: Die AIDS-Katastrophe und die scheinbar hilflosen Reaktionen von Regierungen sind ebenso ein Symptom dafür wie die Millionen Flüchtlinge auf dem Kontinent, die vor Bandenkämpfen und Bürgerkriegen auf der Flucht sind.

Demgegenüber gibt es aber auch jene Visionen, die fest darauf vertrauen, dass Afrikanerinnen und Afrikaner eigene Wege zur Lösung dieser Probleme, die von niemandem geleugnet werden, finden: Nach Jahrzehnten des Abschüttelns der vielfältigen wirtschaftlichen wie psychologischen Folgen von Sklaverei und Kolonialismus ist demnach nun die Zeit der afrikanischen Renaissance gekommen, einer selbstbewussten Aufwertung Afrikas und seiner Menschen. Wem ist eher zu glauben?

Auf einer Welt-AIDS-Konferenz in Südafrika hält der 11-jährige Nkosi Johnson vor 12 000 Menschen eine bewegende Rede.

Zum Glück ist es letztlich keine Glaubensfrage, sondern wird einzig und allein davon abhängen, was an konkreten Taten in Afrika und in respektvoller Partnerschaft auch im Rest der Welt unternommen wird. Manche Länder Osteuropas und Asiens, die noch in jüngster Vergangenheit ebenso arm und ausgegrenzt waren, wie es viele Länder Afrikas bis heute sind, haben sich innerhalb weniger Jahre mit für sich stimmigen Lösungen aus dem schlimmsten Elend befreit und sind als ernst zu nehmende Partner akzeptiert. Dabei haben sie sich in den wenigsten Fällen ideologisch anpassen müssen. Japan und die USA verhandeln heute im Rahmen der G 8, der acht stärksten Industrienationen, ohne Probleme miteinander über Elektronik oder Fahrzeugbau, auch wenn sich ihre kulturellen Traditionen ansonsten wie Tag und Nacht unterscheiden.

Und Afrika ist nicht arm. Es verfügt im Bereich mineralischer Rohstoffe wie Bauxit, Chromit, Kobalt, Diamanten, Gold, Platin und Titan über bis zu 89 Prozent der Weltvorräte.

Nur wenige Länder haben bisher selbst von diesem Reichtum profitieren können: Botswana im südlichen Afrika als heute größter Diamantenproduzent der Welt ist ein gelungenes Beispiel, wie eine stabile und nichtkorrupte Regierung es seit der Staatsgründung 1966 geschafft hat, ein kontinuierliches Wirtschaftswachstum aufzubauen. Heute gilt Botswana auf der UNO-Entwicklungsskala als die Nummer 1 aller afrikanischen Länder (wobei jedoch auch hier vor allem die hohe AIDS-Infektionsrate der Bevölkerung diesen Erfolg in der nahen Zukunft gefährden könnte). Schließlich bleibt anzumerken, dass die Schätze an Rohdiamanten, die in den Weiten der Kalahari-Wüste zu finden sind, dort ohne Rücksicht auf den bedrohten Lebensraum der San (»Buschleute«) gefördert werden, die als Minderheit in Botswana wenig Achtung genießen.

Dass Afrikas gesamte Wirtschaftskraft (gemessen am Bruttoinlandsprodukt) weniger als 1,3 Prozent am Weltmarkt beträgt, ist ein Skandal. Ganz Afrika »verdient« etwa soviel wie die Privatfirma General Electric oder das kleine Belgien. Die vielen Rohstoffe Afrikas werden zu Preisen ausgeführt, die in New York, Brüssel und Tokio diktiert werden, wodurch der offizielle Anteil Afrikas an den weltweiten Exporten bei gerade mal 2 Prozent liegt. Von den wenigen Einnahmen verlassen rund 40 Prozent den Kontinent umgehend wieder in Form von Rückzahlungen und Zinsen für Auslandsschulden.

In Afrika selbst ist zu lange auf einzelne Exportprodukte pro Land gesetzt worden, wodurch fatale Abhängigkeiten vom Weltmarkt entstanden. Als die internationalen Preise für Kaffee oder Zucker fielen, bedeutete dies den Zusammenbruch ganzer Volkswirtschaften in Afrika. Auch wird es darauf ankommen, die

Weiterverarbeitung von Rohprodukten in Afrika selbst zu realisieren, da so nicht nur dringend notwendige Arbeitsplätze und Infrastrukturen für Herstellung und Transport geschaffen werden, sondern die weiterverarbeiteten Produkte auch zu wesentlich höheren Preisen verkauft werden können. Diese Bemühungen haben bisher die wirtschaftlich starken Länder dadurch behindert, dass sie unzulässig hohe Zölle für Produkte aus ärmeren Ländern verlangen, der armen Verwandtschaft sozusagen mit teuren Eintrittskarten den Zugang zum Markt verwehren.

Eine fatale Rolle haben zuweilen auch einige afrikanische Regierungen selbst gespielt, wie zum Beispiel der nigerianische Diktator Sani Abacha (1943–1998), der mit dem Ölkonzern Shell nicht nur private Geschäfte machte, sondern auch das von der Ölausbeutung besonders betroffene Volk der Ogoni und seine Anführer mit Gewalt unterdrückte. Eine nigerianische Untersuchungskommission legte 2005 einen Bericht vor, nachdem Abacha in den Jahren seiner Diktatur rund 220 Billionen (!) englische Pfund in die eigene Tasche (beziehungsweise auf ausländische Konten) schaffte. Diese Summe entspricht der gesamten westlichen Entwicklungshilfe der letzten 40 Jahre für ganz Afrika. Wegen ihres Widerstandes wurden 1995 trotz internationaler Proteste der Ogoni-Menschenrechtler und bekannte Schriftsteller Ken Saro-Wiwa (1941–1995) und acht weitere Aktivisten in Nigeria hingerichtet. Auch der heutige, demokratisch gewählte Präsident Nigerias, Olusegun Obasanjo (*1937) hatte seit 1995 unter Diktator Abacha im Gefängnis gesessen.

Bemühungen zur gerechteren Regelung der Ausfuhr von Rohstoffen werden in Afrika auch gefährdet durch international kooperierende und mit modernsten Waffen ausgestattete Gangsterbanden, die besonders Mineralien illegal so verkaufen, dass erneut die Volkswirtschaft des jeweiligen Landes leer ausgeht. Die von »Warlords« geführten Privatarmeen, die keinerlei Rücksicht auf die jeweilige Zivilbevölkerung nehmen, geben sich gern den Anschein von politischen Rebellengruppen, sind aber de facto nur an persönlicher Bereicherung interessiert.

Einige Regierungen in Westafrika wie in Sierra Leone und Liberia, in jüngster Zeit auch in Guinea und der Elfenbeinküste haben begonnen, aufgrund mangelnden Vertrauens in das eigene Staatsmilitär Abkommen mit Privatarmeen zu schließen. Diese »Rambo-Armeen« sind hochmodern ausgerüstet und bestehen aus extrem geschulten Einzelkämpfern. Sie lassen sich ihre Dienste oft in Diamanten oder anderen »Naturalien« hoch bezahlen und arbeiten mittlerweile auch mit westlichen Geheimdiensten zusammen, vor allem seit deren Regierungen, wie die USA nach ihrem Debakel in Somalia 1993, nur ungern noch eigene Soldaten nach Afrika senden.

Um dem ein Ende zu bereiten, hat einer der Vordenker der afrikanischen Renaissance, der südafrikanische Präsident Thabo Mbeki, sich für eine Initiative stark gemacht, die unter dem Namen NEPAD (New Partnership for Africa's Development – Neue Partnerschaft für Afrikas Entwicklung) bekannt wurde. So unsicher und ignorant der Nachfolger Nelson Mandelas lange auf die AIDS-Katastrophe reagierte, so kompetent zeigt er sich beim Aufbau neuer Strukturen einer wirtschaftlichen Zusammenarbeit zwischen Ländern Afrikas. Nicht nur ist dies der neuerliche Versuch, Afrika zu vereinen und dadurch mit mehr Gewicht international auftreten zu können, sondern es geht erstmals auch um die Einführung eines Kontrollmechanismus, um jene afrikanischen Führer, die noch stets auf Diktatur und persönliche Bereicherung setzen, zu sanktionieren und jene zu fördern, die mit demokratischen Mitteln und zum Wohle aller Menschen ihres Landes arbeiten.

Im Juli 2002 wurde die 1963 gegründete »Organisation für Afrikanische Einheit« (OAU) aufgelöst und die »Afrikanische Union« (AU) nach dem Vorbild der »Europäischen Union« (EU) im südafrikanischen Durban von allen afrikanischen Staaten (mit Ausnahme Marokkos) gegründet. Als wichtigster Unterschied gilt die von NEPAD inspirierte Idee – anders als früher, wo die »Nichteinmischung« oberstes Gebot war und so jeder kleine und große Tyrann in Afrika tun und lassen konnte, was er wollte – nun in der »Afrikanischen Union« Strukturen zu entwickeln, die die Achtung von Menschenrechten und demokratischen Regierungsformen in ganz Afrika effektiv schützen sollen.

Jeder, der die mühsame Geschichte der europäischen Einigung kennt, weiß, dass das größte Hindernis in jenen politischen Führern besteht, die man zwar der zukünftigen Einheit willen dabei haben möchte, die aber selbst vor allem persönliche und nationalistische Interessen vertreten. In Afrika spielt hier der Staatschef des nordafrikanischen Libyen Muammar al-Gaddafi, eine äusserst umstrittene Rolle.

Als junger Offizier von 27 Jahren war er 1969 nach einem unblutigen Putsch an die Macht gekommen. Anfangs hatte er sich wie viele junge Araber vor allem an dem ägyptischen Präsidenten Gamal Abdel Nasser (1918–1970) orientiert, der 1952 ebenfalls ein korruptes Königshaus weggejagt und sich für die Einheit der arabischen Völker eingesetzt hatte. Die großen Ölvorkommen Libyens nutzte Gaddafi nicht zuerst zur persönlichen Bereicherung, sondern verschaffte den meist armen Bewohnern seines Landes einen vergleichsweise hohen Lebensstandard. Mit den Einnahmen aus dem Ölverkauf sorgte er für kostenlose Schulbildung von sechs bis 15 Jahren sowie die besondere Förderung von Mädchen und Frauen, freie medizinische Versorgung und menschenwürdige Wohnungen für alle. Gleichzeitig unterstützte Gaddafi beinah alle arabischen und afrikanischen Befreiungsbewegungen von der PLO Yassir Arafats (*1929) bis zum ANC Nelson Mandelas.

Was so hoffnungsfroh begann, entwickelte sich im Laufe der Jahre immer mehr zu einer »islamisch-sozialistischen Volksrepublik«, in der Oberst Gaddafi, »Revolutionsführer« und »Oberbefehlshaber aller Streitkräfte auf Lebenszeit«, zum eigenwilligen Diktator wurde. In den achtziger Jahren ging er soweit, auch offen terroristische Gruppen zu fördern, was ihn und sein Land in zunehmende internationale Isolation trieb. US-Präsident Ronald Reagan (*1911) nutzte dies 1986 zu einem völkerrechtswidrigen Luftangriff der USA auf Tripolis, bei dem neben vielen Zivilisten auch eine Adoptivtochter von Gaddafi getötet und zwei seiner Söhne verletzt wurden. Als 1998 Terroristen ein voll besetztes US-Verkehrsflugzeug zur Explosion brachten und dies über der schottischen Ortschaft Lockerbie abstürzte, versteckte Gaddafi die Verantwortlichen in Libyen. Daraufhin verhängte die UNO umfassende Sanktionen. In den letzten Jahren lieferte Gaddafi die beiden Attentäter von Lockerbie an einen internationalen Gerichtshof aus und zahlte Entschädigungen an die Familien der Opfer. Dadurch gelang es ihm, die internationale Isolation zu mildern, doch er bleibt in vielerlei Hinsicht »eigenwillig«. Ende 2003 erklärte er, sein Ideal einer arabischen Einheit sei gescheitert. Er zeigte sich schwer enttäuscht von den meisten anderen arabischen Staatschefs, die er nur noch als Egoisten oder Marionetten der USA ansieht.

Tragischerweise richten sich nun all seine Hoffnungen »auf Afrika als Ganzes«. Er sieht sich selbst vor allem als einen der wesentlichen Begründer der neuen »Afrikanischen Union« (AU). Sein Angebot an die AU lautet, alle Kosten für den Sitz des ersten afrikanischen Parlaments in seiner Hauptstadt Tripolis zu finanzieren, in der es bislang nicht einmal ein demokratisches Parlament für Libyen selbst gibt. Jedes Treffen der AU macht er bislang zu einer persönlichen Show: In Durban reiste er mit 60 Staatslimousinen an, die teilweise in Flugzeugen von Libyen nach Südafrika transportiert worden waren. Sein Plan, in dieser privaten Autokolonne durch die Stadt zu fahren, konnte in letzter Minute von südafrikanischen Sicherheitsbeamten gestoppt werden.

Wenig später gab er zum Besten, dass er es gern übernommen habe, die Mitgliedsbeitrage zur AU für insgesamt elf afrikanische Staaten zu bezahlen. Einer der so Begünstigten, der Präsident Sambias, sprach daraufhin umgehend die Unterstützung seines Landes für Tripolis als zukünftigen Sitz des afrikanischen

Parlaments aus. Beim AU-Treffen in Mosambik 2003 schockte er viele Teilnehmer mit dem Hinweis, dass AIDS keine wirkliche Gefahr für Afrika wäre, da es vor allem eine »Krankheit von Homosexuellen« sei – und »jeder, der sich an die Regeln hält, nichts zu befürchten« habe.

Bislang ist die »Afrikanische Union« – da ist sie der EU leider ähnlich – eine ganz überwiegende Männerveranstaltung. Es gilt in Bezug auf die mühsame, aber unumgängliche Überwindung verkrusteter Herrschaftsstrukturen in Afrika, was die Ökonomin Axelle Kabou bereits vor gut zehn Jahren in ihrer Streitschrift »Weder arm noch ohnmächtig – Gegen schwarze Eliten und weiße Helfer« formuliert hat.

Axelle Kabou, geboren 1955 in Douala, Kamerun, heute für die UNO in Abidjan (Elfenbeinküste) tätig:

» *Offiziell geht es um die Verbesserung der Lebensbedingungen der afrikanischen Bevölkerungen. Aber ist die fortschreitende Verschlechterung dieser Lebensbedingungen nicht ein Anzeichen dafür, dass wir es vielmehr mit Betrug auf allen Ebenen zu tun haben?…*

Erstens wird von vornherein die politische Klasse (Afrikas) von jeglichem Verdacht der Inkompetenz reingewaschen, indem man die Aufmerksamkeit der Afrikaner auf ein permanentes internationales Komplott ablenkt; je länger dies andauert, desto mehr Gründe hat die politische Klasse, an der Macht zu bleiben. Zweitens sollen sich die Afrikaner weiter mit Einheitsparteien zufrieden geben, deren Ziele verschwommen sind. Und drittens wird eine große Zahl von Experten mit nie endenden Dienstreisen und Forschungsaufträgen versorgt, deren Zwecklosigkeit, gemessen an der sich verschlimmernden Unterentwicklung, noch nicht einmal hinterfragt wird…

Die gesamte Kulturpolitik Afrikas seit der Unabhängigkeit betont die traditionellen Werte: Respekt vor dem Chef, Ehrfurcht vor dem Alter, Furcht vor den Oberschichten und den übernatürlichen Kräften, Verehrung des Geldes und abgöttische Verklärung einer vorkolonialen Vergangenheit. «

Zu selten ist noch immer die nüchterne und durchdachte Analyse, die frei ist von persönlichem oder nationalistischem Egoismus, aber eben nicht frei von Achtung gegenüber jenen Millionen Menschen, die vor Ort immer wieder und scheinbar völlig passiv von »Auswirkungen« aller Art getroffen werden. Ihre Sehnsüchte und Träume zum Ausgangspunkt zu nehmen, ohne deshalb unkritisch zu werden, ihr Übernehmen von Verantwortung, ihr Aktivwerden als ebenso wichtige, wenn nicht noch wichtigere Investition gegenüber neuen »Entwicklungshilfemilliarden« anzuerkennen, ist Voraussetzung für einen Dialog, der dieses Wort verdient.

Die Ideologie von »entwickelten« und »unterentwickelten« Ländern ist eine, die kaum noch Orientierung gibt. Außer, dass sie jenen, die materiell mehr besitzen, ein zusätzliches Gefühl der Höherwertigkeit vermittelt (ohne diese dabei auch nur ansatzweise glücklicher zu machen), erfüllt sie keine Funktion mehr. Jene, die demzufolge »noch nicht so entwickelt« sind, werden nur entweder unsicher, böse oder endgültig zu Verweigerern, denn wer möchte sich schon gern über Jahrzehnte so bezeichnen lassen – außer aus dem einen Grund, dass bestimmte »Hilfs«-Gelder nur unter diesem Etikett der Minderwertigkeit zu erhalten sind.

Der Preis ist noch in anderer Hinsicht hoch und prinzipiell destruktiv: So lange noch immer mehr Gelder in Form von »Schuldenrückzahlungen« den Kontinent verlassen, als an »Entwicklungshilfe« hereinkommen (gut zwei Drittel gegenüber einem Drittel), dient diese Art des »Helfens« ohnehin eher der Gewissensberuhigung der Reichen als der wirklichen Verbesserung von Lebensbedingungen der Armen.

Ein neuer Faktor in Afrika ist das Engagement der Volksrepublik China in verschiedensten Teilen des Kontinents. Ohne sich viel um Menschenrechte zu kümmern, konzentriert sich China auf wirtschaftliche Zusammenarbeit mit mehr und mehr Regierungen Afrikas, wobei sie sich selbst den Zugang zu Afrikas Rohstoffen zu sichern versuchen und im Austausch günstige Darlehen, billige Konsumwaren bis hin zu Großprodukten im Städtebau oder ganze Fabriken liefern. Die Auswirkungen dieser Kooperationen, die ohne viel öffentlichen Wirbel über die Bühne gehen, sind noch nicht abzusehen.

Im letzten Jahrhundert waren es Befreiungsbewegungen in vielen afrikanischen Ländern, die es mit Mut, Geduld und Klugheit schafften, die Fesseln der europäischen Ausbeutung abzuschütteln. In unserem Jahrhundert wird es zunehmend darauf ankommen, dass die heute jungen Afrikanerinnen und Afrikaner ihr persönliches Selbstbestimmungsrecht als Kinder und Jugendliche, als Frauen, als Vertreter verschiedener Ethnien und Minderheitengruppen in einem demokratischen Dialog untereinander verwirklichen und damit auch persönlich Verantwortung im Kampf gegen Armut, Krankheiten und Krieg übernehmen.

Und für junge Europäerinnen und Europäer ist es an der Zeit, jenseits von Urwaldexotik und Elendsbildern in ihren Ländern mit Vorurteilen über Afrika aufzuräumen – und sich und anderen die Freiheit zu schenken, ganz »andere Träume zu sehen«…

Shirley Madlingozi, geboren 1968 in Port Elisabeth, Südafrika, alleinerziehende Mutter von vier Töchtern und Erzieherin in einem Projekt für von AIDS betroffene Kinder in einem Township nahe Kapstadt, berichtet 2003:

» *Als mein Mann Makosi 1999 starb, hatte er bereits fünf Jahre nicht mehr arbeiten können… es war schrecklich, ich hatte nicht einmal genug Geld für seine Beerdigung. Ich habe es geborgt und lange, lange daran abgezahlt. Aber ich hatte meine vier Töchter, jede ein wunderschönes Kind: Nomtha, Lazola, Honey und Sweety – die Kleinste war gerade fünf Monate, als ihr Vater starb.*

Ich wusste mir keinen anderen Rat, als mit allen vier Mädchen im gleichen Jahr hier in das Township Masiphumelele bei Kapstadt umzuziehen, wo meine Schwester Gretta immerhin eine Arbeit als Sekretärin in der Grundschule hat. Gretta hat uns so sehr geholfen. Aber natürlich habe ich alles unternommen, um selbst für meine Kinder sorgen zu können. Die Arbeitslosigkeit ist hier jedoch sehr hoch, und lange ist es mir nicht gelungen, wo ich es auch versucht habe.

Um nicht aufzugeben, habe ich immer irgendetwas getan, auch wenn es dafür kein Geld gab. Dafür haben wir nun wirklich Probleme genug in unserem Township, und ich glaube daran, dass wir selbst etwas tun müssen und nicht nur warten dürfen, bis die Regierung oder sonstwer alles für uns löst. Was mir am meisten auffiel: Dass es viel sexuellen Missbrauch gibt, sogar bei Kindern – und dass viel mehr Menschen von AIDS betroffen sind, als die meisten zugeben wollen. In unserem Township mit etwa 30 000 Bewohnern sind etwa 25 bis 30 Prozent mit HIV infiziert. Von der Tagesklinik und ihren Tests bei schwangeren Frauen wissen wir, dass viele gegenwärtig noch in Phase 1 oder 2 der Krankheit sind, aber die meisten in zwei bis vier Jahren richtig schlimm krank sein werden, wenn nicht noch ein Wunder geschieht. Stell dir mal vor: Rund 8 000 todkranke Menschen in einer Gemeinschaft von 30 000! Wer soll denn dann noch für wen sorgen? Und all die Kinder ohne Eltern…

So habe ich als Erstes an einem kostenlosen ›Erste-Hilfe-Kurs‹ teilgenommen. Und dann wurde ich mal von dieser oder jener Nachbarin um Rat gefragt. Da habe ich dann so gut ich konnte zugehört und versucht zu unterstützen. Oft half aber auch schon das Zuhören, denn die meisten Menschen, vor allem Frauen, wissen im Grunde, was gut für sie ist, trauen sich nur nicht, es auch zu verwirk-

Shirley Madlingozi, Mutter von vier Töchtern und Erzieherin in einem Haus für von AIDS betroffene Kinder in einem Township nahe Kapstadt glaubt, dass »jeder Mensch das Recht auf ein glückliches Leben« hat.

lichen. Als ich das eine Weile gemacht hatte, bekam ich ein Stipendium, um eine Ausbildung in AIDS-Beratung zu machen. Davon wurden die Kursgebühren bezahlt, aber ich musste noch selbst das Geld für den Transport dorthin auftreiben. Wenige Wochen vor dem Kursbeginn, starb erst meine Mutter und wenig später auch mein Vater. Es war eine sehr schlimme Zeit, aber ich gab nicht auf. Ich war sehr stolz, als ich den Kurs am Ende bestand und das Zeugnis dafür bekam.

Dabei haben mir auch weiße Leute geholfen, was ich niemals vergessen werde. Gleichzeitig habe ich eine lange Narbe an meinem Bein, wo mich als junges Mädchen ein weißer Polizist nach einer politischen Demonstration ge-

schlagen hat. So ist das. Es gibt gute und weniger gute Menschen überall. Das hat mit der Hautfarbe wenig zu tun.

Ein paar Monate später hörte ich von dem Plan, dass ein Haus in Masiphumelele gebaut werde sollte für Kinder, die von AIDS betroffen sind und sonst niemanden haben, der sich um sie kümmert. Jeden Mittwoch traf sich eine Gruppe von engagierten Bewohnern in unserer Tagesklinik, gemeinsam mit Vertretern einer Organisation, die HOKISA heißt und sich für von AIDS betroffene Kinder einsetzt. In acht Monaten wurde beraten und überlegt, wie das Haus aussehen und wo und von wem es gebaut werden sollte. Ich war damals noch nicht Teil dieser Gruppe, aber hörte davon und ging dann schließlich selbst hin, um zu fragen, worum es genau geht. Da hörte ich, dass man sich bewerben könne als Erzieherin, um später mit den Kindern zu arbeiten und die Familienangehörigen zu beraten.

So viele Menschen bewarben sich um die wenigen Stellen, und ich glaubte kaum daran, dass ich dort Arbeit bekommen würde. Aber natürlich hoffte ich es und betete jeden Tag dafür.

Gretta, meine Töchter und ich waren überglücklich, als ich tatsächlich von dem demokratisch gewählten Komitee, dass die Interviews mit allen Bewerbern machte, eine der Stellen bekam. Seitdem arbeite ich hier im HOKISA Home in einem Team mit sechs anderen, ehemals arbeitslosen Townshipbewohnern: Wir haben im Moment acht Kinder im Alter von sechs Monaten bis sieben Jahren, die hier wohnen und zu Hause sind und tagsüber auf dem Spielplatz noch einmal rund 40 bis 50 Kinder. Außerdem beraten wir Familien, vor allem junge Mütter. Es ist bislang der einzige Ort im Township, wo offen über AIDS gesprochen wird.

In Kürze beginnen wir mit einem Computerkurs, um dann in Südafrika und international auch selbst die nötigen Gelder für unsere Arbeit auftreiben zu können, die jetzt vor allem noch von der HOKISA-Dachorganisation kommen. Ziel ist, dass das Kinderhaus dann von uns selbst verwaltet wird... und wir eines Tages in einem anderen Township mit unseren Erfahrungen wieder andere anleiten können, etwas Ähnliches auf die Beine zu stellen.

Mein Traum für die Zukunft? Dass ich ein gutes Beispiel für meine Töchter bin, damit sie einmal die starken Frauen von morgen werden... Und Menschen mit HIV und AIDS jeden Tag neu zu zeigen, dass die Krankheit kein Todesurteil sein muss und jeder Mensch das Recht auf ein glückliches Leben hat. «

EPILOG:

VON AFRIKA AUS GESEHEN

Die Staaten Afrikas heute

»Die Freiheit, andere Träume zu sehen…« von Ben Okri

»Sei dankbar für die Freiheit
Andere Träume zu sehen.
Lobe deine Einsamkeit so sehr wie du Kraft geschöpft hast
Aus der früheren Gemeinsamkeit
Alles was du jetzt erlebst
Wird zu Launen zukünftiger Freude werden
Deshalb lobe alles.
Schätze deinen Weg nicht geringer
Als einen anderen
Wage nicht zu richten
Sondern sieh die Dinge mit wachen und offenen Augen
Verdamme nicht
Sondern lobe wenn du kannst
Und wenn du nicht kannst, schweige.

Die Zeit jetzt ist ein Geschenk für dich
Ein Geschenk der Freiheit
Die immer verwirrende Vergangenheit
Zu denken, zu erinnern und zu verstehen
Und dich neu zu erschaffen
Um die Zeit zu verwandeln.

Lebe solange du lebendig bist.
Lerne den Weg von Stille und Weisheit
Lerne zu handeln, lerne eine neue Sprache
Lerne zu sein was du bist in der Saat deines Geistes
Lerne dich selbst zu befreien von all den Dingen
Die dich zerrissen haben

Ben Okri

Und deine geheime und unentdeckte Straße begrenzen.

Denke daran, dass alle Dinge die dir
Geschehen Rohmaterial sind
Unendlich fruchtbar
Unendlich nachgiebig für Gedanken die dein Leben
Ändern konnten und dies immer tun werden. (…)

Liebe fordert das Beste in uns
Um immer und rechtzeitig das Schlechteste
Und Niedrigste in unseren Seelen zu überwinden.
Liebe die Welt in Weisheit.
Allein die Liebe ist die großartigste Waffe
Und das tiefste und härteste Geheimnis.

Also fürchte dich nicht, meine Freundin.
Die Dunkelheit ist sanfter als du denkst.
Sei dankbar für die vielfältigen
Träume der Schöpfung
Und die vielen Wege der namenlosen Menschen.

Sei dankbar für das Leben wie du es lebst.
Und möge dich ein wunderbares Licht
Immer führen auf der offenen Straße. «

(Aus dem Gedicht »An eine englische Freundin in Afrika«.
Übersetzung Helmuth A. Niederle.)

Der Schriftsteller Ben Okri wurde 1959 im Norden Nigerias geboren. Seine frühe Kindheit verbrachte er in London, bevor er 1968 mit seiner Familie nach Nigeria zurückkehrte. Bereits als Schüler war er vom Schreiben fasziniert. Mit achtzehn Jahren vollendete er seinen ersten Roman »Blumen und Schatten« und zog erneut nach England, wo er seitdem lebt. Sein bisher größter Erfolg war der Roman *Die hungrige Straße* (1991).

»Urgroßmutters Salz« von Amma Darko

»Wir kannten sie alle nur als Urgroßmutter. Tatsächlich war sie meine Großtante und hatte niemals eigene Kinder. Auch hat sie niemals einen Klassenraum von innen gesehen.

Als das älteste Kind in der Familie und dann noch als Mädchen war es keine Frage, dass sie beim Aufziehen ihrer jüngeren Geschwister half. Und das waren immerhin elf, sie selbst nicht mitgerechnet. Später wurde sie von allen erst als Mutter, später als Großmutter und schließlich sogar als Urgroßmutter, wie von mir, angesehen. Ihr genaues Alter kannte keiner, aber sie war bestimmt über 80. Und sie war eine recht zufriedene alte Frau. Die inzwischen erwachsenen Kinder ihrer Geschwister kümmerten sich mit Zuneigung um sie.

Eines Tages wurde sie plötzlich sehr krank. Man brachte sie sofort in eines der besten Krankenhäuser. Nachdem die Diagnose gestellt und die wichtigste Medizin verabreicht war, verordnete der Arzt ihr eine eiserne Regel: Keinen einzigen Krümel Salz mehr! Urgroßmutter behagte diese Idee gar nicht. Mehr als 80 Jahre hatte sie ihre Mahlzeiten mit Salz genossen. Und jetzt dieser Aufstand nur um ihr langes Leben vielleicht noch ein paar Monate oder Jahre zu verlängern?

Kurz darauf besuchte ich sie als eines der vielen Enkelkinder, die ihre Gesellschaft so sehr genossen. Immer kannte sie Geschichten. Manchmal gerieten sie ihr beim Erzählen etwas durcheinander, aber es waren immer schöne Geschichten aus ihrem langen Leben. Normalerweise begrüßte sie mich mit einem herzerwärmenden zahnlosen Lächeln. Nichts davon an jenem Tag. Ich dachte, es läge an ihrer Krankheit.

Sie belehrte mich umgehend: ›Amma, falls die Medikamente und geschmacklosen Gerichte jemals ihre Wirkung tun, werde ich schon lange an Lustlosigkeit gestorben sein!‹ Ich nahm ihre faltige Hand, und sie fuhr fort: ›Ich möchte mich wieder auf meine Mahlzeiten freuen können. Ich möchte wieder lächeln…‹

Am nächsten Tag schritt ich zur Tat. Vor meinem Besuch bei ihr hatte ich heimlich etwas Salz in ein gefaltetes Stück Papier getan. Als ich es ihr gab, kehrte ihr Lächeln tatsächlich zurück. Nach einer Weile erholte sie sich sogar wieder und konnte das Krankenhaus verlassen. Ob wegen oder trotz unserer Geheimaktion behielt sie für sich.

Als ich Lutz van Dijks Geschichte Afrikas das erste Mal las, musste ich an Urgroßmutter denken. Afrikanische Geschichte wird hier auf eine Weise erzählt, die Anerkennung ausdrückt für das alltägliche Leben von Afrikanerinnen und Afrikaner in all ihrer Vielfalt und so auch für eine Frau wie sie. Ich habe ihre Ängste und Hoffnungen und die ihrer Vorfahren sogar in Kapiteln wiedererkannt, die sich auf den ersten Blick mit ganz anderen Völkern als unserem beschäftigen. In dem Abschnitt über die ›Pygmäen‹ im Kongo ging es auch um sie: Jene einfachen Werte im Leben, jene bescheidenen Erwartungen. Genau wie bei ihr.

Als ich noch zur Schule ging, kamen viele besonders dunkelhäutige Menschen aus Liberia nach Ghana. Ich hatte keine Ahnung warum. Wir nannten sie die ›Kru‹ und schauten auf sie herab. Ich dachte, dass es ein Spottname sei, den wir Ghanaer erfunden hatten. In jenem Kapitel über die Geschichte Liberias entdeckte ich nun, dass die Kru ein Volk sind, das in seinem eigenen Land bis heute ausgebeutet wird. Viele von uns Afrikanerinnen und Afrikanern wissen vermutlich mehr über die Entdeckung Amerikas oder Napoleons Eroberungen als über uns und unsere Geschichte.

In den letzten 500 Jahren haben die Völker Afrikas Erniedrigungen ertragen müssen, die wohl einmalig in der Geschichte der Menschheit sind: Sklaverei und Kolonialismus haben ihre zerstörerischen Spuren hinterlassen. Neokolonialismus richtet weiter schlimmste Verwüstungen an. Viele von uns empfinden wie Urgroßmutter: Kaum jemand hört zu, was wir wirklich wollen. Die uns bedeutsamen Werte werden verächtlich beiseite geschoben, anstatt einen Dialog zu beginnen, mag er anfangs auch mühsam sein. So wie bei ihr erstarrt uns zuweilen das Lächeln auf den Lippen. Aber es lebt sehnsüchtig in unseren Herzen fort.

Lutz van Dijk und ich gehören der gleichen Generation an. Geboren wurden wir auf zwei verschiedenen Kontinenten. Viel später hatten wir das Privileg zu reisen und beide Welten erleben zu können. Aber hat er damit schon das Recht, die Geschichte meines Kontinents zu schreiben? Je länger ich sein Buch gelesen habe, desto mehr bin ich überzeugt: Lutz van Dijk hat sich dieses Recht erworben, weil er so sorgfältig den vielfältigen Stimmen Afrikas zugehört hat. Und indem er dies leidenschaftlich vormacht, ermutigt er seine Leserinnen und Leser – unabhängig, ob in Afrika oder Europa oder sonstwo in der Welt – das Gleiche zu versuchen: Mehr Anstrengung aufzubringen im aufmerksamen Zuhören besonders jenen Stimmen gegenüber, die anfangs am fremdesten erscheinen.

Mein Wunsch ist, dass die Geschichte Afrikas so dargestellt wird wie in diesem Buch. Realistisch werden unsere Nöte und Erwartungen beschrieben. Aber es betont auch unsere Stärken. Nicht viele Bücher über Afrika tun dies. Gleichzeitig wird afrikanisches Leben in keiner Weise romantisiert oder werden afrikanische Regierungen unkritisch dargestellt. Es ist vor diesem Hintergrund sogar ein Vorzug, dass Lutz van Dijk kein Afrikaner ist. Niemand kann ihm vorwerfen, dass sein Buch nur ein weiterer Versuch eines Afrikaners sei, die Mängel Afrikas zu entschuldigen.

Unsere Geschichte kennt viel Leiden und Schmerz. Dass wir trotzdem noch immer in der Lage sind zu lächeln, ja voller Lebensfreude miteinander lachen können, sagt vielleicht etwas aus über eine innere Stärke, so wie ich sie bisher in keinem anderen Geschichtsbuch habe finden können. Und dabei wird es

Amma Darko

nicht als eine rare Eigentümlichkeit von Afrikanern beschrieben, die mehr oder weniger unverständlich bleiben muss für Nicht-Afrikaner, sondern als etwas zutiefst Menschliches, etwas, das wir mit allen Menschen auf diesem Planeten teilen können. Wie die Prise Salz, die ich damals zu Urgroßmutter schmuggelte. «

Amma Darko wurde 1956 als Angehörige der Fanti in Zentral-Ghana als fünftes von sieben Kindern geboren. Ihr Vater arbeitete bei der Post, ihre Mutter als Händlerin. Später studierte sie Kunst an der Kwame Nkrumah Universität in Kumasi. Heute ist Amma Darko eine international bekannte Autorin von Büchern für Jugendliche und Erwachsene. In Deutschland sind von ihr bisher fünf Bücher erschienen. Ihr jüngstes Buch *Die Gesichtslosen* (2003) erzählt die Geschichte eines 14-jährigen Mädchens, das sich auf der Straße durchschlagen muss. Amma Darko lebt in Ghanas Hauptstadt Accra und unternimmt Lesereisen in Afrika und Europa.

DANKSAGUNG

Dieses Buch ist unter Bedingungen entstanden wie keines meiner anderen Bücher zuvor. Das Schreiben hatte sich durchweg der intensiven Zusammenarbeit mit Südafrikanerinnen und Südafrikanern in unserem HOKISA-Projekt für von HIV/AIDS betroffene Kinder unterzuordnen. Auch wenn es zwischendurch Zeiten gab, in denen die Zweifel wuchsen, ob dieses Buch jemals fertig werden würde, denke ich heute, dass es nur dieses Buch durch diesen Alltag hat werden können. Ich verdanke allen Mitarbeiterinnen und Mitarbeitern und nicht zuletzt allen Kindern im HOKISA-Home in Masiphumelele bei Kapstadt viel. Erzbischof Desmond Mpilo Tutus menschliche Wärme und ungebrochener Humor bleiben eine Quelle unendlicher Ermutigung.

Uneingeschränkte Ermutigung und Unterstützung habe ich von der ersten Idee bis zum Abschluss über all die Jahre von meinem Freund und Partner Perry Tsang erhalten. Vertrauen in den Wert des Schreibens auch unter widrigen Bedingungen und dem Zuhören gerade dort, wo niemals zugehört wurde, hat mir neben fachlicher Beratung meine Freundin, Kollegin und Mitbegründerin von HOKISA, Karin Chubb, Dozentin an der Universität des Western Cape, geschenkt.

Für ein kritisches Lesen des Manuskripts und damit verbundene Anregungen schulde ich besonderen Dank Prof. Dr. Franz Ansprenger/Berlin (Deutschland), Amma Darko/Accra (Ghana), Doro Ihme/Berlin (Deutschland), Gerard Kosse/Amsterdam (Niederlande), Dr. Anke Poenicke/Berlin (Deutschland), Dr. Dr. Jacob-Emmanuel Mabe/früher Douala (Kamerun), heute Berlin (Deutschland) und Heidrun van Dick-Borries/Berlin (Deutschland). Für alle möglichen Irrtümer oder gar Fehler trage ich selbstverständlich allein Verantwortung.

Weitere Unterstützung und inhaltliche Anregungen kamen von Prof. Dr. Ama Ata Aidoo/Accra (Ghana), Prof. Dr. Sibusiso Bengu, ehem. Botschafter Südafrikas in Berlin (Deutschland), Peter Chubb/Kapstadt (Südafrika), Prof. Carl-Heinz und Micha Evers/Berlin (Deutschland), Dr. Glenn Hawkes/Vermont (USA) und Kigali

(Ruanda), Dr. Christoph Heise/Frankfurt a.M. (Deutschland), Stefan Hüsgen und Juan Mattheus Els/Stockholm (Schweden), China Keitetsi/Soborg (Dänemark), Penny Klann/Clovelly (Südafrika), Jean-Claude Kuba/Paris (Frankreich), Richard Lippert/Hamburg (Deutschland), Shirley Madlingozi und dem gesamten HOKISA-Team/Masiphumelele (Südafrika), Dr. Petra Raymond, Direktorin des Goethe-Instituts in Accra (Ghana) und Nicolaas Vergunst, iziko – Südafrikanische Nationalgalerie/Kapstadt (Südafrika).

Für die Betreuung im Campus Verlag/Frankfurt (Deutschland) danke ich Dr. Jürgen Neubauer, für die Kommunikation mit internationalen Verlagen Franziska Hildebrandt und für eine finanzielle Unterstützung bei Übersetzungen Dr. Eva-Maria Stange und Dr. Christoph Heise von der Gewerkschaft Erziehung und Wissenschaft (GEW) in Deutschland. Für den Epilog geht mein Dank an Amma Darko/ Accra (Ghana) und für die Abdruckgenehmigung seines Gedichts an Ben Okri/London (Großbritannien). Dennis Doe Tamakloe, in Ghana geborener Künstler, der heute in Berlin lebt, danke ich dafür, dass er dem Buch durch seine Bilder eine eigene Farbenvielfalt verliehen hat.

»Erläuterung zum Umschlagmotiv des Buches von Dennis Doe Tamakloe:

» *Afrika hat viele Gesichter, Symbole und Bilder. Die Leiter in der Mitte des Kontinents steht für eine Verbindung zwischen traditionellem und modernem Afrika sowie dem Auf und Ab in der Geschichte: Die Schildkröte symbolisiert das reiche Tierleben wie die Palme die Pflanzenwelt, der Frauenkörper Menschlichkeit und Fruchtbarkeit und die Maske verschiedene Religionen und Zeremonien, die Trommel traditionelle Musikrichtungen und der Stuhl verschiedene Zivilisationen und Königreiche. Im oberen Teil finden sich eher Figuren der Moderne: Ein Sportler, eine Akademikerin, ein Geschäftsmann, ein moderner Musiker. Die Symbole im Westen stammen von den Akan und Ewe, im Süden von den Ndebele und im Osten aus der Kongo-Region. Die Boote zeigen, dass Afrika niemals ›entdeckt‹ wurde, sondern Afrikanerinnen und Afrikaner selbst in die Welt aufgebrochen sind.* «

QUELLEN UND LITERATUR

Die mir wichtigsten Quellen waren fraglos die Gespräche mit Menschen verschiedener Generationen in jenen afrikanischen Ländern, die ich bislang besuchen konnte sowie in Südafrika, wo ich seit 1997 regelmäßig beruflich tätig bin und seit 2001 überwiegend lebe. Hinzu kommen persönliche Begegnungen mit Afrikanerinnen und Afrikanern in Europa, Lateinamerika und den USA. In einigen Fällen sind die Familiennamen abgekürzt, wenn es gewünscht wurde. Historische Aussagen stammen aus entsprechender Fachliteratur, bislang unveröffentlichten Dokumenten oder sind nach eigener Recherche rekonstruiert.

Einerseits ist die vorliegende Literatur, die auch historische Aspekte Afrikas thematisiert, fast unüberschaubar. Hierbei gehören jedoch leider jene Veröffentlichungen noch immer zu den auflagenstärksten, die nach wie vor kolonialen »Abenteurergeist« beschwören oder das heutige Afrika als einzige Katastrophe schildern. In Deutschland stehen hierfür die Bücher des altgedienten Journalisten Peter Scholl-Latour (wie zuletzt seine *Afrikanische Totenklage – Der Ausverkauf des schwarzen Kontinents*, München 2001). In der jüngeren Generation hat, trotz einiger wertvoller Differenzierungen, der ZEIT-Journalist Bartholomäus Grill, die Klage über »die Afrikaner«, die »uns« prinzipiell fremd bleiben, fortgesetzt (so auch in seinem Buch *Ach, Afrika – Berichte aus dem Inneren eines Kontinents*, Berlin 2003).

Andererseits gibt es bislang eher wenige Bücher, die wirklich neue Sichten auf Afrika präsentieren und die authentische Stimmen Afrikas selbst zu Wort kommen lassen oder sich gar die Mühe machen, afrikanische Stimmen aus der Zeit vor dem europäischen Kolonialismus aufzuspüren und zu veröffentlichen. Die mir wichtigsten, aus denen ich teilweise auch zitiert habe, nenne ich hier in alphabetischer Folge ihrer AutorInnen (Übersetzungen aus dem Englischen, wie u.a. der Texte von Chinua Achebe, Amma Darko und China Keitetsi stammen von mir, wenn nicht ausdrücklich anders angegeben):

Achebe, Chinua: *Things Fall Apart*, London 1958.
Alagiah, George: *A Passage to Africa*, London 2001.
Ansprenger, Franz: *Politische Geschichte Afrikas im 20. Jahrhundert*, München 1999.
Ansprenger, Franz: *Geschichte Afrikas*, München 2002.

Chubb, Karin/van Dijk, Lutz: *Between Anger and Hope. South Africa's Youth and the TRC*, Johannesburg 2001 (deutsch: *Der Traum vom Regenbogen. Nach der Apartheid: Südafrikas Jugend zwischen Wut und Hoffnung*, Reinbek bei Hamburg 1999).
Darko, Amma: *Die Gesichtslosen*, Stuttgart 2003.
Davidson, Basil: *Africa in History*, Suffolk 1974.
El-Tayeb, Fatima: *Schwarze Deutsche. Der Diskurs um »Rasse« und nationale Identität 1890–1933*, Frankfurt a. M. 2001.
Enwezor, Okwui (Hg.): *The Short Century. Independence and Liberation in Africa 1945–1994*, München/London/New York 2001.
Fage, John D./Oliver, Roland: *Kurze Geschichte Afrikas*, Wuppertal 2002.
Harding, Leonard: *Geschichte Afrikas im 19. und 20. Jahrhundert*, München 1999.
Guest, Emma: *Children of AIDS – Africa's Orphan Crisis*, London/Pietermaritzburg 1999.
Hauck, Gerhard: *Gesellschaft und Staat in Afrika*, Frankfurt a. M. 2000.
Hochschild, Adam: *Schatten über dem Kongo. Die Geschichte eines fast vergessenen Menschheitsverbrechens*, Stuttgart 2000.
Iliffe, John: *Geschichte Afrikas*, München 1997.
Jacobson, Lana: »Champion of the Children – Interview with Graça Machel«, in: *Cape Argus* vom 5.10.2002, Cape Town.
Kabou, Axelle: *Weder arm noch ohnmächtig. Eine Streitschrift gegen schwarze Eliten und weiße Helfer*, Basel 2001.
Kapuściński, Ryszard: *Der Fußballkrieg. Berichte aus der Dritten Welt*, Frankfurt a. M. 1992.
Kapuściński, Ryszard: *Afrikanisches Fieber. Erfahrungen aus vierzig Jahren*, München 2001.
Kasule, Samuel: *The History Atlas of Africa*, New York 1998.
Keitetsi, China: *Sie nahmen mir die Mutter und gaben mir ein Gewehr. Mein Leben als Kindersoldatin*, München 2002 (englisch: *Child Soldier. Fighting for my Life*, Cape Town 2002).
Kumpfmüller, Karl A. (Hg.): *Europas langer Schatten – Afrikanische Identitäten zwischen Selbst- und Fremdbestimmung*, Frankfurt a. M. 2000.
Lewis-Williams, David: *Stories That Float From Afar. Ancestral Folklore of the San of Southern Africa*, Cape Town 2000.
Lightfoot-Klein, H.: *Das grausame Ritual. Sexuelle Verstümmelungen afrikanischer Frauen*, Frankfurt a. M. 1992.
Mabe, Jacob E. (Hg.): *Das Afrika-Lexikon. Ein Kontinent in tausend Stichwörtern*, Stuttgart/Wuppertal 2002.
Maltzan, Carlotta von (Hg.): *Africa and Europe: En/Countering Myths*, Frankfurt a. M. 2003.
Mandela, Nelson: *Long Walk to Freedom*, Boston/New York 1994 (deutsch: *Der Lange Weg zur Freiheit, Frankfurt a. M. 1994*).
Mda, Zakes: »Fumbling for the Meaning of African Identity«, in: *Cape Times* vom 6.2.2002, Cape Town.

Mutwa, Credo: *Indaba, My Children*, Edinburgh 1964 (1998).
Okri, Ben: *A Way of Being Free*, London 1997.
Patemann, Helgard: *Lernbuch Namibia*, Wuppertal 1984.
Plate, Christoph/Sommer, Theo (Hg.): *Der bunte Kontinent. Ein neuer Blick auf Afrika*, Stuttgart/München 2001.
Poenicke, Anke: *Afrika in deutschen Medien und Schulbüchern*, Berlin/Sankt Augustin 2001.
Poenicke, Anke: *Afrika – realistisch darstellen: Diskussionen und Alternativen zur gängigen Praxis – Schwerpunkt Schulbücher*, Berlin/Sankt Augustin 2003.
Reader, John: *Africa. A Biography of a Continent*, London 1998.
Sandmeyer, Peter/Ziegler, Matthias: *Abenteuer Menschheit* (STERN-Buch), Hamburg 2002, hier nach: Vorabdruck im *STERN* 46/2002, 76–96.
Schicho, Walter (Hg.): *Handbuch Afrika* (in 3 Bänden), Frankfurt a. M. 2002.
Somé, Sobonfu: *Die Gabe des Glücks – Westafrikanische Rituale für ein anderes Miteinander*, Berlin 1999.
Sparks, Allister: *Tomorrow Is Another Country. The Inside Story of South Africa's Negotiated Revolution*, London 1997.
Sparks, Allister: *Beyond the Miracle. Inside the New South Africa*, Johannesburg/Cape Town 2003.
Sykes, Brian: *The Seven Daughters of Eve*, London 2001.
Thorpe, S.A.: *African Traditional Religions*, Pretoria 1991.
Villiers, Marq de/Hirtle, Sheila: *Into Africa. A Journey through the Ancient Empires*, London/Jeppestrum 1997.
Whiteside, Allan/Sunter, Clem: *AIDS – The Challenge for South Africa*, Cape Town 2000.
Wiwa, Ken: *In the Shadow of a Saint*, Ottawa 2000.

ZEITTAFEL

Afrika in der Vorzeit (550 Mill. v.Chr. – ca. 5000 v.Chr.)

Vor ca. 5000 Millionen Jahren:	Entstehung der Erde als dritter die Sonne umkreisender Planet, eine brodelnd glühende Kugel ohne jedes Leben.
Vor ca. 3600 Millionen Jahren:	Die ersten stabilen Landmassen bilden sich im heutigen Süden Afrikas. Das geologisch hohe Alter Afrikas ist Ursache seiner vielen Bodenschätze heute.
Vor ca. 550 Millionen Jahren:	Afrika – zu über 90 Prozent in den Konturen von heute – besteht als festes Land und ist damit als erster aller Kontinente geboren.
Vor ca. 200 Millionen Jahren:	Dinosaurier bevölkern für gut 140 Millionen Jahre Afrika. Danach sterben sie aus, während die anpassungsfähigeren Säugetiere sich weiter entwickeln.
Vor ca. 100 Millionen Jahren:	Auch die anderen Kontinente haben sich gefestigt, wobei umstritten ist, wie weit sie anfangs voneinander entfernt lagen und ob sie sich bis heute bewegen (»Pangaea-Theorie«).
Vor ca. 3 – 5 Millionen Jahren:	In den Steppen Ostafrikas erheben sich die ersten Urmenschen und beginnen, auf zwei Beinen zu laufen. Die Entwicklung vom Menschenaffen zum Urmenschen beginnt.
Vor ca. 200000 Jahren:	Die verschiedenen Urmenschen – wie der *Homo habilis* (»der Werkzeuge gebraucht«) und dann der *Homo erectus* (»der aufrecht geht«) – erklimmen die nächste Stufe der Evolution: die zum modernen Menschen, dem *Homo sapiens* (»der seinen Verstand gebraucht«).
Vor ca. 100000 Jahren:	Eine relativ kleine Gruppe von *Homo sapiens* verlässt den afrikanischen Kontinent in Richtung Asien.

Vor ca. 40 000 Jahren: Die ersten modernen Menschen besiedeln Europa. Dort haben sich seit vor etwa 120 000 Jahren die Neandertaler (*Homo neanderthalensis*) entwickelt, eine eigenständige Evolutionsstufe zwischen Urmensch und modernem Menschen, die sich jedoch nicht mit den Einwanderern mischen und etwa vor 30 000 Jahren aussterben.

Vor ca. 15 000 Jahren: Menschen erreichen Nordamerika über die damals bestehende Landbrücke bei der Beringstraße und ziehen bis nach Südamerika.

Vor ca. 10 000 Jahren: In verschiedenen Teilen der Welt geben Menschen ihr bisheriges Leben als Jäger und Sammler auf und werden mit ersten Versuchen von Ackerbau und Viehzucht sesshaft – so auch in jenen Gegenden Afrikas, die dies besonders begünstigen (in Nordafrika z.B. die fruchtbaren Ufer des Nils).

Afrika vom Altertum bis zum Mittelalter (ca. 5000 v.Chr. – ca. 1500 n.Chr.)

Ab ca. 3000 v.Chr.: König Menes vereinigt die bisherigen Nord- und Südreiche am Nil zum ersten ägyptischen Pharaonenstaat. Die Ägypter entwickeln die Zeichenschrift der Hieroglyphen und bauen Pyramiden als ihre Grabstätten. Ihre kulturellen Errungenschaften beruhen auf Zwangsarbeit: Sie unterwerfen die meisten Bauern der Region, nehmen Menschen aus Nachbargebieten gefangen oder kaufen Sklaven.

Ab ca. 2400 v.Chr.: Das ehemalige Savannengebiet der Sahara trocknet aus und wird zur Wüste. Noch mehr Menschen kommen in die Nilregion.

Ab 1000 v.Chr.: Die südlich von Ägypten angesiedelten Nubier gründen ihren Königsstaat Kusch.

Ab ca. 800 – 500 v.Chr.: Bantu-Völker aus Zentralafrika breiten sich nach Osten, Westen und Süden aus. Ihre Gemeinsamkeit ist vor allem eine gemeinsame Sprachenfamilie, sie bestehen niemals als ein Reich oder zentraler Staat. Im Süden treffen sie auf die Khoisan-Völker (Khoikhoi und San). Die »Pygmäen«, die vor allem im Kongobecken beheimatet sind, erhalten sich ihre eigene Kultur kampflos, indem sie sich weiter in die Urwälder zurückziehen.

730 – 663 v.Chr.:	Die kuschitischen Nubier erobern Ägypten und herrschen gut 60 Jahre als Pharaonen.
663 – 332 v.Chr.:	Die aus dem Nordosten kommenden Assyrer vertreiben die Nubier aus Ägypten. Sie werden abgelöst von den Persern. Ab 332 übernehmen die Griechen unter Alexander dem Großen (356 – 323 v.Chr.) die Herrschaft in Ägypten.
146 v.Chr.:	Nach der Eroberung der Hafenstadt Khartago durch die Römer erringen diese die Vorherrschaft über weite Teile Nordafrikas und nennen die neue Provinz *Africa proconsularis*.
Ab 30 v.Chr.:	Nach dem Selbstmord der letzten Herrscherin von Ägypten, Kleopatra (69 – 30 v.Chr.), wird auch Ägypten Teil des römischen Weltreiches.
Ca. 8 – 4 v.Chr.:	Der Jude Joschua wird im palästinensischen Bethlehem geboren. Als junger Mann protestiert er gegen die tradionelle jüdische Gesellschaft und wird als Jesus Christus zum Begründer des Christentums (im Jahr 33 n. Chr. hingerichtet durch die Römer). Die Christen werden von den Römern verfolgt.
Jahr 0:	Ein später willkürlich festgelegtes Datum des christlichen Kalenders, das an die Geburt von Jesus Christus erinnern soll.
Ab ca. 50 – ca. 800 n. Chr.:	Im Gebiet des heutigen Äthiopien (Nordostafrika) errichten Einwanderer aus Südarabien den militärisch strukturierten Staat Aksum. Im Jahr 350 vernichten die Aksumiter die letzte Hauptstadt des klassischen Nubiens: Meroë.
70:	Die Römer zerstören den Tempel der Juden in Jerusalem, es gibt bis 1948 keinen jüdischen Staat mehr. Juden zerstreuen sich im gesamten römischen Weltreich, auch in Nordafrika.
Ab 313:	Der römische Kaiser Konstantin erkennt das Christentum an, ab nun finden Christen auch zunehmend Anhänger in Nordafrika. König Ezana von Aksum lässt sich im Jahr 350 taufen. In allen anderen Teilen Afrikas bleiben vor allem traditionell afrikanische Religionen in Kraft.
622 – 800:	Der Begründer des Islam, der arabische Prophet Mohammed, und seine Nachfolger erobern weite Teile

	Nord- und Nordostafrikas. Die bis heute prägende Aufteilung in das eher islamisch-arabisch geprägte Nordafrika und das als »Schwarzafrika« bezeichnete Gebiet südlich der Sahara mit einer Mischung aus christlich und traditionell afrikanischen Religionen hat hier ihren Ursprung.
Ca. 600 – ca. 1500:	Afrikanische Reiche entstehen im Westen (wie zum Beispiel das traditionell afrikanisch religiöse Ghana ca. 600–1235, das islamische Mali ca. 1200–1464, das islamische Songhay 1464–ca. 1590), aber auch im Osten (Swahili-Städte Kilwa und Mombasa) und im Süden Afrikas (das traditionell afrikanisch religiöse Simbabwe 1100–1480). Ihr Reichtum gründet sich im Handel und in der Kontrolle von Handelsrouten, später erfahren sie auch eine Blüte von Kultur und Wissenschaft (die erste Universität Afrikas im malischen Timbuktu).
1415 – 1417:	Noch vor den ersten Europäern landen chinesische Handelsschiffe an der Küste Ostafrikas: Es werden friedlich Waren ausgetauscht, und die chinesische Flotte segelt wieder heimwärts.

Afrika wird von Europäern kolonisiert (Ca. 1500 –1945)

1444/45:	Portugiesen unter Prinz Heinrich »dem Seefahrer« (1394–1460) erreichen erstmals die Westküste Afrikas und kehren mit reicher Beute, vor allem Gold und den ersten gefangenen Afrikanern aus Guinea zurück nach Lissabon. Sie beginnen, Festungen an der westafrikanischen »Goldküste«, dem heutigen Ghana, zu bauen.
1483:	Die Franzosen folgen auf der Höhe Senegals, bald darauf Engländer, Deutsche und Niederländer. Die Spanier konzentrieren sich auf Nordafrika.
1492:	Hochseetüchtige Schiffe erlauben die Erkundung der Weltmeere – dabei erreicht der Italiener Christoph Kolumbus (1451–1506) im Auftrag der spanischen Königin Isabella auf einer nach Indien geplanten Route zufällig die »Neue Welt« – Amerika.
1497:	Der Portugiese Vasco da Gama (1469–1524) umsegelt die Südspitze Afrikas und entdeckt den Seeweg nach Ostafrika und Indien.

Um 1500:	An der Küste Ostafrikas, wo die dortigen Swahili-Anführer nicht zur Unterwerfung bereit sind, werden große Städte wie Kilwa geplündert, Mombasa wird niedergebrannt.
1510:	Der erste Sklaventransport aus Westafrika erreicht Amerika. In Nord- und Südamerika werden dringend Arbeitskräfte gebraucht; Europäer kaufen diese von arabischen und afrikanischen Mittelsmännern, wagen sich aber vorerst nicht selbst ins Innere des Kontinents vor. Schätzungen gehen davon aus, dass in den kommenden Jahrhunderten mindestens 20 (wahrscheinlich eher bis zu 50) Millionen afrikanische Männer, Frauen und Kinder gefangen und als Sklaven außerhalb Afrikas deportiert werden. Am Sklavenhandel beteiligen sich neben den Portugiesen vor allem Franzosen, Engländer, Deutsche und Niederländer.
1526:	Der König der Bakongo, Nzinga Mbemba, der sich 1491 als König Afonso I. taufen ließ und anfangs am Sklavenhandel tüchtig mitverdiente, beschwert sich beim »Bruderkönig« von Portugal vergeblich über die »Entvölkerung« seines Kongo-Reiches.
1652:	Niederländer errichten Kapstadt als Handelsposten an der Südspitze Afrikas.
1700:	Aufstieg des Königreiches der Ashanti in Ghana, bis zur Zerschlagung durch die Engländer 1874. Die Ashanti-Könige haben bis heute im modernen Ghana viel Einfluss.
1795 – 1803:	Engländer erobern die Kapkolonie von den Niederländern. Diese ziehen sich ins Landesinnere zurück, bilden eine zunehmend vom Mutterland isolierte Nation und nennen sich selbst ab nun »Afrikaner«.
1818:	Shaka (1787–1828) wird Anführer der Zulus im südlichen Afrika und schmiedet mit neuen militärischen Strategien aus verschiedenen Bantu-Gruppen ein mächtiges Zulu-Königreich. Andere Völker, wie die Sotho oder Ndebele, die sich ihm in den Weg stellen, werden vertrieben.
Ab 1850:	Zunehmend erkunden europäische »Entdeckungsreisende« wie der deutsche Heinrich Barth (1821–1865), der Schotte David Livingstone (1813 – 1873) und der Engländer Henry Morton Stanley (1841–1904) das Innere des Kontinents. Ihnen folgen christliche Missionare, die entschlossen

sind, die »Seelen der Heiden« zu retten, notfalls auch gegen deren Willen.

1863: Die Sklaverei wird offiziell in den USA abgeschafft, in England bereits 1833. In der Realität bleibt sie noch länger bestehen. Bis heute gibt es illegale Sklaverei in verschiedenen Ländern der Welt.

1879: Nachdem die Zulus den Engländern ihre bis dahin größte Niederlage in Afrika bereitet haben, schlagen diese im gleichen Jahr mit einer neuen Waffe, dem Maschinengewehr, vernichtend zurück.

1884/85: Auf der Berliner Kongo-Konferenz unter Vorsitz von Reichskanzler Otto von Bismarck (1815–1898) verabreden Vertreter europäischer Großmächte, wie die bisherigen Einflusszonen in Afrika in Kolonien untereinander aufgeteilt werden sollen – ohne dass die afrikanischen Völker auch nur gehört werden. Bedingung ist, dass ein europäischer Staat nur Anspruch erheben darf, wenn er auch die »Kontrolle« über ein gewünschtes Gebiet nachweisen kann. Daraufhin setzt ein gegenseitiger Wettlauf ein, um entweder mit afrikanischen Herrschern geschlossene so genannte »Schutzverträge« vorlegen zu können oder sich mit Gewalt zu nehmen, was nicht über Verhandlungen zu bekommen ist. Deutschland erhebt Anspruch auf »Deutsch-Ostafrika« (heute Tansania, Ruanda und Burundi), Kamerun, Togo in Westafrika und »Deutsch-Südwestafrika« (heute: Namibia).

1881 – 1885: Der belgische König Leopold II. (1835–1909) setzt mit Hilfe Henry Morton Stanleys durch, dass der Kongo sein Privatbesitz wird. Ab 1908 heißt die Kolonie offiziell »Belgisch-Kongo«, seine Bewohner werden mit brutalster Gewalt ausgebeutet.

1891 – 1898: In Tanganjika bietet Häuptling Mkwama vom Volk der Hehe dem deutschen Regierungsvertreter Carl Peters Frieden an. Peters will aber Land und nicht Frieden. Darauf beginnen die Hehe ihren bewaffneten Widerstand. Erst gut sieben Jahre später kann er gebrochen werden. Häuptling Mkwama wird hingerichtet, sein abgeschlagenes Haupt triumphierend nach Berlin gesandt.

1889 – 1898:	Der englisch-südafrikanische Politiker Cecil Rhodes (1853–1902) erwirbt durch Käufe und illegale Besitznahme weite Teile des heutigen Simbabwe unter dem Namen »Süd-Rhodesien«. 1891 wird das gesamte Gebiet »britisches Protektorat«, später englische »Kronkolonie«.
1896:	Äthiopiens Kaiser Menelik II. (1844–1913) gelingt ein Sieg über die Italiener, die ebenfalls mehr Einfluss als Kolonialmacht in Afrika haben wollen. Sie können sich nur in der Provinz Eritrea und einem Teil Somalias halten.
1899 – 1902:	In Südafrika kämpfen niederländischstämmige Buren (weiße »Afrikaner«) gegen die Engländer um die Vorherrschaft in Südafrika. Der Krieg endet mit der Niederlage der Buren.
1904/05:	Im Auftrag des deutschen Kaisers werden in »Deutsch-Südwestafrika« (heute: Namibia) Aufstände der Herero und Nama blutig niedergeschlagen, wobei General Lothar von Trotha einen »Vernichtungsbefehl« erlässt, der in einem Völkermord (mit über 75 000 getöteten Herero und Nama) endet.
1912:	Der Afrikanische Nationalkongress (ANC) wird in Südafrika gegründet, die erste Organisation für die Gleichberechtigung Schwarzer.
1914 – 1918:	Im Ersten Weltkrieg bekämpfen sich Engländer und Deutsche auch in ihren Kolonien entlang der Grenze von Tanganjika und Kenia. Dabei werden angeheuerte Afrikaner auf beiden Seiten eingesetzt, allein für die deutsche Armee rund 13 000 Mann.
1919:	Als Kriegsverlierer muss Deutschland alle Kolonien in Afrika abgeben. Der Völkerbund (Vorläufer der UNO) übernimmt formal die Verwaltung der deutschen Kolonien, häufig ändert sich an den kolonialen Zuständen wenig. In »Deutsch-Südwestafrika« (heute: Namibia) übernimmt das rassistische Südafrika die Verwaltung und schützt dort die Rechte der Weißen, auch die der Deutschen.
1919:	Im gleichen Jahr findet jedoch auch der erste »Panafrikanische Kongress« in Paris statt, wo sich erstmals junge afrikanische Intellektuelle, aus denen viele zukünftige Politiker hervorgehen werden, treffen, um über eine Zukunft Afrikas ohne Kolonialismus zu beraten.

Ab 1929:	Die Weltwirtschaftskrise benutzen die europäischen Kolonialmächte zu einer noch stärkeren Ausbeutung der Kolonien. Millionen Menschen in ländlichen Gebieten stürzen ins Elend, in der größten Not suchen sie ihr Heil in den nun explosiv wachsenden Großstädten – die ersten Slumsiedlungen entstehen.
1936–1942:	Der italienische Diktator Benito Mussolini (1883–1945) unternimmt einen neuen Versuch Italiens, Äthiopien zu besetzen. Es gelingt nur für knapp acht Jahre. Im Zweiten Weltkrieg werden die Italiener von den Engländern vertrieben, die die Macht an Kaiser Haile Selassie I. (1892–1975) zurückgeben.
1939 – 1945:	Im Zweiten Weltkrieg, den die deutsche Naziregierung unter Adolf Hitler (1889–1945) begonnen hat, werden auch Hoffnungen auf eine »Rückeroberung« der ehemaligen deutschen Kolonien propagiert. Sie scheitern kläglich. Und doch wird das ehemalige »Deutsch-Südwestafrika« für nicht wenige ehemalige Nazis nach 1945 zum sicheren Fluchtort.
	Ein Teil des Weltkrieges wird in Nordafrika von Engländern, Franzosen, später auch US-Amerikanern gegen Deutsche und Italiener ausgetragen.
1945:	Auf dem 5. Panafrikanischen Kongress in Manchester verabreden die Delegierten, darunter viele zukünftige junge afrikanische Staatsgründer, eine Resolution, die zur Befreiung vom Kolonialismus aufruft.

Afrikas Weg zur Freiheit (1946 bis heute)

1946 – 1956:	In Nordafrika beginnt die Befreiung von den Kolonialmächten: 1946 verlassen die Engländer endgültig Ägypten, schon 1943 werden die Italiener aus Libyen vertrieben, Marokko erlangt seine Unabhängigkeit von Frankreich und Spanien wie Tunesien von Frankreich und der Sudan von England im gleichen Jahr 1956.
1954 – 1962:	In Algerien akzeptiert Frankreich erst nach einem blutig geführten Krieg, der mehr als eine Million Algerier das Leben kostet, die Unabhängigkeit des Landes.

1947–1954:	Das Zeitalter des Kolonialismus geht zu Ende: Auch außerhalb Afrikas müssen die beiden größten Kolonialmächte ihre wichtigsten Kolonien aufgeben: 1947 wird Indien von England unabhängig, Frankreich muss 1954 Indochina verlassen.
1952–1956:	In Kenia führen die Kikuyu den »Mau-Mau«-Aufstand gegen die britische Kolonialherrschaft durch, wobei sich die Gewalttaten jedoch vor allem gegen jene Kikuyu richten, die mit den Engländern zusammenarbeiten. Jomo Kenyatta (ca. 1894–1978) wird 1953 als einer der Anführer zu sieben Jahren Zwangsarbeit verurteilt, obwohl er sich kritisch gegenüber bestimmten Terroraktionen geäußert hatte. 1963, zwei Jahre nach seiner Freilassung, wird Jomo Kenyatta der erste Präsident des unabhängigen Kenia.
1957:	Das Startsignal für die Befreiung »Schwarzafrikas« wird in der englisch kolonisierten Goldküste gesetzt: Kwame Nkrumah (1909–1972) wird erster Präsident des neu gegründeten Staates Ghana und zum Motor einer jungen und selbstbewussten Bewegung des »afrikanischen Nationalismus«.
1960:	Der endgültige Durchbruch: Allein in diesem Jahr werden 17 afrikanische Staaten südlich der Sahara unabhängig.
1961:	Der 1960 demokratisch gewählte Premierminister der neuen Demokratischen Republik Kongo, Patrice Lumumba (1925–1961), wird von politischen Gegnern und im Beisein belgischer Offiziere zu Tode gefoltert.
1961–1963:	Unabhängigkeit auch in Ostafrika: 1961 Tanganjika, 1962 Uganda und 1963 Kenia und Sansibar. Unter Präsident Julius Nyerere (1922–1999) bilden Tanganjika und Sansibar 1964 die neue Republik Tansania.
1963:	Gründung der Organisation Afrikanischer Einheit (OAU: Organisation of African Unity) in Addis Abeba, der alle unabhängigen afrikanischen Staaten angehören. Die bestehenden Kolonialgrenzen werden ausdrücklich anerkannt, die Idee Kwame Nkrumahs der Gründung von »Vereinigten Staaten von Afrika« wird abgelehnt.
1965:	Die OAU gründet ein neun Staaten umfassendes Befreiungskomitee mit Sitz in Dar es Salaam (Tansania), dessen Aufgabe unter anderem darin besteht, militärischen Widerstand in den letzten Kolonien Afrikas zu organisieren.

1961–1975:	Befreiungskriege in den portugiesischen Kolonien Angola, Guinea und Mosambik.
1975:	In Mosambik wird Graça Machel als einzige Frau in der Regierung Ministerin für Erziehung. Es gelingt ihr in nur zehn Jahren trotz anhaltendem Bürgerkrieg die Zahl der Kinder, die Grund- und Oberschulen besuchen können, auf 80 Prozent zu verdoppeln.
1980:	In Rhodesien gibt die weiße Minderheitsregierung unter Ian Smith (1919–2007) auf und gesteht Wahlen zu, aus denen die ZANU-Partei als eindeutiger Sieger hervorgeht. Ihr Anführer Robert Mugabe (*1924) wird Präsident des neuen Simbabwe und beginnt mit einem durchaus erfolgreichen Konzept der Versöhnung mit den Weißen und einer wirtschaftlichen Stabilisierung des Landes.
1983–1987:	Im westafrikanischen Obervolta führt Thomas Sankara (1949–1987) eine Revolution durch, die in bislang nicht gekanntem Umfang die Rechte von Frauen, Jugendlichen und armer Landbevölkerung stärkt. 1984 benennt er das Land um in Burkina Faso – »Land der aufrechten Menschen«. 1987 wird er von seinem ehemaligen Vertrauten Blaise Compaoré (*1951) gestürzt und ermordet, der bis heute die Macht im Land innehat.
1990:	Das Ende der Apartheid in Südafrika: Die weiße Minderheitsregierung unter Frederik Willem de Klerk (*1936) und die verschiedenen schwarzen Befreiungsgruppen unter dem erst im Februar nach 27-jähriger Haft entlassenen Nelson Mandela (*1918) beginnen Verhandlungen über ein zukünftiges demokratisches Südafrika.
1992–1996:	Boutros Boutros-Ghali (*1922) aus Ägypten ist UNO-Generalsekretär.
1992/93:	In Somalia führt ein Bürgerkrieg zu schrecklichen Hungersnöten. Ein von der UNO unterstützter Militäreinsatz der USA scheitert.
1994:	In Südafrika finden im April die ersten freien Wahlen statt. Nelson Mandela gewinnt und wird im Mai als der erste demokratisch gewählte Präsident in sein Amt eingeführt.
1994:	In Ruanda werden innerhalb von drei Monaten rund 800 000 Menschen – überwiegend Angehörige der Tutsi

von bislang sich unterdrückt fühlenden Angehörigen der Hutu – bestialisch ermordet.

1996: Die »Schuldenfalle« (die schon länger besteht) wird mit konkreten Zahlen belegt: Aus Afrika verlässt mehr an Schuldenrückzahlungen den Kontinent (ca. 30 Milliarden US-Dollar), als an »Entwicklungshilfe« (ca. 20 Milliarden US-Dollar) hineinkommt.

1997 – 2007: Kofi Annan (*1938) aus Ghana ist UNO-Generalsekretär, 2001 erhält er den Friedensnobelpreis.

1998: Im Kongo stehen sich ab Oktober zum ersten Mal afrikanische Staaten im Krieg gegenüber: Simbabwe, Angola und Namibia unterstützen den erst 1997 an die Macht gekommenen Präsidenten Laurent Kabila (1941 – 2001), die Länder Uganda und Ruanda die Rebellen.

1990 – 2000: Am Ende dieses Jahrzehnts sind im südlichen Afrika rund 12 Millionen Menschen an AIDS gestorben, davon rund drei Millionen Kinder. Südafrika hat die weltweit höchste Infektionsrate mit etwa 25 Prozent der Bevölkerung.

2001: In Botswana erklärt Präsident Festus Mogae, dass sein Land als erstes in Afrika Antiretroviral-Medikamente an alle AIDS-Patienten kostenlos ausgeben wird.

2002: Gründung der »Afrikanischen Union« (AU) unter Beteiligung aller derzeit über 50 afrikanischen Staaten (mit Ausnahme Marokkos) als Nachfolger der OAU in Durban, Südafrika. Zum ersten Mal werden Menschenrechte und Demokratisierung sowie das Recht auf Intervention bei Nichtbeachtung verabredet.

2003: Nach mehr als 20 Jahren Bürgerkrieg beginnt im Sudan die Seite der von der arabischen Mehrheitsregierung geförderten »Janjaweed«-Milizen einen Genozid gegen die nichtarabische Minderheit vor allem in der westlichen Region Darfur: Bis 2007 werden mehr als 400 000 Zivilisten ermordet, etwa 2,5 Millionen Menschen fliehen aus ihren zerstörten Dörfern. Erst seit kurzem bemühen sich internationale Organisationen wie die UNO oder AU um eine Lösung des Konflikts, der leicht auch auf den Tschad und andere Nachbarländer übergreifen kann.

2004: Nach jahrelangem Engagement internationaler, nationaler und lokaler Gesundheitsorganisationen und Bürgerinitiativen kommt es zu einem Schwenk in der AIDS-Politik Südafrikas: Nach Botswana (2001) und Malawi (2004) wird endlich auch hier ein landesweites Programm zur kostenlosen Ausgabe von aidshemmenden Medikamenten (ART) an alle Patienten begonnen, die dies selbst nicht bezahlen können, aber zur Lebensrettung benötigen.

Die frühere Öko- und Frauenrechtsaktivistin und heutige stellvertretende Umweltschutzministerin von Kenia, Wangari Maathai (*1940), erhält den Friedensnobelpreis – zum ersten Mal wird das Engagement für Frieden und Umweltschutz ausgezeichnet.

2005: Vor dem G8-Gipfeltreffen in Gleneagles (Schottland), auf dessen Programm der britische Premierminister Tony Blair (*1953) die Bekämpfung der Armut in Afrika gesetzt hat, werden Anfang Juli unter dem Motto »Live 8 – Make Poverty History (»Macht Armut zur Geschichte«) Musikkonzerte mit vielen internationalen Stars gleichzeitig in London, Cornwall, Tokio, Moskau, Berlin, Johannesburg, Paris, Rom, Barrie (Kanada) und Philadelphia (USA) durchgeführt, die zusätzlich von Millionen Menschen live am Fernseher mitverfolgt werden. Rund 200 000 überwiegend junge Leute aus aller Welt führen am Vorabend des G8-Treffens eine friedliche Protestdemonstration in der schottischen Hauptstadt Edinburgh durch. Neben einem Schuldenerlass für die armen Länder Afrikas und mehr Finanzhilfe werden auch erstmals faire Handelsbeziehungen gefordert. Am ersten Tag des G8-Treffens kommt es zu Bomben-Anschlägen auf öffentliche Verkehrsmittel in London, bei denen über 50 Menschen getötet und Hunderte verletzt werden. Trotzdem gelingt es, einen teilweisen Schuldenerlass durchzusetzen und die geplante Finanzhilfe für Afrika bis 2010 zu verdoppeln. Faire Handelsbeziehungen bleiben Zukunftsmusik.

2006: Im Januar wird Ellen Johnson-Sirleaf (*1939) in demokratischen Wahlen als Staatspräsidentin von Liberia vereidigt. Zum ersten Mal in der Geschichte des modernen Afrika wird damit eine Frau Staatsoberhaupt.

2007: Es wird zunehmend deutlich, dass Chinas Engagement in Afrika etwa seit dem Jahr 2000 nicht ein einzelner Versuch ist, sondern ein sorgfältig geplanter Prozess der wirtschaftlichen Zusammenarbeit mit mehr und mehr Regierungen Afrikas von Algerien bis Zimbabwe. China verschafft sich so Zugang zu Afrikas Rohstoffen im Austausch gegen günstige Darlehen und billige Konsumwaren bis hin zu Wohnungsbauten und ganzen Fabriken. Die langfristigen Auswirkungen hiervon – international wie für Afrika – sind noch unabsehbar.

In Südafrika wird Ende Dezember 2007 Jacob Zuma (*1942) zum Nachfolger von Thabo Mbeki als Präsident des ANC (African National Congress, der ehemaligen Befreiungsbewegung und gegenwärtigen Mehrheitspartei Südafrikas) gewählt. Zuvor war es zu ernsten Konflikten zwischen den Unterstützergruppen von Zuma und Mbeki innerhalb des ANC gekommen. Es bleibt zu hoffen, dass diese Konflikte sich zu den Wahlen 2009 nicht vertiefen, die junge Demokratie beschädigen und gar die für Südafrika – zum ersten Mal auf dem afrikanischen Kontinent – für 2010 geplante Fußball-Weltmeisterschaft gefährden.

2008: Anfang des Jahres kommt es zu schweren Unruhen in Kenia, nachdem der bisherige Staatspräsident Mwai Kibaki (*1931) offensichtlich versucht hat, den Ausgang der Wahlen vom Dezember 2007 durch Betrug zu seinen Gunsten zu beeinflussen. Die Opposition unter Raila Odinga (*1945) fordert Neuwahlen. Es kommt zu schweren Unruhen im ehemals stabilsten Land Ostafrikas, bei denen innerhalb von zwei Monaten mehr als 1000 Menschen getötet werden und rund 300000 fliehen. Am 28. Februar wird unter Vermittlung des ehemaligen UNO-Generalsekretärs Kofi Annan ein Kompromiss unterschrieben, der Kibaki zum Präsidenten und Odinga zum Premierminister macht. Das Land atmet auf, und Flüchtlinge kehren nach und nach in ihre zerstörten Dörfer zurück.

REGISTER